Gustave-Pierre Dagrant, éminent maître-verrier bordelais a signé ce vitrail de Sainte Croix (canton de Montcuq) en 1890.

Le Martyr et Saint du 11 septembre : Jean-Gabriel Perboyre

Du même auteur*

Certaines œuvres sont connues sous différents titres.

Romans

La Faute à Souchon : (Le roman du show-biz et de la sagesse)
Quand les familles sans toit sont entrées dans les maisons fermées
Liberté j'ignorais tant de Toi (Libertés d'avant l'an 2000)
Viré, viré, viré, même viré du Rmi !
Ils ne sont pas intervenus (Peut-être un roman autobiographique)

Théâtre

Neuf femmes et la star
Les secrets de maître Pierre, notaire de campagne
Ça magouille aux assurances
Chanteur, écrivain : même cirque
Deux sœurs et un contrôle fiscal
Amour, sud et chansons
Pourquoi est-il venu :
Aventures d'écrivains régionaux
Avant les élections présidentielles
Scènes de campagne, scènes du Quercy
Blaise Pascal serait webmaster
Trois femmes et un Amour
J'avais 25 ans
 « Révélations » sur « les apparitions d'Astaffort » Jacques Brel Francis Cabrel

Théâtre pour troupes d'enfants

La fille aux 200 doudous
Les filles en profitent
Révélations sur la disparition du père Noël
Le lion l'autruche et le renard,
Mertilou prépare l'été
Nous n'irons plus au restaurant

* extrait du catalogue, voir page 378

Stéphane Ternoise

Le Martyr et Saint du 11 septembre : Jean-Gabriel Perboyre

Collection Documents

Jean-Luc PETIT Editeur / livrepapier.com

Stéphane Ternoise versant lotois :

http://www.lotois.fr

Tout simplement et logiquement !

Tous droits de traduction, de reproduction, d'utilisation, d'interprétation et d'adaptation réservés pour tous pays, pour toutes planètes, pour tous univers.

Site officiel : http://www.ecrivain.pro

© Jean-Luc PETIT - BP 17 - 46800 Montcuq – France

Le Martyr et Saint du 11 septembre : Jean-Gabriel Perboyre

Qui est mort sur une croix un vendredi, un vendredi 11 septembre ? Non, il ne s'agit pas de Jésus. Mais de Saint Jean-Gabriel Perboyre. Même si « de nombreuses coïncidences avec la vie du Christ doivent être signalées... »

Le Saint et Martyr du 11 septembre est lotois. En 1996, le pape Jean-Paul II l'a élevé à cette dignité. Le berger du Quercy ayant espéré mourir pour « *le Sauveur* », sur une croix en Chine, pays alors interdit aux missionnaires, bénéficiait depuis le 10 novembre 1889 du grade de « *Bienheureux* » (béatifié par le Pape Léon XIII).
Je me suis installé dans le Lot en 1996. Je pense être le premier laïc à m'intéresser ainsi au parcours de ce presque voisin, né le 5 janvier (il prétendait le 6, jour de l'Épiphanie) 1802, au lieu-dit *le Puech*, dans la commune de Montgesty, à une vingtaine de kilomètres de Cahors.

Regard étonné d'un écrivain lotois sur un "martyr et saint" qui ne semble pas faire l'unanimité au sein de l'Église... ni dans le département... je l'ai découvert "par hasard", lors de mon travail de photographe axé sur les vitraux centenaires... Mais qui est cet homme sur une croix ? « *Bienheureux Perboyre.* » Le plus souvent les écriteaux, naturellement sur les vitraux mais également sous les statues, n'ont pas été actualisés...

Je suis parti à la recherche, des vitraux, des écrits. Et il m'a semblé nécessaire, en plus de ma modeste contribution, de présenter la manière dont il fut perçu, de son décès le 11 septembre 1840 à ce jour. Naturellement dans le respect du droit d'auteur... Ces documents, avant d'être édités, avaient reçu l'aval des autorités religieuses. Mon travail fut totalement indépendant. Je voulais comprendre comment un gamin d'ici en arrive à souhaiter mourir sur une croix, au nom de sa foi, sur des « terres infidèles » ?

La consultation d'une cinquantaine de ses lettres, principalement à ses frères, son oncle et son père apportent un éclairage encore plus précieux.

Deux siècles plus tard, quels enseignements nous communiquent son expérience ?...

Stéphane Ternoise
Lotois

P.S. : Pour une question de prix de vente de la version en papier, les photos (48) à l'intérieur sont en noir et blanc, ce qui leur va très bien !, le texte constituant l'essentiel du contenu ; un livre de photos d'art en couleur sera publié.

P.S. 2 : L'église St-Urcisse de Cahors, fermée au public, possède, en plus de statues, un vitrail représentant Jean-Gabriel Perboyre. Aucun de nos grands services (municipaux, départementaux, régionaux) n'avait réussi à identifier le maître-verrier l'ayant réalisé. Je ne suis même pas certain que nos élus le connaissent... Question aux candidats à la mairie, dont le sortant !

1802...

1802... C'est Victor Hugo...
Ce siècle avait deux ans...

Victor Hugo est né le 26 février 1802 à Besançon. Il est mort le 22 mai 1885 à Paris.

1802, on préfère l'oublier, c'est Napoléon et sa loi rétablissant l'esclavage en France... en France des colonies...
Et le 5 août 1802, Napoléon devient le premier Consul à vie... Démocratie d'après notre historique Révolution ! Le despote des conquêtes... Napoléon se voit bien dominer le monde...

Ce siècle avait deux ans ! Rome remplaçait Sparte,
Déjà Napoléon perçait sous Bonaparte,
Et du premier consul, déjà, par maint endroit,
Le front de l'empereur brisait le masque étroit.
Alors dans Besançon, vieille ville espagnole,
Jeté comme la graine au gré de l'air qui vole,
Naquit d'un sang breton et lorrain à la fois
Un enfant sans couleur, sans regard et sans voix ;
Si débile qu'il fut, ainsi qu'une chimère,
Abandonné de tous, excepté de sa mère,
Et que son cou ployé comme un frêle roseau
Fit faire en même temps sa bière et son berceau.
Cet enfant que la vie effaçait de son livre,
Et qui n'avait pas même un lendemain à vivre,
C'est moi.

Je vous dirai peut-être quelque jour
Quel lait pur, que de soins, que de vœux, que d'amour,
Prodigués pour ma vie en naissant condamnée,
M'ont fait deux fois l'enfant de ma mère obstinée,
Ange qui sur trois fils attachés à ses pas
Epandait son amour et ne mesurait pas !

Ô l'amour d'une mère! amour que nul n'oublie !
Pain merveilleux qu'un dieu partage et multiplie !
Table toujours servie au paternel foyer !
Chacun en a sa part et tous l'ont tout entier !

Victor Hugo

La mère de Jean-Gabriel Perboyre semble également avoir exercé une très forte influence sur son fils aîné.

Même si, entre la famille et son ordre religieux, il a rapidement choisi « *Il fut appelé à Paris pour ses études théologiques, et il devait passer à Cahors. Ses parents s'y rendirent afin de le voir ; ils le pressèrent de venir pour quelques jours dans son hameau natal : « Ce n'est pas le chemin du ciel, répondit-il ; pour aller au ciel, il faut des sacrifices. »* »

« *On était alors aux vacances de 1832, et il venait de passer quelques jours dans sa famille ; c'est, croyons-nous, la seule fois qu'il s'y soit rendu. Il avait à la consoler d'un coup bien cruel : son jeune frère Louis, entré comme lui dans la Congrégation, avait succombé en se rendant en Chine.* »

Cette version "officielle" est "heureusement fausse" : ses lettres témoignent d'au moins une dizaine de jours en octobre 1827 (lettre 9) et trois ou quatre en septembre 1828 (lettre 16). Et il y eut de nombreuses lettres même si elles s'adressent au père ou aux frères. La mère ne recevant que des salutations. Quand le vicaire lui apporte la "triste nouvelle", pour l'édification des masses, après quelques larmes, elle explique « *Que ferai-je en me lamentant ? Ses lettres depuis qu'il est en Chine nous ont exprimé de manière bien vive combien il désirait le martyre... Pourquoi hésiterai-je à faire à Dieu le sacrifice de mon fils ? La Sainte Vierge n'a-t-elle pas généreusement sacrifié le sien pour mon salut ? D'ailleurs je ne croirais pas aimer véritablement mon fils si je m'affligeais, sachant qu'il est maintenant au comble de ses vœux.* » (dans, *une semence d'éternité*, Jean-Yves Ducourneau, 1996)

Parti à 15 ans, repassé au maximum un mois... mais lotois... 1996-2013... plus de jours passés dans ce département... il semblerait pourtant que je ne sois pas considéré d'ici... L'important n'est pas d'avoir choisi d'y vivre mais d'y avoir grandi, pourraient proclamer « *les imbéciles heureux d'être nés quelque part* » (d'ailleurs Georges Brassens citait Montcuq). Officiellement, il semble également manquer quelque chose à JGP pour apparaître « vraiment d'ici... » (l'association de ses "disciples"... devrait peut-être acheter des pages de publicité dans leur dépêche...)

1802... 1809 : la naissance de Charles Darwin. Mort en 1882. JGP n'a donc jamais été confronté à ses "théories." Il fut de la dernière génération d'avant cette compréhension. Il aurait sûrement réagi en s'en référant à la position du pape, la voix contemporaine et incontestable de Jésus...

Devant l'église de Montgesty, sous la statue du Saint, la plaque stipule « né le 6 janvier 1802 », comme il l'affirmait. Alors que selon l'état civil, il est né le 5, puis baptisé le lendemain conformément à l'usage de l'époque. .

Sa famille

On choisit ses copains mais rarement sa famille...

Son père : Pierre Perboyre, né à Catus en 1771, décédé le 24 mai 1859.
Sa mère : Marie Rigal, née en 1778 au Puech (Montgesty), décédée le 2 avril 1862. Ils se sont mariés en 1799 et auront huit enfants :
- Jean-Gabriel, l'aîné, né le 5 janvier 1802.
- Jeanne, née en 1805, marée avec Guillaume Lavergne, décédée en 1854.
- Louis, né le 23 novembre 1807, prêtre de la Congrégation des Lazaristes (reçu au séminaire de Paris le 9 septembre 1825, fit ses vœux le 23 septembre 1827 ; ordonné prêtre le 3 octobre 1830) ; décédé en mer, en route pour la Chine, le 2 mai 1831.
- Mariette, née en 1809 ; décédée au moment d'entrer au Carmel en 1826.
- Jean-Jacques, né le 21 mai 1810, reçu au séminaire à Paris le 18 septembre 1832, comme frère coadjuteur ; admis aux Saints Ordres en octobre 1843 ; décédé le 10 août 1896 à Paris.
- Antoine, né en 1813 ; assura la succession à la ferme, marié à Françoise Pontié, mais décéda jeune, au Puech un an après son père, en 1860.
- Antoinette, née le 3 mars 1815 ; entrée chez les Filles de la Charité, en communauté, en 1833 ; partie en Chine en 1847, décédée à Chang-hai, le 2 octobre 1898.
- Marie-Anne, née le 22 avril 1817 ; entrée chez les Filles de la Charité, en communauté, en 1840 ; décédée à Naples, le 24 février 1896

Mais l'homme essentiel dans la famille Perboyre, ce fut Jacques, le frère de Pierre, l'oncle donc de Jean-Gabriel. Né le 10 avril 1763 à Catus, reçu au séminaire à Cahors le 30 août 1783, il fit ses vœux le 31 août 1785. Durant la révolution, il exerça clandestinement puis aidé de quelques ecclésiastiques (dont M.

Gratacap qui lui succédera), établit un Petit Séminaire à Montauban, dans l'ancien couvent des Carmes ; l'évêque le nomma chanoine. Dans ce Petit Séminaire fut formé une grande partie du clergé du diocèse de Montauban. Décédé à Montauban le 8 mars 1848.

Jean-Jacques (79 ans) et Marie-Anne (72 ans) assistèrent, en 1889, aux fêtes de la Béatification de leur frère. Si le premier avait 7 ans quand Jean-Gabriel quitta le Puech donc pouvait conserver des souvenirs, Marie-Anne naissait cette année-là. Avec Jean-Jacques, Jacquou, il échangea néanmoins de nombreuses lettres, après le décès de Louis.

Un enfant du Quercy...

Quel avenir pour le fils ainé d'un couple d'agriculteurs certes modestes mais propriétaires au début du dix-neuvième siècle ?
Continuer...
L'enfant, dès six ans, s'occupera des moutons...

De la vigne, des ovins mais un oncle prêtre lazariste, Jacques, à la tête d'un collège à Montauban... et une famille très pieuse.

Il est né au hameau du Puech, dans le village de Montgesty, le 15 Nivôse de l'an 10 de la République, soit le 5 janvier 1802, et non le 6, jour de son baptême, le premier fils de Pierre Perboyre et Marie Rigal.
Logiquement, l'aîné reprenait l'exploitation familiale et les autres devaient trouver leur voie. Six de ces enfants entreront en religion...

En 1817 son frère Louis, 10 ans, part à Montauban, entre au collège dirigé par leur oncle Jacques.
Jean-Gabriel l'accompagne, normalement pour deux mois, afin d'éviter une séparation trop brutale à ce jeune enfant.
Le grand frère témoigne rapidement de bonnes capacités d'études... au point que l'oncle parvient à le conserver...
Il reste un beau passage du futur Saint, écrit le 16 juin 1817 :
« Mon cher père, après votre départ de cette ville, j'ai réfléchi sur la proposition que vous m'aviez faite d'étudier le latin. J'ai consulté Dieu sur l'état que je devais embrasser pour aller plus sûrement au ciel. Après bien des prières, j'ai cru que le Seigneur voulait que j'entrasse dans l'état ecclésiastique. En conséquence, j'ai commencé à étudier le latin (...) si le bon Dieu m'appelle à l'état ecclésiastique, je ne puis pas prendre d'autre chemin pour arriver à l'éternité bienheureuse. »

Comme son frère, il entre donc chez les lazaristes. Il prononce ses vœux le 20 décembre 1820.

En 1823, pas encore ordonné, il est nommé professeur dans le diocèse d'Amiens, à Montdidier. Il y fut très apprécié...
1826, ordonné prêtre, il devient professeur de théologie à Saint-Flour, dans le Cantal. Il se rapproche du Lot. Ce qui semble le satisfaire, dans ses lettres. Il n'est pas obnubilé par la Chine comme peuvent le laisser croire les livres du dix-neuvième siècle même si cette terre infidèle à convertir le préoccupe. Cet intérêt semble consubstantiel aux Lazaristes de cette époque...
En 1831, la voie royale pour « un homme ambitieux » : appelé à Paris, directeur du petit séminaire... Son frère Louis, parti fin 1830 en Chine, n'y est pas parvenu... mort durant le voyage, le 2 mai 1831. Mais la nouvelle n'arrivera qu'en février 1832. C'est durant « ce deuil » que se joue le destin de Jean-Gabriel.
L'idée de prendre sa relève semble pourtant immédiatement n'être qu'une chimère... « *Hélas j'ai déjà 30 ans* ». Et de santé fragile... Mais il prie... et embarque au Havre le 24 mars 1835. Cinq mois de traversée pour débarquer à Macao, apprendre le chinois, tenir un rôle de prêtre...
Le 15 septembre 1839, il parvient à s'enfuir quand un groupe armé déboule pour arrêter les missionnaires. Mais caché dans la forêt voisine, il sera trahi contre trente taëls... Judas avait trahi Jésus pour trente deniers...
Emprisonné, interrogé à la méthode dure, torturé, humilié, il reste inébranlable dans sa foi. Conformément à la loi, il est condamné à mort le 15 juillet 1840. La confirmation par l'empereur de la sentence arrive le 11 septembre. Il est alors immédiatement trainé au lieu de supplice où il doit mourir par strangulation. Les cinq malfaiteurs de ce jour d'exécutions ont droit à une mort moins spectaculaire. Déshabillé, attaché sur un gibet en forme de croix, il est exécuté.
Un des catéchistes ayant soudoyé les gardes, son corps est inhumé « en terre chrétienne », au côté de son modèle, François-Régis Clet, martyrisé vingt ans auparavant...

Avant même sa mort, le Pape Grégoire XVI, informé de sa captivité, recommandait de recueillir le maximum de témoignages

sur le missionnaire. Et le 9 juillet 1843, il signa le décret le déclarant vénérable, première étape de tout « procès en sainteté. » Vingt ans plus tard, sa dépouille est transférée à Paris, à la maison mère des lazaristes.
Béatifié le 10 novembre 1889 par le Pape Léon XIII.
Canonisé le 2 juin 1996 par le Pape Jean-Paul II. Saint Jean-Gabriel Perboyre devenait le premier martyr de la période des missionnaires en Chine, à être canonisé. Sa fête fut fixée au 11 septembre. Jour de sa mort.

Magnifiques représentations des maîtres verriers. Mais elles me gênent ! Oh je ne les accuse pas : ils ont respecté une demande, une falsification de la réalité. Si le mensonge est plus beau que la vérité, représentez le mensonge !
« *Le bourreau commença par le dépouiller de la robe rouge qu'on lui avait mise, ne lui laissant que son caleçon ; puis il l'attacha au gibet qui avait la forme d'une croix. Ses deux mains, ramenées sur le dos, furent liées à la pièce transversale, et ses deux pieds repliés par derrière lui donnaient l'attitude d'un homme à genoux, à cinq ou six pouces au-dessus de terre. L'exécuteur lui mit alors au cou la corde qui devait l'étrangler, et un bâton, qui en tenait les extrémités, lui servit à produire la fatale torsion.* »
Jean-Gabriel Perboyre ne fut jamais attaché au gibet vêtu de la robe rouge des condamnés. C'est en caleçon qu'il est mort. Pourquoi ce choix ? Jésus est pourtant modestement vêtu. Qui a décidé qu'il n'était pas possible d'aller aussi loin dans la ressemblance d'avec son « maître » ? Certes, cette robe rouge participe à la beauté des vitraux repris en couverture...

Pour compléter le tableau des « coïncidences », en plus d'une mort avec des malfaiteurs, une croix serait apparue dans le ciel et « un satellite, pour l'achever, le frappa violemment dans le bas ventre, lui imprimait ainsi un dernier trait de similitude avec le Sauveur percé d'une lance. » Puis le mandarin qui l'avait fait arrêter, fut destitué et se pendit de désespoir. Le vice-roi de Ou-

Tchang-Fou fut banni par l'Empereur. Ce qui selon des chrétiens rappelle Hérode et Ponce Pilate (dont on n'est pas certain des destins).

Puis il y eut des « miracles » : « *En 1841 à Paris, en 1842 à Constantinople, deux guérisons éclatantes eurent lieu sur deux Filles de la Charité, pendant une neuvaine adressée au martyr. Dans son propre pays, des grâces extraordinaires étaient aussi obtenues, et des pèlerins se rendaient à la maison qui l'avait vu naître, pour l'implorer ou lui rendre grâces.* »

11 septembre...

Le choc des dates... Paris-Match a raté sa une d'un vitrail de Dagrant titré « le Saint et Martyr du 11 septembre. »

Désormais, chaque *11 septembre*, pour éviter de commémorer ou évoquer les attentats contre les Twin Towers (tours jumelles de New-York), des journalistes naturellement sans visées idéologiques, replongent en 1973, ce mardi où le gouvernement du « *président socialiste démocratiquement élu* » Salvador Allende était renversé par un coup d'État militaire. La mort de Salvador Allende pour éclipser la nécessaire analyse d'actes portés par une lutte de civilisation, un conflit des religions.
Plutôt le Chili que le Quercy !
Pierre Desproges avait déjà remarqué ces artistes « *engagés qui osent critiquer Pinochet à moins de 10 000 kilomètres de Santiago* »
Même si la distance entre Paris et Santiago du Chili s'élève à 11694 kilomètres !

Nos valeureux gauchistes (par ironie... à une époque où même "la gauche" ne signifie plus rien, avec ses Malvy Cahuzac Baylet...) pourraient reprendre en cœur (ils le font peut-être en off) Léo Ferré « *Alors nous irons réveiller Allende...* » Léo Ferré, longtemps citoyen de Gourdon, également à quelques lieues du village...

Naturellement, il n'existe aucune commune mesure entre la vie de Jean-Gabriel Perboyre et celle des kamikazes du 11 septembre 2001. Mais le hasard des dates devrait nous interroger sur le prosélytisme.

Nul ne semble s'être réclamé du lotois pour justifier les attentats de New-York. Naturellement, il n'y a aucun rapport ! Dans les actes. Pourtant, la même certitude transcendait le futur Saint et les kamikazes : je meurs pour ma religion, je gagne le paradis. Si les actes sont incomparables, les motivations peuvent laisser perplexe, devraient questionner la société. Les athées, les agnostiques, et même les femmes et les hommes persuadés que non seulement il existe un Dieu mais qu'on peut gagner le paradis par des actes héroïques, la conversion ou l'anéantissement des infidèles.

Abordant le 11 septembre avec un livre lotois, donc Midi-Pyrénéens : dix jours plus tard, à Toulouse, ce fut naturellement un accident, un incident... certes comme il ne s'en était jamais produit avant... mais sans le moindre élément extérieur ayant provoqué l'explosion... puisque les experts, la justice, l'affirment... « faut laisser faire les spécialistes »... retour au chanteur ayant préféré finir sa vie en Italie...

De Daniel Maury à Jean-Gabriel Perboyre

Même s'il avait connu l'année 2014, la lecture de ce livre par Daniel Maury me semble relever du conte radicaliste. Il œuvrait au PRG. Le parti de leur Dépêche du Midi. Naturellement des femmes et des hommes très soucieux de culture. Pourtant, quelque part, il en est, un peu, à l'origine.

C'était sûrement début 2006, devant un « *Dire Lot* » emprunté à la bibliothèque de Montcuq, le numéro de novembre 2005, avec un publi-reportage (non, en fait un article plutôt vieille France !) : « *Daniel Maury, l'enfant du pays.* » Le maire de Montcuq et Conseiller Général répondait Marie Curie à la petite question de citer sa « femme célèbre » préférée. Et Maurice Faure pour son « homme célèbre » ! Je me souviens d'un éclat de rires. Maurice Faure catapulté au niveau de Marie Curie ! Une pensée m'était passée : si l'on me demandait (certes pas « *Dire Lot* » où certain(e)s ne semblaient pas apprécier mes remarques) "un homme lotois important, ou une femme importante", nul ne me semble mériter de sortir... du lot... peut-être, faute de mieux, Champollion, comme ce serait banal... Ah si Sénèque avait été exilé dans le Quercy plutôt qu'en Corse ! Alors Françoise Sagan ?...

Ce petit jeu de « la vie en questions » permettait de cerner le notable de cette gauche avariée : Thierry Ardisson « tout le monde en parle » en émission préférée, Alain Delon comme acteur, Brigitte Bardot actrice... quand même deux "sympathisants" du Front National... Sans contradiction il pouvait asséner « *les valeurs démocratiques, laïques et républicaines du radicalisme me vont comme un gant.* » Sûrement un gant de boxe pour massacrer toute velléité d'insoumission au pays du clientélisme (Robert Hersant et Bernard Tapie sont entrés en politique via ce parti...).
Maurice Faure, c'est dans le même mensuel, un numéro de février 2004, avec un éditorial finement tourné par Pascal Serre, alors

directeur de la publication, que la meilleure présentation me semble avoir été formulée. Dans « *les clans ont la vie dure* » il dénonçait « *le fameux clientélisme dont, à l'époque, personne ne s'est plaint et, sur lequel, aujourd'hui se vautrent toutes les excuses des retards constatés.* » Sur « *l'implantation de Maurice Faure* » (1958-1967): « *ce que l'on a nommé le faurisme, établi sur les faiblesses géographiques et démographiques du Lot, constitué par un clientélisme qui faisait dire que 'tous ont mangé dans la main du César républicain.'* »

[Mais à ce sujet, pour ne pas oublier un autre lotois célèbre : « *ceux qui accusent les autres de clientélisme sont souvent ceux qui n'ont pas réussi à être élus ou réélus. Faire de la politique, c'est être à l'écoute et, par définition, chercher à rendre service* », de Martin Malvy dans "*Des racines, des combats et des rêves*", ses entretiens avec Jean-Christophe Giesbert et Marc Teynier, publiés le 7 octobre 2010, par Michel Lafon]

Daniel Maury aurait pu s'en inspirer, pourtant, du Saint lotois. Il n'aurait alors sûrement pas été blessé par son échec aux législatives 2002 ! Mais il n'avait pas choisi comme devise « *Aimez à vous effacer et à être réputé pour rien.* » (sur le sujet de la petite Maurytanie : *La disparition d'un canton : Montcuq*)

Du nord au sud du département lotois, en 2013 les titres conservent souvent l'ancienne appellation. Bienheureux à Carnac...

Bienheureux à Varaire...

Un fils de propriétaire...

Quand, en 1823, à 21 ans, il écrit à son père, le passage au sujet de son « *petit frère Antoine* », alors âgé de 10 ans, expose un préjugé de classe, certes sûrement fondé mais permettant de replonger dans ce Quercy où les propriétaires bénéficiaient d'une main-d'œuvre peu onéreuse, le plus souvent simplement logée dans des "conditions spartiates" : « Tout ce que je désire, c'est qu'il apprenne à vivre en bon chrétien, et qu'il ne devienne pas idolâtre des biens de la terre, comme je l'ai été pendant quinze ans. Quoique je n'ignore pas vos soins et votre vigilance pour conserver dans tous vos enfants la pureté des mœurs, je tremble continuellement pour son innocence, sachant que vous êtes obligé de le perdre souvent de vue, et qu'il se trouve la plupart du temps avec des domestiques et des ouvriers dont la bouche est pleine de médisances, de propos indécents ; et vous savez mieux que moi, mon très cher père, que ces gens ne sont pas si retenus en votre absence qu'en votre présence. »

Plutôt que de partir convertir des chinois, il existait donc en France une partie de la population où son travail aurait été plus utile, et accepté par l'état (malgré quelques réactions anticléricales).

Saint à Albas...

La pensée de Jean-Gabriel Perboyre

L'absence de références à la pensée "du Saint" surprent dans les livres "d'édification des masses." Il semble que les auteurs n'aient pas eu accès aux lettres ici reprises. Il s'agissait de lettres nullement destinées à l'édition, mais privées. Certaines néanmoins recèlent des conseils, des principes. J'en extrais six :

--> L'humilité et la prière procurent plus de connaissance de Dieu que de superbes raisonnements.

--> Le bon Dieu châtie ceux qu'il aime : regardez les souffrances comme des présents du ciel et comme d'excellents moyens de sanctification et de salut.

--> Le Bon Dieu ne l'a affligé que pour son bien, il peut en être persuadé. En souffrant, il expie les peines qu'il aurait à endurer en Purgatoire et il mérite une plus grande gloire pour le ciel.

--> Toute la vie doit être une préparation continuelle à une sainte mort.

--> Quant à vous, mon cher frère, quoique vous soyez encore jeune, pensez que vous pouvez mourir tous les jours. Vivez comme si chaque jour était le dernier de votre vie.

--> Les contrariétés que vous fait éprouver l'esprit du monde au milieu duquel vous vivez, ne serviront qu'à vous en détacher de plus en plus et à vous faire soupirer sans cesse vers le Seigneur

Je remplacerais "le Seigneur" par "la sérénité" ?...

Ces "aphorismes" me semblent tout droit venus de ceux, plus concis, du cloître du Séminaire des Carmes de Montauban.

« Bienheureux » à Montgesty ! Aux fonts baptismaux, où son baptême aurait été célébré le 7 janvier 1802... contre un 6 officiel...

Instinct de Mort...

« Ce désir avait été le motif dominant de son entrée dans la Congrégation ; la pensée du martyre surtout faisait battre son cœur. Il enviait le sort de cet autre prêtre de la Mission, M. Clet, qui fut martyrisé en Chine : « *Quelle belle fin que celle de M. Clet !* disait-il ; *priez Dieu que je finisse comme lui.* » Il réunit un jour les novices pour leur montrer la corde qui avait étranglé ce vaillant confesseur, et il s'écria : « *Quel bonheur pour nous, si nous avions un jour le même sort !* » Puis, il dit à l'un d'eux : « *Priez bien que ma santé se fortifie et que je puisse aller en Chine... mourir pour Jésus-Christ.* »

« Sa santé chancelante faisait craindre, en effet, que, s'il partait, il succomberait comme Louis son frère, avant même le terme du voyage. Et pourtant, depuis six ans, il implorait chaque jour, en célébrant la messe, la grâce de répandre son sang pour son Sauveur. »

« Dans une composition qu'il lut publiquement à la fin de sa rhétorique, une phrase trahissait encore ses désirs : « *Ah ! qu'elle est belle, cette croix placée au milieu des terres infidèles et souvent arrosée du sang des apôtres de Jésus-Christ !* » »

Torturé... : « Rentré dans sa prison, il ne manquait jamais de remercier Dieu avec effusion des grâces qu'il venait de lui accorder, le conjurant de pardonner à ses bourreaux et de soutenir jusqu'au bout son courage. »

Naturellement, l'horreur face aux multiples sévices des bourreaux suscite parfois l'envie de vomir... mais rapidement le lecteur doit se souvenir qu'il a souhaité cela ! Et finalement « il s'estimait heureux d'avoir été jugé digne de souffrir quelque chose pour le nom de Jésus. »

En partant propager sa foi dans un pays s'étant protégé de ce prosélytisme en instituant la peine de mort pour ce délit, le lotois souhaitait mourir pour la foi.

« Ses chairs étaient tellement meurtries et labourées par les coups, que des morceaux pendaient çà et là, et que d'énormes lambeaux en avaient été enlevés ; qu'enfin ses membres ne formaient plus qu'une plaie, et que, semblable à notre divin Sauveur dans sa passion, il n'avait plus même l'apparence d'un homme. Mais, dans un corps ainsi broyé et mis en pièces, l'âme du saint confesseur, soutenue par la vertu divine, supportait toutes ces souffrances avec une admirable sérénité, et son regard, rayonnant à travers les meurtrissures de son visage, montrait combien il s'estimait heureux d'avoir été jugé digne de souffrir quelque chose pour le nom de Jésus. »

L'église St Urcisse de Cahors

L'église St Urcisse de Cahors, fermée au public, possède, en plus de statues, un vitrail représentant Jean-Gabriel Perboyre.
On aurait pu penser qu'il serait mis en valeur, surtout à une époque où 500 000 euros sont injectés dans la cathédrale Saint-Étienne pour des vitraux d'une valeur artistique "peut-être" moindre.
Même le nom du maître-verrier est inconnu !
Et un modeste écrivain photographe (non écrivain selon les critères de M. Malvy Martin, petit-fils de Louis) apporte la réponse...

Pourtant les services du patrimoine de la ville semblent engloutir un abondant budget. Et monsieur Gérard Amigues, sixième vice-président du Conseil Général, chargé de la culture, du patrimoine et des usages informatiques, n'hésite pas à utiliser l'argent public pour permettre à un éditeur d'éditer sans risque, avec des bénéfices assurés, le travail d'employés départementaux...

Avant de publier ce livre, j'ai recontacté la « conservatrice en chef du patrimoine », « directrice du service patrimoine » de la ville de Cahors, « Au sujet de la partie de notre conversation sur St Urcisse : Auriez-vous découvert le nom du maître-verrier ayant réalisé ces œuvres (au moins l'un des deux, car il me semble que deux époques coexistent) ? Merci de votre réponse, même négative (je vais éditer des photos de cette église)
Amitiés... » Sa réponse : « Nous ne nous sommes pas penchés plus avant sur ce sujet et à ce jour, je ne suis pas en mesure de vous en apprendre plus... »

En l'église St-Urcisse de Cahors, le portrait du Bienheureux, réalisé par Joseph Broué, peintre-verrier de Montauban.

Comprendre l'homme « derrière » le religieux

Si l'enthousiasme missionnaire « de jeunesse » est indéniable, il ne suffit pas à expliquer son départ en Chine « *Hélas ! j'ai déjà plus de trente ans, qui se sont écoulés comme un songe, et je n'ai pas encore appris à vivre ! Quand donc aurai-je appris à mourir ?* » fut sa "première" réaction à l'annonce du décès en mer de son frère.

Cette disparition "sur la route", fut le déclic. Mais le point essentiel, psychologique, me semble résulter de son impression d'être devenu un bureaucrate de la religion, submergé de travaux administratifs, le tout dans un contexte où la vie pouvait basculer en trépas rapidement, avec « la rumeur » d'une invasion arabe, l'instabilité politique...

Naturellement, une profonde conviction religieuse portait cet homme mais le quotidien l'éloignait de sa soif de réflexions. Il a voulu autre chose. Sur ce point, je le comprends aisément, ayant quitté le confortable giron de Groupama à 25 ans, pour l'aléatoire, la misère et la déconsidération littéraires, ayant même quitté le Pas-de-Calais où les femmes et hommes politiques semblaient respecter les écrivains non encartables, pour le Lot, terre du clientélisme et de la soumission aux installés chapeautés par la famille Baylet et son monopole quotidien.
Comme Woodstock représenta le rêve d'une jeunesse, l'Amérique d'une autre, la Chine attirait les religieux de cette époque...

S'il n'avait pas existé, un romancier aurait dû l'inventer, ce Jean-Gabriel Perboyre ! Désormais, j'écris Perboyre sans erreur. Au début, la place du Y m'échappait...
Sur ce point également je diffère d'avec Gide, auteur du « *J'admire les martyrs. J'admire tous ceux qui savent souffrir et mourir, et pour quelque religion que ce soit.* » Je prendrais plutôt le sujet par l'angle de Georges Brassens « *mourir pour des idées, l'idée est excellente...* »

Aucune idée ne mérite notre sacrifice. Naturellement, il existe des situations où l'homme n'a plus le choix. Sauf de mourir dignement ou médiocrement. Mais il ne saute pas à pieds joints dans cette impasse.

Désagréable impression en lisant : « *en contact habituel avec des chrétiens pauvres et peu soigneux de la propreté, il partageait avec eux la vermine dont ils étaient couverts ; et, à l'exemple de plusieurs saints, par esprit de pénitence, il se laissait en quelque sorte dévorer tout vivant, ne faisant rien pour se préserver ou se débarrasser d'un tel supplice.* »

L'éclairage sous les influences du frère et de la fatigue administrative ne peut être occulté :

Le 28 novembre 1829, il écrit ainsi à Louis « Je ne saurais qu'approuver et admirer votre belle résolution d'aller évangéliser les Chinois. (...)
Je crains beaucoup, mon cher frère, d'avoir étouffé par mon infidélité à la grâce les germes d'une vocation semblable à la vôtre.
Priez Dieu qu'il me pardonne mes péchés, qu'il me fasse connaître sa volonté et qu'il me donne la force de la suivre. »

Pourquoi partir (quand il y a tant de chose à faire dans son pays) ? En avait-il tout simplement assez d'être devenu un bureaucrate de la religion ? Ailleurs le quotidien est plus valorisant ?
24 février 1830 : « mon esprit s'abrutit de jour en jour ; bientôt il sera tout matériel et entièrement nul pour toute fonction intellectuelle »
12 avril 1830 : « Nos élèves sont en vacances. J'avais bien besoin de ce moment de relâche. Je ne crois pas avoir passé deux jours depuis six mois sans avoir senti ma tête rompue, tous mes membres brisés et mon sang tout en feu. Rien ne me fatigue comme le détail de l'administration ; rien ne me mine comme la sollicitude. »

Le départ de frère le remue, sentimentalement mais également dans le sens « qu'ai-je fait de ma vie ? » : 24 août 1830 : « Toutefois je désire ardemment d'avoir l'occasion de vous voir avant votre départ pour la Chine. Quoique je ne sois pas très éloigné de prendre la même route que vous, je ne suis pas assez prêt ni assez décidé de moi-même pour m'embarquer cette année. En attendant j'applaudirai à votre courage et à votre démarche. Le père et la mère étant encore en vie, je ne vois pas d'arrangement de famille à faire. Plus tard vos frères pourront vous représenter. Je n'ai pas besoin de vous dire que ni les pleurs ni les prières des parents ne doivent vous ébranler. »

Ce départ ravive sa "flamme chinoise." Le 8 octobre 1830, sa "lettre d'adieu" : « J'éprouve d'une manière bien sensible la vérité de ce que dit saint Augustin, que l'on ne connaît jamais mieux l'attachement qu'on peut avoir pour quelqu'un que lorsque on en est séparé. Je ne puis vous voir vous éloigner sans émotion, et pardonnez-moi si je vous avoue que je ne suis pas maître de retenir mes larmes. La nature s'afflige, mais la foi vient consoler. Pour soutenir ma faiblesse et soulager ma peine, je me représente la gloire que vous procurerez à Dieu et le salut des âmes que vous aurez le bonheur d'arracher à l'esclavage du démon. L'espoir de vous revoir, sinon ici-bas, du moins dans la céleste patrie, adoucit l'amertume de ma douleur. Allez donc, mon très cher frère, allez où la voix de Dieu vous appelle. Vous emportez mes regrets, mais mes vœux vous poursuivront partout. (...)
Puissions-nous l'un et l'autre vivre de la vie des saints et mourir de la mort des élus !
Je crains de n'avoir pas été fidèle à la vocation que le Seigneur vous a donnée. Priez-le de me faire connaître sa sainte volonté et de m'y faire correspondre. Obtenez-moi de sa miséricordieuse bonté le pardon de mes misères et l'esprit de notre saint état afin que je devienne un bon chrétien, un bon prêtre, un bon missionnaire.
(...)

Je vais écrire à nos parents pour les consoler ; ils doivent en avoir un peu besoin. »

Mourir en martyr nous apparaît déraisonnable (euphémisme) mais replongeons-nous dans cette époque où l'imminence de cataclysmes invitait au radicalisme, à l'héroïsme :
- La dernière lettre à Louis avant son départ en Chine, du 27 octobre 1830 : « À propos de prophétie en voici une qui court dans nos pays, et qui, en disant à peu près la même chose que les autres, porte en particulier que les Arabes, après avoir été vaincus par nos troupes, doivent entrer prochainement en France et venir jusqu'à Paris pour le détruire de fond en comble. »
- Mi juillet 1831 dans la lettre à Louis qu'il ne lira jamais : « M. le Comte de Maistre disait en 1820 que l'Europe s'en allait comme lui dans la tombe, vous, qui pour n'y être pas englouti avec elle, vous êtes hâté de vous éloigner d'elle, vous devez être curieux d'apprendre s'il lui reste encore quelque souffle de vie. (...) Ceci n'amènera-t-il pas une guerre générale ? On se tue en conjectures. (...) Le choléra morbus fait tous les jours d'horribles ravages et des progrès effrayants. Il est déjà en Autriche et s'avance vers nous. »

La mort du frère

On ne comprend pas cet homme si l'on occulte qu'il s'agit de l'événement le plus important de sa vie, cette mort de son frère. Un traumatisme où suivre la même voie représentait une possibilité de guérison.

La nouvelle ne lui parvient qu'en février 1832 alors que Louis lui avait écrit en partant de l'île Bourbon, le 30 mars 1831, peu de jours avant l'heure fatale.

À ses parents « Méprisons le monde, détachons-nous de toutes les choses de la terre, attachons-nous à Dieu seul et à son service ; nous ne recueillerons à la mort que ce que nous aurons semé pendant la vie. »

À son oncle : « il s'est élancé à travers les mers, cherchant la mort des martyrs. Il n'a trouvé que celle d'un apôtre. Que ne suis-je trouvé digne d'aller remplir la place qu'il laisse vacante ! que ne puis-je aller expier mes péchés par le martyre après lequel son âme innocente soupirait si ardemment ? Hélas ! j'ai déjà plus de trente ans, qui se sont écoulés comme un songe, et je n'ai pas encore appris à vivre ! Quand donc aurai-je appris à mourir ? Le temps disparaît comme une ombre légère, et sans nous en apercevoir nous arrivons à l'éternité. »

Fauroux, en Tarn-et-Garonne, deux vitraux de Jean-Gabriel Perboyre dans l'église : le jeune séminariste à sa table de travail. Non signé. Maître-verrier non identifié.

En crucifié.

Confucius, Lao Tseu, Bouddha...

En février 1832, à son oncle, il s'exprime avec des tournures teintées de confucianisme : « ...j'ai déjà plus de trente ans, qui se sont écoulés comme un songe, et je n'ai pas encore appris à vivre ! Quand donc aurai-je appris à mourir ? Le temps disparaît comme une ombre légère, et sans nous en apercevoir nous arrivons à l'éternité. »

Maître Kong, né 2350 ans avant lui, aurait pu lui répondre « Tant que l'on ne sait pas ce qu'est la vie, comment peut-on savoir ce qu'est la mort. »
Notre lotois n'est pas parti se confronter aux pensées ayant façonné l'Asie, ne souhaitait pas comprendre cette culture mais imposer ses croyances. Il voulait convertir, verser son sang pour la cause du Christ.

Des religieux, désormais, vont au contact d'autres pensées, d'autres croyances, sans prosélytisme, simplement pour comprendre l'autre, approcher le berceau commun. Dans ce cas, le dialogue devient possible. Mais (trop) souvent les croyants portent le désir de convaincre, c'est la force des religions d'ainsi enrôler mais également son impasse. Quand des peuples se sentent menacés au point de l'interdire.

J'ai des difficultés à dialoguer avec des croyants... qui ne peuvent pas, simplement, intimement, croire. L'Europe aura des difficultés à éviter une confrontation, sur son sol, avec des communautés qui ont intégré « la faille démocratique » et ne manqueront pas d'imposer leurs conceptions sociales si elles parviennent à devenir majoritaires. La France s'est protégée de ce risque par la séparation de l'église et de l'état, quand cette séparation semblait suffisante pour permettre une réelle laïcité, mais sa Constitution est révisable par les Assemblées...

Finalement...

Tong-Ouen-Sio (nom chinois de JGP, ailleurs noté « Tong Wen Siao », signifiant « personne ayant reçu par voie testamentaire la mission de transmettre le message ») fut un sujet nettement plus intéressant que les autres lotois sur lesquels j'ai travaillé, de Maurice Faure à Martin Malvy en passant par Daniel Maury, Anatole de Monzie ou Louis Malvy, le grand-père dont notre Président de région défend la mémoire, en occultant le 10 juillet 1940 où il vota, comme son collègue de Monzie maire de Cahors, à Vichy, les pleins pouvoirs au maréchal Pétain. Sûrement une suite logique à un prétendu pacifisme allant jusqu'à souhaiter une « paix séparée » avec Mussolini (qu'il rencontra) et soutenant les accords de Munich entre Hitler, Daladier et Chamberlain. Il est mort sans avoir purgé son indignité nationale et inéligibilité pour 10 ans, prononcée en 1945. Un lotois, décédé en 1933, me semble devoir être sorti de l'anonymat... J'espère pouvoir lui consacrer un livre...

Les trois livres...

L'ordre chronologique de publication ne sera pas respecté ! Il m'apparaît plus intéressant, pour les lectrices et lecteurs, de débuter par :

1) *Vie Abrégée Du Vénérable J.-GABRIEL PERBOYRE, Prêtre de la Congrégation de la Mission dite des Lazaristes,* édité par GAUME ET Cie, LIBRAIRES-ÉDITEURS 3, RUE DE l'ABBAYE en 1886.

En préambule, une « DÉCLARATION DE L'AUTEUR » mais aucun nom d'auteur !

Tous les éléments étaient réunis pour le passage au stade de « *Bienheureux* » du père Perboyre. Qui fut donc prononcé le 10 novembre 1889 par le Pape Léon XIII. Les connaissances sur « le sujet » n'ont pas vraiment évolué depuis : il s'agit bien du livre de référence dont se sont inspirés l'ensemble des publications ultérieures.

Si l'auteur combat les dénigrements dont étaient victimes les chrétiens en Chine, il n'hésite pas à recourir au même procédé : « Puis se tournant vers les autres chrétiens captifs : « *Je vais vous enseigner ce qu'est le paradis et ce qu'est l'enfer. Être comblé dans cette vie de richesses et d'honneurs, voilà le paradis ; être au contraire, comme vous aujourd'hui, condamné à mener une vie pauvre, souffrante et misérable, voilà l'enfer.* » Sur cette parole vraiment digne d'Épicure, il leva la séance et fit reconduire le vénérable serviteur de Dieu dans sa prison. » Je ne reconnais pas Épicure mais la calomnie dont il fut victime au point que l'épicurisme n'a pas grand-chose à voir avec le philosophe.

2) Gabriel Perboyre, ou l'aventureux pèlerinage, publié par l'éditeur Barbou frères (Limoges) en 1853.

Ce livre ne nous apprend pas grand chose sur notre lotois... Il s'agit plus du récit d'un aventureux pèlerinage, celui du père Laribe, envoyé par le souverain pontife dans le *Hou-Pé*, en Chine, sur les traces de Perboyre... dont il finira par visiter la "tombe." Notre lotois repose toujours dans ce pays. Document intéressant sur le contexte, qui peut sembler à des années-lumière de nos vies. Pourtant, même pas deux siècles nous en séparent... Un certain "Raphaël" chantait, chante sûrement encore « Et Dans 150 Ans » :

Et dans 150 ans, on s'en souviendra pas
De ta première ride, de nos mauvais choix,
De la vie qui nous baise, de tous ces marchands d'armes,
Des types qui votent les lois là-bas au gouvernement,
De ce monde qui pousse, de ce monde qui crie...

Et dans 150 ans, on n'y pensera même plus
À ce qu'on a aimé, à ce qu'on a perdu,
Allez vidons nos bières pour les voleurs des rues !
Finir tous dans la terre, mon dieu ! Quelle déconvenue.
Et regarde ces squelettes qui nous regardent de travers,
Et ne fais pas la tête, ne leur fais pas la guerre,
Il leur restera rien de nous, pas plus que d'eux,
J'en mettrais bien ma main à couper ou au feu,
Alors souris...

3) *Les Deux nouveaux Martyrs : Jean-Gabriel Perboyre, de la congrégation de la Mission, dite des Lazaristes, et Pierre-Louis-Marie Chanel, de la Société de Marie, béatifiés par Léon XIII les 10 et 17 novembre 1889...*
Publié par H. Castermann (Tournai) en 1890. Naturellement, seule la première partie fut retranscrite.

Mais avant : des lettres de notre lotois...
Également lu, durant la préparation de ce livre : *Une semence d'éternité (Saint Jean-Gabriel Perboyre)*, par Jean-Yves Ducourneau, c.m., publié en 1996 par Médiaspaul, c.m. pouvant

signifier « congrégation de la mission », avec une préface de Maurice Gaidon alors Évêque du diocèse de Cahors (il le fut de 1987 à 2004 ; décédé le 14 novembre 2011).

Cette préface, je n'aurais pas la désobligeance (pour l'auteur) de la qualifier partie la plus intéressante du livre mais elle débute par un iconoclaste « étrange souhait que celui de vouloir atteindre à la sainteté... par le martyre !
Voilà qui laisse rêveur le chrétien [et perplexe l'athée pourrait-on ajouter] qui préfère des sommets moins abrupts et un programme mieux adapté à nos horizons quotidiens. Voilà qui inquiète le soupçonneur de service qui décèle, derrière de tels propos [avec passage aux actes !], d'évidents symptômes révélateurs d'une personnalité inquiétante. »
C'était donc en 1996. Comment réagirait-on si l'on utilisait un passage du paragraphe suivant au sujet des kamikazes, car la même approche pourrait prévaloir « Notre premier Saint de Chine n'est pas une personnalité à jauger à l'aune de la psychologie mais juger selon les critères de l'authenticité évangélique. C'est un fou, mais un fou de Dieu que l'Église ose reconnaître solennellement comme un saint et proclamer à la face du monde comme un merveilleux exemple d'Évangile vécu. »
Le 11 septembre 2001 constitue bien un séisme, une frontière dans nos approches, car depuis un Évêque tournerait sept fois son clavier pour au moins adoucir une telle formulation. Peut-être est-elle là, la raison du silence autour du Saint lotois du 11 septembre. Non ? Je pense qu'une société « aux racines judéo-chrétiennes » doit savoir regarder ses canonisations en face. Plus j'avançais dans l'étude de « ce voisin », plus s'est imposée en moi la conviction de travailler sur un sujet majeur de notre époque.

Entre crochets, il s'agit toujours de remarques (plus ou moins heureuses mais c'est ainsi !) de Stéphane Ternoise.

Tableau dans le chœur de l'église de Castelfranc.

Peut-être le plus beau des tableaux du Lot représentant notre JGP : à Sérignac.

Des lettres de Jean-Gabriel Perboyre

Le document essentiel. Un paquet de 53 missives obtenu grâce à « la famille vincentienne » : de sa toute première lettre, le 9 mai 1817, à 15 ans, destinée à son père après quelques mois au collège de Montauban, à l'une des dernières écrites en France, le 3 janvier 1835, à son oncle, moins d'un mois avant la décision ecclésiastique de son départ en Chine. Notre lotois a naturellement écrit bien d'autres lettres, il serait souhaitable que la publication de ce livre permette d'obtenir un regroupement de tout ce qui fut conservé. Je me propose naturellement de l'éditer.

1) 9 mai 1817

Montauban, 9 mai 1817.

Mon cher père,

Il y a déjà longtemps que je n'ai pas reçu de vos nouvelles, il me tarde de savoir si vous jouissez tous d'une bonne santé. Je voulais vous écrire, mais comme je n'ai jamais fait de lettres, ni même lu, je n'osais pas prendre la plume pour cela.

C'est aujourd'hui pour la première fois. Il est bien juste, mon très cher père, que vous ayez les prémices de mon petit savoir. Vous verrez que je ne suis pas encore bien savant quoique je me sois appliqué autant qu'il m'a été possible. Mon frère se porte bien. Nous n'avons pas eu la plus petite incommodité. Mon oncle et mes cousins se portent bien. Nous avons besoin de bas, nous avons besoin d'habits, de culottes. Ayez la bonté de me mander si vous voulez que mon oncle nous en achète.

Je vous embrasse. J'embrasse aussi bien tendrement ma chère mère, mes frères et mes sœurs.

Je suis avec les sentiments les plus respectueux,

Mon cher père,

votre très soumis fils.

Jean Perboyre

à Monsieur Perboyre Pierre propriétaire au Puech, Commune de Mongesty, par Cahors, Catus à Mongesty (Lot).

[on remarquera l'absence de T, Montgesty]

2) 16 juin 1817

Montauban, 16 juin 1817.

Mon cher père,

Après votre départ de cette ville, j'ai réfléchi sur la proposition que vous m'avez faite d'étudier le latin. J'ai consulté Dieu pour connaître l'état que je devais embrasser pour aller sûrement au ciel. Après bien des prières, j'ai cru que le Seigneur voulait que j'entrasse dans l'état ecclésiastique. En conséquence j'ai commencé à étudier le latin, bien résolu de l'abandonner si vous n'approuviez pas ma démarche. Je connais le besoin que vous avez des petits secours que je pourrais vous donner ; mon seul regret est de ne pouvoir pas vous soulager dans vos grandes occupations ; mais enfin si le Bon Dieu m'appelle à l'état ecclésiastique, je ne puis pas prendre d'autre chemin pour arriver à l'éternité bienheureuse.

Je continuerai ce que j'ai commencé jusqu'à ce que j'aurai votre réponse. Si vous agréez que je continue, il est nécessaire que je fasse faire des habits. Vous aurez la bonté de m'envoyer de l'argent pour en acheter. Je pense que la bourse de mon oncle n'est pas assez garnie pour en faire les avances.

Nous nous portons bien. Mon frère fait toujours bien. Il contente tout le monde. Je vous embrasse tous, en particulier ma chère mère.

Je suis avec les sentiments les plus respectueux,

Mon cher père, votre très soumis fils.

Jean Perboyre

3) 20 janvier 1822

Paris, le 20 janvier 1822.

Mon très cher père,

Vous devez trouver étrange que j'aie tant différé à vous écrire. Il est vrai que le défaut de commodité en est un peu cause ; mais ce n'est pas la principale raison, et si je n'en avais pas d'autres, je me croirais inexcusable, comme je le serais en effet. Ce qui fait donc que je ne vous ai pas écrit plus tôt, c'est que je savais que mon oncle vous avait donné de mes nouvelles, comme je l'en priais dans la lettre que je lui écrivis aussitôt que je fus arrivé à la capitale.

J'ai été bien aise d'apprendre dernièrement que vous jouissiez tous d'une parfaite santé. Mais j'ai aussi appris avec peine la mort de plusieurs de mes parents. Ne vous mettez pas en peine de moi. Ici je ne manque de rien. Je suis, Dieu merci, bien portant et fort content. Il se peut que je ne vous écrirai pas toujours directement : comme j'écrirai de temps en temps à mes frères pour leur donner quelques petits avis, je les chargerai de vous faire savoir de mes nouvelles et de me donner des vôtres.

J'embrasse ma très chère mère ainsi que tous ceux de la maison.

Mes respects à M. Gizard. Bien des compliments à mes parents du Puech. Quelque éloigné que je sois de vous, je ne [vous] en aimerai pas moins et ne serai pas moins pour la vie,

Mon très cher père,

votre très obéissant et très respectueux fils

Jean Perboyre

4) 30 octobre 1823

30 octobre 1823.

Mon très cher père,

Non, vous ne vous trompez pas, votre souvenir est toujours présent à mon esprit, je pense à vous tous les jours, ainsi qu'à tous mes parents, et il n'y avait pas même une demi-heure que j'y avais pensé quand on m'a remis votre lettre : elle m'a comblé de joie. Il y a longtemps que je pensais à vous écrire : j'avoue que j'ai été un peu négligent. J'ai vu aujourd'hui mon cousin Caviole. Le professeur dont vous me parlez avait eu la bonté de me donner de vos nouvelles ; je viens de lui écrire ; allez le voir toutes les fois que vous irez à Cahors, il vous recevra bien. J'ai confiance que ma sœur Mariette ne se découragera pas, que l'incommodité qu'elle éprouve servira à assurer sa vocation de plus en plus, et que je la verrai bientôt à Paris. J'ai parlé à mon oncle de mon petit frère Antoine ; je crois que vous ne ferez pas mal de l'envoyer quelque temps auprès de lui, pour y apprendre les premiers éléments des connaissances divines et humaines : mais je vous en supplie, mon très cher père, gardez-vous bien de le porter, par quelque parole, ou de toute autre manière, à entrer dans l'état ecclésiastique ; car s'il embrassait cet état sans y être appelé, et surtout par des motifs d'intérêts humains, il commettrait un sacrilège abominable, et ce serait pour lui, comme pour vous, le plus grand des malheurs. Tout ce que je désire, c'est qu'il apprenne à vivre en bon chrétien, et qu'il ne devienne pas idolâtre des biens de la terre, comme je l'ai été pendant quinze ans, Quoique je n'ignore pas vos soins et votre vigilance pour conserver dans tous vos enfants la pureté des mœurs, je tremble continuellement pour son innocence, sachant que vous êtes obligé de le perdre souvent de vue, et qu'il se trouve la plupart du temps avec des domestiques et des ouvriers dont la bouche est pleine de médisances, de propos indécents ; et vous savez mieux que moi, mon très cher père, que ces gens ne sont pas si retenus en votre absence qu'en votre présence. Aussi je ne doute pas que vous ne leur recommandiez de temps en temps la crainte de Dieu, et que vous ne les réprimandiez fortement lorsque vous apprenez qu'ils offensent le Seigneur.

Vous voudrez bien présenter mes hommages à M. Girard, à mes oncles, et à mes tantes et à mes autres parents qu'il me serait facile de reconnaître, car je n'en ai oublié aucun.

Je vous embrasse ainsi que ma chère mère, et je suis pour la vie,

Mon très cher Père,

votre très humble et très respectueux fils,

Perboyre

5) 24 août 1826

Mon très cher père,

Dans votre lettre du 9 juin vous me reprochiez ma négligence à vous écrire et vous me recommandiez aussi fortement que tendrement de montrer un peu plus d'exactitude sur ce point. Après cela je n'aurais pas très bonne grâce de chercher à m'excuser de ce nouveau délai de deux mois.
Cependant je vous dirai d'abord que la cause du délai de ma réponse n'est pas l'oubli, car depuis que j'ai reçu votre lettre il ne s'est peut-être pas passé un jour sans que j'y aie pensé ; je pourrais dire ensuite que le défaut de temps y est entré pour quelque chose ; les jours pour nous commencent régulièrement à 4 heures et ne finissent jamais qu'à 9 ou 10 heures cependant nos occupations nous forcent assez souvent à les prolonger jusqu'à minuit ; aux approches des vacances surtout, notre besogne redouble comme la vôtre au temps de la moisson ; il y a huit jours que j'avais entrepris une lettre pour M. l'abbé Gizard, à peine l'avais-je commencée que je fus obligé de l'interrompre, aujourd'hui seulement j'ai pu la continuer. Enfin, mon cher père, je différais ma réponse pour vous apprendre si l'année prochaine je resterais encore à Montdidier. J'avais eu quelque espoir d'aller à Montauban ; mon oncle a fait les plus vives instances pour m'avoir, mais je sais à présent que je n'y serai pas envoyé. Il paraît néanmoins certain que je serai changé, et même, s'il faut ajouter foi à quelques petits bruits qui sont parvenus jusqu'à mes oreilles, je serais destiné pour un endroit qui avoisine le Quercy. Quoi qu'il en soit, je vous instruirai de ma nouvelle destination avant de partir de Paris où je me rendrai dans une quinzaine de jours et d'où je ne pense partir que vers la fin de septembre.
Il est donc déterminé, mon très cher père, et il n'est déjà plus bien loin le jour où le Seigneur doit imposer pour jamais sur ma tête le joug du sacerdoce ; ce jour sera le plus grand de ma vie. Quel bonheur pour moi, si je pouvais recevoir la prêtrise avec toutes les dispositions requises ! quelle source de grâces pour moi et pour les autres ! Il faut que la miséricorde de Dieu soit bien grande

pour se choisir des ministres aussi indignes ; vous savez combien j'avais peu mérité cette insigne faveur. Suppliez, je vous en prie, Notre Seigneur de ne pas permettre que j'abuse des grâces qu'il veut bien m'accorder.

Dans un mois je serai prêtre, c'est le 23 septembre que je dois être ordonné. J'espère que vous, ma très chère mère, mes sœurs, tous mes parents, vous unirez tous vos prières pour attirer sur moi les bénédictions du ciel ; je me recommande spécialement aux prières de ma tante Rigal. Vous en serez très amplement dédommagés quand j'aurai le bonheur de dire la sainte Messe, non pas en vertu de mes propres prières, mais par les mérites de Celui qui s'offrira à Dieu son Père entre mes mains. Veuillez me dire, s'il vous plaît, le nom de ceux de mes parents qui sont morts depuis que j'ai quitté le pays.

Vous désireriez beaucoup que j'allasse vous voir ces vacances ; de mon côté je serais au comble de mes vœux en embrassant des parents que me sont si chers et que je n'ai pas vus depuis si longtemps. Je ne puis pas encore vous promettre pour cette année. Ceci dépend beaucoup et du lieu où je serai envoyé et de l'emploi que je dois avoir et des occupations que j'aurai pendant le peu qui me restera de vacances après l'ordination.

Ne soyez pas étonné, mon très cher père, si je ne vous ai pas fait savoir la maladie de Louis ; je ne l'ai connue moi-même qu'après qu'elle fût passée. On me la cachait, crainte de m'alarmer ; elle a en effet été si sérieuse qu'il y a eu un moment où l'on avait perdu tout espoir pour la vie de mon pauvre frère. Mais par la grâce de Dieu le voilà aujourd'hui parfaitement guéri. On m'a dit que par cette crise, il avait considérablement grandi, que son caractère s'était depuis bien développé, qu'enfin il est devenu plus charmant que jamais, il fait les délices de ses supérieurs.

Je vous prie de présenter mes hommages à mon oncle Jean-Louis et à mes cousins Caviole et d'être l'interprète de mes sentiments auprès de tous mes parents.
Je suis pour la vie etc.
J.G. Perboyre, diacre. Montdidier, le 24 août 1826.

6) 2 novembre 1826

Saint-Flour, le 2 novembre 1826.

Mon très cher père,

Je ne suis plus éloigné de vous que d'une trentaine de lieues : j'ai été envoyé à Saint-Flour où je suis professeur de théologie au grand séminaire.

Je suis très content de ma nouvelle destination. Il paraît que le climat de l'Auvergne ne me sera pas moins favorable que celui de la Picardie : ma santé ne peut être mieux. Il y a environ trois semaines que je suis arrivé ici ; des occupations importantes ne m'ont pas laissé un seul moment pour vous écrire plus tôt : j'espère que je serai l'objet de votre indulgence comme je l'ai [été] déjà tant de fois.

J'ai été ordonné le 23 septembre, comme je vous l'avais annoncé. Toutes les fois que j'ai eu le bonheur d'offrir le saint sacrifice, je n'ai jamais manqué, mon très cher père, de vous recommander à Dieu d'une manière toute particulière, ainsi que ma très chère mère, mes frères, mes sœurs et tous mes parents ; j'ai dit plusieurs fois la sainte messe pour ma pauvre sœur Mariette, je l'ai dite aussi pour mes autres parents morts. Ce que j'ai fait jusqu'ici, je me propose de le faire toute ma vie.

Lorsque je suis parti de Paris, j'ai laissé mon frère Louis assez bien portant, sa santé se fortifie tous les jours et ne laisse presque plus rien à désirer pour un parfait rétablissement ; il est toujours très content.

Vous auriez souhaité bien vivement, mon très cher père, que je fusse allé vous voir cette année, et le moment où j'aurais pu vous embrasser aurait rempli le vœu le plus ardent de mon cœur ; mais cela a été absolument impossible : ces vacances, si je puis leur donner ce nom, j'ai été plus occupé que je n'aie jamais été dans le courant de l'année. J'espère que l'année prochaine j'irai faire un tour chez vous, à moins que la Providence n'en dispose autrement.

J'ai à vous rendre des actions de grâces pour avoir bien voulu vous intéresser pour moi auprès de Dieu, lors de mon ordination ; je réclame encore de votre bonté paternelle pour le présent et l'avenir, le secours de vos bonnes prières : j'en ai tant de besoin ! mes obligations sont si grandes et si difficiles à remplir ! J'ai appris par M. l'abbé Gizard que tout allait bien chez vous, j'en bénis le Seigneur et je le prie de continuer à vous combler de ses faveurs.

Veuillez, mon très cher père, assurer tous mes parents de mon sincère attachement. Je vous embrasse ainsi que ma tendre mère, pénétré de tous les sentiments de la piété filiale avec lesquels je suis pour la vie.

Votre très soumis et respectueux fils

J.G. Perboyre prêtre de la mission.

7) 14 juillet 1827

Saint-Flour, le 14 juillet 1827.

Mon très cher père,

Votre lettre m'a procuré le plus grand plaisir ; il y a longtemps que je désirais recevoir de vos nouvelles. Je vais profiter de la même occasion pour vous donner des miennes. Pendant toute cette année je me suis très bien porté. Dans ce moment-ci quoique je ne sois pas malade je me sens très fatigué ; mais je fais ma dernière classe aujourd'hui ; nos séminaristes sortiront la semaine prochaine. J'ai déjà écrit à Paris pour demander la permission d'aller vous voir. J'espère qu'elle ne me sera pas refusée. Je ne pourrai guère partir de Saint-Flour avant le 10 août, attendu qu'il doit y avoir une retraite pastorale dans le séminaire, vers la fin de ce mois. Je me propose de me rendre d'abord à Montauban ; après la distribution des prix, nous irons chez vous, mon frère et moi ; nous vous avertirons assez tôt.

Je ne vois pas grande apparence à ce que votre vin soit placé par ici ; on le trouve fort bon, mais le transport offre trop de difficultés.

En attendant que nous puissions nous voir et nous embrasser, veuillez agréer, mon très cher père, l'hommage des sentiments respectueux avec lesquels je suis.

Votre très obéissant et très dévoué fils,

J.G. Perboyre, i. p. d. l. m. [Abréviation de dérision, alors fréquente dans ce milieu : indigne prêtre de la mission.]

Si je termine cette lettre sans donner à ma très chère mère aucun témoignage de piété filiale, ce n'est pas que je l'oublie, mais je sais que vous lui interprèterez parfaitement mes sentiments.

Mes respects à tous mes parents.

8) 2 septembre 1827

Montauban, le 2 septembre 1827.

Mon très cher frère,

La grâce de N. S. soit toujours avec nous.

Je trouve tant d'occasions pour vous écrire ces jours-ci, que je serais inexcusable en ne le faisant pas : aujourd'hui c'est un jeune protestant converti qui part pour Saint-Sulpice ; demain c'est M. Gratacap qui passe par le courrier ; il se rend à Paris ; il ira sans doute vous voir.

Je suis arrivé à Montauban, dimanche au soir 26 août ; le 28, j'ai mis une heure à me débarrasser d'un panégyrique de S. Augustin que les Ursulines m'avaient jeté sur le dos. Lundi, 27, j'ai assisté au petit séminaire à l'une des plus belles distributions de prix que j'eusse encore vues ; certainement pour la musique, je n'avais rien entendu de mieux ni à Montdidier ni à Saint-Acheul. Monseigneur a été enchanté de cette brillante cérémonie ; surtout il a été pleinement satisfait des compositions que les Rhétoriciens y ont lues. Jacou [leur frère] vous marque, je pense, les prix que lui et nos cousins ont remportés. Ne vous mettez pas en peine sur ma santé : vous ne sauriez vous imaginer comme je me refais vite ; mon oncle, les dames Ursulines chez lesquelles je vais dire la messe tous les jours, ont tant de soin de moi !

Je partirai dans le courant de la semaine avec nos frères pour Cahors ; et après avoir passé une quinzaine dans la famille, je songerai à m'acheminer vers les montagnes d'Auvergne.

Mon oncle a eu une petite indisposition, il est parfaitement remis. Dans ce pays-ci, on s'attend universellement que M. Brioude sera supérieur à Cahors, on le regarde comme un homme du premier mérite, ce qui n'est pas une nouvelle pour vous. Mon oncle a demandé M. Touvre ou M. Baudrez pour son petit séminaire : il serait bien à désirer qu'on lui accordât l'un ou l'autre.

Il serait inutile de vous dire combien il est content de voir enfin se réaliser un de ses vœux les plus ardents.

MM. Barbier et Leguenec, et ma cousine Sainte-Claire m'ont chargé de les rappeler à votre souvenir ainsi qu'à celui de M. Gabriel que j'embrasse aussi pour ma part *ex lotis praecordiis*.

Présentez mes très humbles et très respectueux hommages à notre très honoré Père.

Je vous serais obligé aussi, si vous pouviez offrir mes respects à ceux de ces Messieurs que j'ai l'honneur de connaître, et mes amitiés à ces charmants confrères avec lesquels vous vivez.

Adieu, mon cher frère,

Soyez sûr que je serai au Puech comme je l'ai été à Montauban, le fidèle interprète de vos sentiments.

Tout à vous en N. S.

J.G. Perboyre ind. prêtre d. l. m.

à Monsieur Louis Perboyre, à Paris rue de Sèvres 95 — Seine

9) 31 octobre 1827

Saint-Flour, le 31 octobre 1827

Mon très cher frère, [Louis]

La grâce de N. S. soit toujours avec nous.

Le départ de M. Trippier m'offre l'occasion la plus favorable pour répondre à votre dernière lettre ; mais tous ses [soucis] dont il me laisse héritier ne me permettent pas de m'entretenir longtemps avec vous. Car quoi que vous en disiez je suis encore supérieur du petit séminaire ; mais une supériorité qui a fait perdre la vocation à M. Granier et qui a été sur le point de la faire perdre aussi à M. Berthulot, n'est pas très propre, avouez-le à m'enfler moi-même pas plus qu'à exciter l'envie ou à donner de l'ombrage à personne. Ainsi je serai plutôt suffoqué par la fumée de l'honneur que je n'en serai enivré. Vous pouvez me croire en sûreté de ce côté là. Combien je me trouve bas dans mon élévation ! Combien je me trouve indigent dans mon opulence ! Hâtez-vous de venir à mon secours ; intercédez pour moi auprès de Celui qui de rien fait tout.

J'ai besoin de beaucoup de patience, de courage, de sagesse ; priez le Seigneur qu'il me les accorde.

La nouvelle de vos vœux m'a fait un plaisir extrême, il me tardait de la recevoir écrite de votre main. Dites à notre très cher cousin Gabriel et à mes chers Montdidiériens que je les félicite, l'un d'avoir été trouvé digne d'être choisi pour soin de séminaire, et les autres de ce qu'ils ont voué leurs personnes à Saint Vincent.

Faites agréer à M. Boullangier l'assurance de ma parfaite reconnaissance pour son bon souvenir et les paroles aimables, qu'il a bien voulu ajouter dans votre lettre.

Vous désirez quelques nouvelles ; en voici : Au Puech et aux environs tout va bien, je l'ai vu ; on me l'a écrit depuis ; je n'y ai passé qu'une dizaine de jours, à Cahors trois, à Montauban une douzaine, à Toulouse un, à Carcassonne ou à Montolieu 4 ou 5. Partout j'ai eu beaucoup d'agrément et pris beaucoup de santé. Mon voyage a été long quoique court en durée, utile, agréable, peu dispendieux. Enfin je suis arrivé à Saint-Flour au moment du brouhaha que je n'ai ni le temps ni l'envie de vous dépeindre. Je ne vous parlerai pas non plus de diverses phases de ma manière d'être qui se sont si rapidement succédées depuis cette époque. Promu au pouvoir, j'en suis déchu et cependant m'y revoilà ; on pourrait faire sur tout cela des tragédies, voire même un poème épique, mais il faut attendre jusqu'à la fin.

Ma filleule est placée à Montauban chez Madame Elisabeth. Notre cousin Cadet du fond de la ville ira probablement cette année au petit séminaire de Montauban.

M. L. C. viendra sans doute nous joindre à Saint-Flour.

Mon oncle m'écrit qu'il est très content des confrères qui lui ont été donnés. Il est enchanté de M. Tardieu que je lui ai procuré.

À un autre jour le reste, il est près de onze heures du soir, Tout à vous en N. S.

J.G. Perboyre ind. p. d. l. m.

M. Trippier emporte les regrets et l'estime du diocèse excepté peut-être de quelques personnes dont la malveillance encore l'honore. Pour moi, je n'avais jamais [été] aussi sensible à la séparation d'un confrère.

10) 5 décembre 1827

Monsieur le Recteur, [de l'Académie de Clermont]

J'ai l'honneur de vous remercier de m'avoir fait connaître ce qui manquait à la lettre que je vous écrivis dans le courant du mois de novembre. Je vais tâcher d'y suppléer et de satisfaire à vos nouvelles demandes.

Le Supérieur général des Lazaristes vient d'appeler à Paris M. Trippier qui est membre de ce corps auquel j'appartiens moi-même. A la sollicitation de Mgr l'évêque de Saint-Flour, le même supérieur général m'a placé à la tête du pensionnat que M. Trippier dirigeait. Je me soumettrai à toutes les formalités d'usage en pareille circonstance ; ayez la bonté de m'indiquer ce que j'ai à faire pour les remplir. En attendant j'ai versé les cinquante francs que vous demandiez à mon prédécesseur dans une de vos lettres du mois dernier et qui, tout naturellement seront mis en ligne de compte dans mes frais personnels.
Vous les recevrez de M. le Principal du collège.

Voici divers renseignements que vous exigez. Mon nom, c'est : Perboyre ; mes prénoms sont : Jean Gabriel ; le lieu de ma naissance, c'est : Mongesty, départ. du Lot, et la date de ma naissance est le 6 janvier 1802.

J'ai cinq ans d'exercice dans l'enseignement, ayant professé successivement les classes inférieures, la philosophie, les mathématiques et la théologie, au petit, séminaire de Montauban, au collège de Montdidier, au grand séminaire de Saint-Flour.

Il paraîtrait, M. le Recteur, d'après votre lettre du 1er décembre, que vous n'auriez pas eu connaissance de l'étendue du privilège accordé à M. Trippier par son exc. le ministre des affaires ecclésiastiques et de l'instruction publique, qui a exempté de la rétribution universitaire tous les élèves du pensionnat de Saint-Flour, qui se destineraient à l'état ecclésiastique. Que la chose soit cependant ainsi, je le tiens de M. Trippier lui-même, de

Monseigneur et de ceux qui ont eu avec eux les relations les plus intimes. Le dernier prospectus du pensionnat, qui depuis le mois de mai 1827, s'est répandu de tous côtés, porte en propres termes que les aspirants à l'état ecclésiastique seront affranchis de la rétribution universitaire. Quant au nombre de 18 auquel fut borné l'année dernière la faveur de l'exemption, il ne fut point déterminé par une décision stable et de perpétuel effet, mais par la circonstance accidentelle et passagère de la présentation de cette année-là, qui n'avait porté qu'à 18 le nombre des aspirants à l'état ecclésiastique. Il n'y a donc pas de loi permanente qui nous oblige à restreindre à 18 le nombre de ceux qui peuvent prétendre à l'exemption que la bienveillante promesse du Ministre a étendue à tous les pensionnaires de cette maison, dont Monseigneur certifierait la vocation à la cléricature.

Indépendamment du fait constaté en lui-même, remarquez, s'il vous plaît, l'absurdité de votre hypothèse. Que cet établissement prenne de la consistance, qu'il prospère de manière à avoir, dans peu de temps, jusqu'à 200 pensionnaires ou au-delà ; quel serait alors le privilège dont son Excellence a voulu le gratifier ? Il serait ridicule, s'il n'était pas plus que nul ; puisque, tandis que l'exemption serait affectée au dixième des simples externes qui suivent les cours du collège, le pensionnat ecclésiastique ne jouirait pas même de cet avantage.

J'espère, Monsieur, qu'après ces petites observations vous n'aurez plus de peine à prendre en considération la demande que j'ai l'honneur de vous faire en exemption du droit universitaire, pour tous ceux de nos pensionnaires qui aspirent à l'état ecclésiastique et dont je vais vous transmettre la liste légalisée par Monseigneur.

Daignez me compter, Monsieur le Recteur, parmi vos serviteurs les plus dévoués et les plus respectueux.

Perboyre ptre d. l. m.

Saint-Flour le 5 décembre 1827.

11) 24 mai 1828

Saint-Flour, le 24 mai 1828.

Mon très cher frère [Louis],

La grâce de N. S. soit toujours avec nous.

Vous avez l'air de vous plaindre de ce que je ne vous écris pas plus souvent que je ne fais. Si vous connaissiez bien ma position, vous auriez, j'en suis sûr, plutôt pitié de moi que vous n'auriez envie de m'adresser des reproches. Obligé de faire 4 ou 5 classes ou répétitions par jour. Obligé, en qualité de directeur, d'économe etc., etc. d'être toujours à tous et à tout, et partout à la fois, comment pourrais-je aller de temps en temps me récréer avec vous à Paris ? Si je vous écris aujourd'hui vous le devez à un moment de repos forcé. Car après un mois et demi de rhume, j'ai fait une petite maladie qui m'a empêché pendant huit jours de dire et même d'entendre la sainte messe ; j'espère cependant la dire demain : je vais mieux.

Vous venez ensuite me proposer une partie de philosophie. Oubliez-vous donc que je marche à présent sur un tout autre terrain ? Il me serait plus facile de vous réciter le Rudiment d'un bout à l'autre, que de vous dérouler une thèse de philosophie. Que j'ai dégénéré ! Si vous m'aviez proposé quelques petites questions grammaticales, à la bonne heure, j'aurais peut-être tâché de vous répondre ; en commençant par relever les fautes qui vous ont échappé dans votre lettre, je vous aurais dit par exemple, que la conjonction française quoique gouverne toujours le subjonctif ; qu'il ne faut point de tréma sur ait troisième personne du singulier du verbe avoir ; qu'on met un accent aigu et non pas un accent circonflexe sur le deuxième é du mot réfléchir ; que la lettre de quelqu'un, c'est celle qu'il a écrite, et non pas celle qu'il a reçue ; que telle tournure de phrase n'est pas française, etc. etc. etc.

Mais pour la philosophie, que voulez-vous que je vous en dise ? Je n'y pense plus.

Vous avez peur qu'on ne vous fasse cadeau d'une chaire de philosophie., Vous avez bien raison : ce n'est pas une petite affaire que d'être professeur de philosophie dans un temps où chacun se fait sur cette science les idées qu'il lui plaît, où chacun a son système, ses opinions, où il y a autant d'écoles que de maîtres. Tâchez d'avoir du pain cuit avant de vous mettre en route, parce que, ensuite, *nemo dat quod non habet*.

Pour vous familiariser avec la discussion vous [pouvez] lire le traité de la Religion par Bergier, vous y trouverez même la question de la certitude traitée assez au long et très bien ; le traité de l'existence de Dieu par La Luzerne vous servira encore à merveille pour cela ; vous trouverez dans le traité de l'Existence de Dieu par Fénelon et dans celui de la Connaissance de Dieu et de Soi-même par Bossuet, plus de Métaphysique et surtout de saine métaphysique que dans toutes les philosophies du monde ; exploitez bien ces mines fécondes. Les diverses parties de la philosophie sont très bien développées dans Para Duphanjaz (le grand) ; il y a aussi d'excellentes choses dans la logique de Doney et dans les Recherches philosophiques de M. de Bonald, à part même ce qu'il peut y avoir de commun avec ce qu'on appelle le système de M. de Lammenais. Quant à la doctrine de ce dernier, je ne vous en donnerai point de précis, comme vous me le demandez ; il existe un bon nombre d'ouvrages qui peuvent parfaitement vous satisfaire là-dessus.

Tout à vous, mon cher frère,

J.G. Perboyre ind. p. d. l. m.

Mille amitiés à notre cousin.

12) 11 juillet 1828

Saint-Flour, le 11 juillet 1828.

Mon cher frère [Louis],

La grâce de N. S. soit toujours avec nous.

Je vous écris après dix heures du soir. Je fais monter la garde dans ma chambre à deux petits intrépides qui après avoir troublé le repos des autres, m'empêchent d'aller prendre le mien. Je profite donc de ce moment pour répondre à votre dernière lettre.

Après avoir présenté mes respects à M. Lego, dites-lui que la date de ma naissance est le six janvier 1802. Au reste j'ai laissé mon extrait de naissance entre les mains de M. Boulangier ; vous pourrez vérifier. Je me vois dans ma 27e année ; hélas ! dans ma vie passée, quel vide affreux pour l'éternité !

J'ai déjà reçu deux bulletins de Jacou ; ils sont très satisfaisants sous tous les rapports, il est un des premiers de sa classe, Il y a longtemps qu'il ne m'a pas écrit lui-même. Quant aux dispositions à faire pour assurer sa vocation, j'ignore quelle conduite je dois tenir. Ainsi jusqu'à ce que j'y voie plus clair, je m'abstiendrai de toute démarche par rapport à notre cher frère. Pour vous si vous avez là-dessus des lumières particulières, agissez en conséquence.

Il me semble que vous pourriez ménager un peu plus notre oncle. Ce n'est pas que je veuille charger personne pour le justifier, mais au moins *ne insultes miseris*. Vous savez du reste que selon l'esprit de saint Vincent nous ne devons pas prendre la défense de nos parents, mais bien nous réjouir d'être humiliés, soit en nous-mêmes, soit en ceux qui nous touchent par les liens du sang ou de la religion.

Vous ne m'avez donné aucun détail sur la maison de Paris. Vous ne doutez cependant pas que je ne prisse beaucoup d'intérêt à toutes les nouvelles que je recevrais sur notre mère commune.

Faites agréer mon profond respect à notre très honoré Père. Veuillez aussi être l'interprète de mes sentiments auprès de M. Boulangier, de M. Lemboley et de tous nos confrères.

Et vous, croyez-moi pour la vie, votre tout dévoué frère,

J.G. Perboyre ind. ptre d. l. m.

P. S. — M. Touvre m'avait écrit avant de partir de Moissac. Je n'ai su où lui adresser une réponse. Si par hasard il se trouvait à Paris, assurez-lui mon éternelle amitié.

13) 19 juillet 1828

Saint-Flour, le 19 juillet 1828.

Je vous dirai, mon très cher frère [Antoine, alors quinze ans], que j'ai été très content de votre lettre ; je n'y ai remarqué que quelques fautes d'orthographe que je vous pardonne bien volontiers. J'userai toujours d'indulgence pour vos lettres ; écrivez-m'en souvent. Quant à l'invitation que vous me faites au nom de nos parents d'aller passer quelques jours au sein de la famille, je dois vous répondre que malgré le grand désir que j'aurais de vous voir tous, je ne pourrai pas ces vacances m'éloigner de Saint-Flour.

M. le Supérieur du séminaire de Cahors a bien voulu m'inviter aussi à aller faire un tour dans le pays. Je ne suis pas assez libre pour cela. Puisque la Providence vous a ramené auprès de nos chers parents, tâchez de bien remplir ses vues. Sans vous attacher aux biens de la terre, faites-les bien valoir ; le papa ne vous donnera que de bons avis, suivez-les bien. Mais en tout ne travaillez que pour plaire à Dieu, autrement vous perdriez votre temps et toutes vos peines.

Présentez mes respects à M. le curé de Mongesty et à M. le curé de Catus, ainsi qu'à tous nos parents.

J'embrasse bien tendrement le papa et la maman ; et vous, mon cher frère, avec mes chères sœurs, croyez-moi

Votre très affectionné frère,

J.G. Perboyre prêtre d. l. m.

P. S. — J'écrirai prochainement à mon oncle de Montauban pour lui parler d'Antoinette, car il ne faut pas l'envoyer sans lui avoir assuré une place

14) 16 août 1828

Saint-Flour, le 16 août 1828.

Non, Mon très cher frère [Louis], vous n'aviez pas besoin d'user de détours pour me proposer la bonne œuvre dont il est question dans votre dernière lettre. Si mon désintéressement n'était jamais soumis à de plus fortes épreuves, mon mérite ne serait pas grand de ce côté-là. Je me charge donc de faire honneur selon mes facultés aux frais d'entretien de notre frère Jacou. Il est vrai que je ne suis pas en état de supporter des dépenses considérables, notre très honoré Père m'ayant permis d'aider nos parents pour l'éducation de notre sœur Antoinette. Mais ce que je ne pourrai payer tout de suite, je le payerai plus tard.

Vous sentez, mon cher frère, combien nous avons d'obligation à notre très honoré Père, qui quoique nous ne soyons que des enfants dans la Congrégation, incapables de tout, veut bien cependant avoir des égards pour nous. Faisons en sorte de le dédommager un peu des sacrifices dont nous sommes l'objet.

Jugez avec quel plaisir je verrai notre frère aller compléter son éducation au collège de Montdidier, où les études sont si florissantes et l'ordre si parfait ! Quelle sera surtout ma joie si je puis le voir un jour enfant de saint Vincent. Mais ne devançons pas la Providence. Puisque vous [êtes] à même de connaître sur tous les points les intentions de M. le Général, écrivez à l'oncle et à Jacou pour son affaire. Qu'il parte à temps et muni de tout ce dont il est besoin. Me voilà en vacances depuis huit jours. A moins d'un ordre inattendu, je les passerai toutes dans ce pays-ci. Il est juste de travailler un peu pour soi après avoir beaucoup travaillé pour les autres.

Priez pour un frère qui vous aime comme lui-même. Adieu.

J. B. Perboyre Ind. ptre d. l. m.

15) 17 août 1828

Saint-Flour, 17 août 1828.

Vos vœux sont exaucés, mon cher frère [Jacques], vous irez l'année prochaine à Montdidier, pourvu que notre cher oncle ne s'y oppose, ce que je suis bien loin de penser. Songez donc à préparer votre trousseau. Il faudrait partir au plus tard vers la mi-septembre. Si vous pouviez passer par l'Auvergne, je vous verrais avec plaisir ; vous n'allongeriez pas extrêmement.

J'écrivis hier à Louis qui vous a sans doute écrit au long sur cette affaire ; j'écrivis aussi à M. Dewailly pour le remercier de ses bonnes attentions.

A Montdidier, les classes sont très fortes ; il sera bon que vous y répétiez la seconde. J'ai été content de votre bulletin. Je désirerais seulement que vous fissiez quelques efforts pour être moins taciturne, plus ouvert ; si vous ne travaillez pas de bonne heure à plier votre caractère sur ce point, vous aurez plus tard des difficultés insurmontables pour devenir sociable et d'une compagnie agréable. Pour moi je sais bien ce qu'il en coûte.

S'il était encore temps je vous recommanderais de ménager votre santé que vous avez altérée à force de travail.

Lorsque vous verrez nos parents, bien des choses respectueuses.

Voilà le départ de la poste. Je vous écris aussi en poste.

Adieu, cher frère,

J.G. Perboyre ind. ptre d. l. m.

à Monsieur Jacques Perboyre, élève de seconde au petit séminaire de Montauban.

16) 22 septembre 1828

Cahors, le 22 septembre 1828

Mon très cher frère [Louis],

La grâce de N. S. soit toujours avec nous.

Après avoir passé quinze jours au séminaire de Cahors, où j'ai fait ma retraite, et, trois ou quatre jours auprès de nos parents, où bien des personnes m'ont demandé de vos nouvelles et m'ont recommandé de vous offrir leurs amitiés, voilà que je vais repartir pour Saint-Flour. Jacou serait parti pour Paris en même temps que moi, mais M. Brunet qui doit être son mentor, n'est pas encore prêt. Ils partiront tous les deux de Cahors, lundi soir, 29 septembre, et par conséquent ils arriveront à la capitale, le vendredi soir ou le samedi matin. Ayez soin d'embarquer notre frère assez tôt pour Montdidier. On dit que vous serez envoyé à Montdidier, cette année, je vous en félicite ; vous y serez très bien *sub omni respectu*.

Vous soignerez Jacou. J'écrirai incessamment à M. Vivier. Je vais placer ma sœur Antoinette chez les Dames Blanches.

Au Puech, à Catus on se porte assez bien.

Embrassez pour moi notre cher Gabriel.

Adieu, mon cher frère,

J.G. Perboyre ind. p. d. l. m.

P. S. — Avez-vous reçu votre premier certificat, qui vous a été renvoyé parce qu'il n'était pas légalisé par Mgr l'Archevêque et par M. le préfet ? Hâtez-vous de l'expédier vers Catus, revêtu de cette formalité ; on l'attend avec impatience.

17) 21 avril 1829

Saint-Flour, le 21 avril 1829.

C'est tout de bon, cher frère [Louis],

La grâce de N. S. soit toujours avec nous.

C'est tout de bon, cher frère, que vous boudez. Je vois bien pourquoi : vous vous êtes imaginé que je n'avais pas remboursé toutes vos avances, en fait de correspondance. Seigneur, calmez votre ire ; et n'excitez pas, s'il vous plaît, la mienne. Car, si… on vous prouverait que vous confondez l'actif avec le passif ; on vous demanderait comment il a pu se faire, qu'étant comme vous êtes écrivain de profession, votre cœur n'ait pas pu, pendant l'espace de plus de six mois, surprendre à votre plume distraite quelques lignes pour un frère qui vous aime plus que lui-même ; on vous dirait que le bon sens auvergnat, qui, il est vrai, n'est pas encore monté au niveau de la civilisation parisienne, aurait trouvé une espèce de convenance à ce que vous ne m'eussiez pas laissé ignorer que vous aviez été ordonné sous-diacre. Mais ce serait trop de plaintes. Il vaut mieux que je vous accorde une indulgence plénière ; toutes les circonstances me favorisent pour vous expédier mon bref : me voilà en vacances, à l'occasion de la quinzaine de Pâques ; M. Grappin et M. Hersent partent demain matin pour Lyon, et l'un d'eux au moins ira jusqu'à Paris. Vous apprendrez d'eux tout ce que je pourrai vous dire sur notre pensionnat, qui nous donne, Dieu merci, quelque consolation.

En relisant votre lettre d'octobre, (car il faut bien relire les anciennes, n'en recevant pas de nouvelles), j'ai remarqué quelques fautes que je vais vous signaler. Je sens qu'il n'est pas trop flatteur pour un écrivain de la capitale de recevoir des leçons d'un petit pédagogue de province ; mais il est si important pour lui de bien écrire qu'il ne doit pas même mépriser les avis d'un tel aristarque, lorsqu'ils peuvent lui être utiles. D'abord vous me présentez des respects de la part de M. Boulangier. Quand M. Boulangier, par excès de bonté, se serait servi de ces expressions, vous deviez les traduire en d'autres termes. Un grand secrétaire comme vous, ne saurait se montrer trop attentif à observer toutes les convenances épistolaires.

Vous aviez mis un t et un s de trop dans le nom de M. Boulangier. Malgré cela son souvenir n'est pas moins précieux et moins honorable pour moi. Ne manquez pas d'être auprès de lui l'interprète de mes sentiments de respect et de reconnaissance.

Vous avez aussi mal orthographié le mot travaux que vous avez écrit avec un e. Retenez bien cette règle générale ; on n'écrit eaux au pluriel avec un e que dans les mots qui ont cet e au singulier, comme : le château, les châteaux, le troupeau, les troupeaux, le hameau, les hameaux, etc. Mais tous les mots qui n'ont pas e au singulier, font le pluriel sans e, soit substantifs, soit adjectifs : le mal, les maux le cheval, les chevaux, l'animal, les animaux, le métal, les métaux, le travail, les travaux ; principal, principaux, général, généraux, moral, moraux, fondamental, fondamentaux, etc. Eh bien ! je vous régente comme il faut, n'est-ce pas ? Rendez-moi vous-même un meilleur service : priez pour moi ; je me perds infailliblement. Sans parler des misères personnelles, je suis constamment et profondément saisi de frayeur en pensant qu'il faut répondre pour les autres. Faites provision de vertu et de science tant que vous êtes à la source de l'une et de l'autre. Si plus tard il venait à vous échoir un lot semblable au mien, vous n'auriez ni la même facilité d'acquérir la vertu, ni le temps d'étudier.

Je n'ai pas reçu de nouvelles du papa depuis quelque temps. L'oncle de Montauban se porte bien, mais il est dans de terribles angoisses pour ses affaires. Cette année sera décisive pour lui.
Adieu, cher frère,
J.G. Perboyre i. p. d. l. m.

P. S. — Mes compliments d'amitié à notre cher cousin Gabriel et à Paul son frère, ainsi qu'à M. Tournier, si vous avez occasion de le voir. Il paraît que Jacou va bien à Montdidier, qu'il y est content et qu'on est content de lui.
Notre cousin Cadet Perboyre du fond de la ville est avec moi et il va fort [bien et] se recommande à votre souvenir.

18) 17 juillet 1829

Mon très cher père,

Quoique je sois très pressé dans ce moment, je profiterai de l'occasion que m'offre M. Durand pour vous écrire deux mots. Je vous annoncerai d'abord que je n'irai pas vous voir cette année, à moins que je ne doive partir pour Paris, comme on vous l'a dit. Mais je ne puis encore vous rien assurer là-dessus. Si j'apprenais que cela dût avoir lieu, je m'empresserais de vous en instruire, surtout dans le cas où je ne pourrais pas faire une descente dans le pays. Je vous dirai ensuite que je me ferai plaisir de vous procurer un cheval, je suis sûr d'être servi de confiance. Veuillez me mander, si vous n'en avez pas encore, de quel âge vous le voudriez et quel prix vous pourriez y mettre. Vous ne comptez sans doute pas que je le payasse ; cela me serait tout à fait impossible.

Quant à ma sœur qui est au couvent, je ne puis lui fournir que ce que j'ai promis, c'est à dire, la pension seulement. L'entretien est tout à la charge de la maison. Je ne doute pas que vous ne fassiez cette dépense de bon cœur et sans faire attendre ces Dames qui ont la bonté de nous rendre service.

Je bénis le Seigneur de vous savoir en bonne santé. Mes frères dont je viens de recevoir des nouvelles se portent bien, ainsi que mon cousin Cadet qui s'applique toujours beaucoup. Il ne se propose pas d'aller à Catus cette année.

Je vous prie d'interpréter mes sentiments auprès de M. Gizard et de tous mes parents.

Je suis avec respect, mon très cher père, votre très soumis fils,

J.G. Perboyre

Saint-Flour, le 17 juillet 1829.

19) 28 novembre 1829

Mon très cher frère [Louis],

La grâce de Notre Seigneur soit toujours avec nous.

Malgré toutes vos menaces ou toutes vos prédictions, ma supériorité est encore debout. Toutes les secousses qu'elle éprouve ne servent qu'à l'affermir toujours de plus en plus, si bien que je prévois que je lui manquerai plutôt qu'elle ne me manquera ; car je puis dire véritablement dans un sens, *quotidiè morior*.

Je ne saurais qu'approuver et admirer votre belle résolution d'aller évangéliser les Chinois. Quelque attachement que j'aie pour vous, avec quelle joie ne vous verrais-je pas franchir les vastes mers de l'hémisphère, pour une aussi belle cause !

Vous ne ferez pas mal de suivre les cours publics de physique, etc., si les supérieurs le permettent. Mais prenez garde de faire trop de fonds sur ces sortes de sciences. Quoiqu'elles puissent être considérées comme un moyen surnaturel, toutefois indirect et éloigné d'introduire le Christianisme parmi les infidèles, elles ne sont pour le missionnaire que comme un morceau de pain que le voyageur jette au chien qui s'oppose à son passage : cet expédient lève un obstacle, mais ne fait pas faire la route au voyageur. C'est dans la vertu de Dieu qu'est la puissance du missionnaire.

Tâchez donc surtout de détruire entièrement en vous tous les restes du vieil homme, afin de vous revêtir uniquement de J. C., de vous bien pénétrer, de vous bien remplir de son esprit. Avec la plénitude de l'esprit apostolique, vous ferez des merveilles, parce que N. Seigneur ne trouvant point d'obstacles en vous accomplirait parfaitement tous ses desseins.

Je crains beaucoup, mon cher frère, d'avoir étouffé par mon

infidélité à la grâce les germes d'une vocation semblable à la vôtre. Priez Dieu qu'il me pardonne mes péchés, qu'il me fasse connaître sa volonté et qu'il me donne la force de la suivre.

M. Vivier vient de me demander le montant de la pension de Jacques ; je pense que ce n'était pas sérieusement. J'ai donné commission pour que les frais d'entretien lui fussent payés et pour que notre frère reçût les petits secours dont il avait besoin.

N'ayant pas eu de nouvelles de notre oncle depuis quelque temps, je ne sais plus où il en est pour ses affaires ; seulement on m'a dit que l'Université l'avait autorisé à tenir pension.

D'après les réclamations que j'avais faites à M. Vivier, il vient de m'envoyer la note des dépenses accessoires de Jacques. Je vous la renvoie. Je ne m'attends pas à payer les trois articles croisés, c'est-à-dire, les droits de la maison, le blanchissage et ce qui a rapport au lit. Je conviens que les autres articles appartiennent essentiellement à l'entretien dont je m'étais chargé. Puisque vous avez fait vous-même les conventions avec M. de Wailly, faites connaître à M. Vivier en quoi elles consistent au juste ; il dit qu'il ne s'en souvient pas ; marquez-le moi aussi promptement afin que je donne satisfaction. Demandez à M. le Général s'il veut bien continuer la même faveur à notre frère. Ne manquez pas de lui témoigner notre commune reconnaissance et de lui présenter mon profond respect.

Tâchez de bien interpréter mes sentiments auprès de tout le monde et gardez-vous d'oublier M. Hersent. Comment se trouve-il par-là ? Le séminaire interne est-il nombreux ? Y a-t-il espoir que la chétive compagnie s'accroisse et prospère selon Dieu ? Puisque le temps ne vous manque pas écrivez-moi plus souvent. Ne soyez pas si exigeant à mon égard. Si vous connaissiez ma position, vous ne me traiteriez pas si impitoyablement. Quoique nous n'ayons encore qu'une centaine d'élèves, je suis accablé de besogne. Je suis extrêmement fatigué d'esprit et de corps. Je ne sais où aboutira un malaise général que j'éprouve depuis longtemps et qui est toujours progressif. Je m'en mettrais peu en peine, si je pouvais bien remplir mes devoirs religieux. Ayez compassion d'un misérable qui ne fait qu'amasser des trésors de colère pour l'éternité ; priez pour un frère qui est tout à vous en N. S.

J.G. Perboyre ind. ptre. d. l. m.

Saint-Flour, le 28 novembre 1829.

20) du 24 février au 11 mars 1830

Saint-Flour, le 24 février 1830.

Mon très cher frère et confrère [Louis],

La grâce de N. S. soit toujours avec nous.

O la belle journée ! Ce matin, après la cérémonie des cendres, trois personnes que j'aime également et dont chacune m'est aussi chère que ma propre vie, sont entrées dans le même instant dans ma chambre, L'heureuse rencontre de ces trois voyageurs, qui pour la première fois se trouvaient ensemble chez moi, m'a causé encore plus de plaisir que de surprise. Leur compagnie m'a charmé autant de temps que j'ai pu en donner à leur visite. Que ne pouviez-vous être témoin de ma joie et la partager !

Ces trois personnes vous sont parfaitement connues. La première venait de Paris, la seconde de Montdidier et la troisième du Puech. C'étaient mes trois jeunes frères qui me saluaient et m'embrassaient à qui mieux mieux. J'ai reçu à la fois de la même main, trois lettres signées : Louis, Jacques... Antoine Perboyre.

Pour le coup c'est par trop de bonheur. Je n'ai pu m'empêcher de remercier vos bons anges qui s'étaient sans doute concertés pour me procurer une telle satisfaction. En vous écrivant, je vous dirai donc que Jacques et Antoine se portent bien. Je dirai à Jacques que Louis et Antoine se portent, le premier comme un prince, et le second comme un moine.

J'annoncerai à Antoine que Louis et Jacques le défient de se mieux porter qu'eux. Je les assurerai tous que je les aime autant qu'ils puissent m'aimer. Nous sommes bien unis, soyons-le *ad majorem gloriam Dei*. Puissions-nous l'être encore plus à tout jamais dans le ciel !

J'ai reçu aussi dernièrement une lettre de mon oncle de Montauban ; il se porte bien maintenant et paraît assez content de son pensionnat. Quant à celui de Saint-Flour, il commence à être florissant : il est nombreux ; le bon esprit, la régularité, la piété, l'application des élèves nous donnent vraiment de la satisfaction.

Notre nouvel évêque, que vous avez vu à Paris, nous a déjà honorés d'une visite ; il ne tiendra pas à lui que l'établissement ne prospère de plus en plus.

Vous m'avez fait un crime de ce que, dans ma dernière lettre, je ne vous ai rien dit de nos confrères du grand séminaire et de ce que, ordinairement, je ne vous donne pas assez de renseignements. Le premier point me paraissait inutile ; ces Messieurs écrivant à Paris plus souvent que moi. Pour le second, je croyais devoir m'en abstenir par délicatesse, pour ne pas empiéter sur les droits d'autrui, M. Grappin étant chargé de rendre compte des deux maisons, Vous faites bien d'assister à la classe de morale. Thésaurisez maintenant, munissez-vous de toutes les connaissances théologiques dont vous pouvez avoir besoin dans la suite ; car vous n'aurez pas la facilité de les acquérir si vous allez dans les missions étrangères, et vous n'en aurez pas le temps, s'il vous arrive jamais d'avoir un poste tel que le mien.

Si l'on pouvait se recommander aux études, comme aux prières de quelqu'un, je demanderai d'avoir quelque part aux vôtres ; car mon esprit s'abrutit de jour en jour ; bientôt il sera tout matériel et entièrement nul pour toute fonction intellectuelle, Vous pouvez m'obtenir du moins de l'Esprit qui éclaire tout homme venant en ce monde, les lumières dont j'ai besoin pour bien remplir mes devoirs.

Tous les confrères de Saint-Flour se portent assez bien. On est en général content d'eux. Je les salue de temps en temps ; je ne les vois qu'en passant.

Dans une de vos lettres vous aviez mis le contraire pour au contraire ; c'était une faute : la première locution n'est qu'un substantif, la seconde est un adverbe. Puisque vous réclamez mes leçons, en voilà une. Toutefois ne craignez pas que je m'amuse à épiloguer sur tout ce que vous m'écrivez. Seulement écrivez-moi souvent, et excusez-moi, si je ne puis vous toujours répondre.

Veuillez m'acquitter auprès de tout le monde de la dette du respect ou de celle de l'amitié.

Votre très affectionné frère,

J.G. Perboyre ind. p. d. l. m.

Saint-Flour, le 11 mars 1830.

Pour que vous puissiez accorder les 2 dates de cette lettre, je dois vous dire qu'à peine je l'avais commencée que j'ai été obligé de l'interrompre et de la laisser reposer pendant 15 jours. Vous voyez par là combien j'ai peu de temps libre pour vous écrire. Priez pour moi !

21) 12 avril 1830

Mon très cher frère [Louis],

Vous allez revoir M. Chanson qui n'avait quitté Paris que pour vous faire une bonne recrue d'Auvergnats. Plus tard nous vous enverrons un de ses frères qui est encore en cinquième ; il est le plus fort de sa classe. Il paraît que vous recevrez la quintessence des séminaristes de Saint-Flour.

La quinzaine de Pâques qui est pour tant de prêtres le temps du grand travail est pour moi un temps de repos.

Nos élèves sont en vacances. J'avais bien besoin de ce moment de relâche. Je ne crois pas avoir passé deux jours depuis six mois sans avoir senti ma tête rompue, tous mes membres brisés et mon sang tout en feu. Rien ne me fatigue comme le détail de l'administration ; rien ne me mine comme la sollicitude. N'ayez pas cependant d'inquiétude sur ma santé ; il s'en faut que je sois encore aux abois. Je vais profiter du peu de jours de vacances qui me restent pour consolider les forces de l'esprit et du corps.

Voudriez-vous bien me faire une commission ? Ce serait de m'acheter les ouvrages suivants :

1° Grammaire grecque, par Courtaud-Dwerneresse, chez Belin, Mandar et Devaux, rue Saint-André-des-Arts n°55.

2° De Viris illustribus Græciæ, avec traduction en regard, par le même auteur, chez le même libraire.

3° Une douzaine de Visites au Saint Sacrement et une douzaine de mois de Marie, par de Bussy, chez Rusand à Paris ou Caron-Vitet à Amiens.

4° Une douzaine du petit office de la Sainte Vierge en latin, à l'usage des élèves des séminaires de S. Sulpice, in-32.

Si le confrère qui doit venir à Saint-Flour pouvait se charger de ces petits articles, il m'obligerait beaucoup, votre très affectionné frère,

J.G. Perboyre ind. p. d. l. m.   Saint-Flour, le 12 avril 1830.

22) 24 août 1830

Mon très cher frère [Louis],

La grâce de N. S. soit toujours avec vous.

J'ai été dans des transes mortelles depuis la première nouvelle de la Révolution, jusqu'au moment où nous avons appris que vous étiez en sûreté. Le triste souvenir de mon frère me poursuivait jusqu'au memento des morts ! J'ai versé aussi un torrent de larmes, quand on m'a dit que le corps de Saint Vincent avait été jeté à la Seine, et je n'ai été consolé que lorsque j'ai été tout à fait détrompé. Puisse le Seigneur continuer à favoriser de sa divine protection et vous et tous les Enfants de saint Vincent ! Puisse-t-il leur conserver toujours leur sacré Palladium dans les précieux restes de leur bienheureux Père !

Il ne m'est guère possible d'aller vous voir ces vacances. Les circonstances sont si critiques. Ma bourse n'est pas fournie. Ma présence est utile à Saint-Flour. Toutefois je désire ardemment d'avoir l'occasion de vous voir avant votre départ pour la Chine. Quoique je ne sois pas très éloigné de prendre la même route que vous, je ne suis pas assez prêt ni assez décidé de moi-même pour m'embarquer cette année. En attendant j'applaudirai à votre courage et à votre démarche. Le père et la mère étant encore en vie, je ne vois pas d'arrangement de famille à faire. Plus tard vos frères pourront vous représenter. Je n'ai pas besoin de vous dire que ni les pleurs ni les prières des parents ne doivent vous ébranler.

M. Etienne voudra bien m'excuser, je ne l'ai pas remboursé plus tôt, parce que je n'ai pas trouvé d'occasion favorable. Voici de quelle manière je vais le faire : priez-le de tirer sur moi un billet de deux cents francs, après que vous m'en aurez averti par une lettre. Sur cette somme il retirera ses 30 Fr. 70 ou 45 Fr. 70, si vous n'avez pas renvoyé chez le libraire les mois de Marie de M.

de Bussy et que vous puissiez me les faire passer. Ensuite vous voudrez bien payer à M. le procureur de Montdidier les frais d'entretien de Jacques, vous ferez habiller ce cher frère et lui garnirez un peu le gousset pour ses besoins légitimes. Enfin, si après tout cela il vous reste quelque chose, tirez-en votre petit profit ; sinon je tâcherai de vous satisfaire plus tard.

Informez-vous s'il vous plaît, si les Annales de philosophie chrétienne ont de bons rédacteurs qui puissent rendre ce recueil précieux. Je désirerais m'y abonner, s'il en valait la peine.

Je vous prie d'interpréter mes sentiments auprès de tout le monde et de recevoir mon accolade fraternelle.

J.G. Perboyre Ind. ptre. d. l. m.

Saint-Flour, le 24 août 1830.

23) 8 octobre 1830

Mon très cher frère [Louis],

La grâce de N. S. soit toujours avec vous.

J'éprouve d'une manière bien sensible la vérité de ce que dit saint Augustin, que l'on ne connaît jamais mieux l'attachement qu'on peut avoir pour quelqu'un que lorsque on en est séparé. Je ne puis vous voir vous éloigner sans émotion, et pardonnez-moi si je vous avoue que je ne suis pas maître de retenir mes larmes. La nature s'afflige, mais la foi vient consoler. Pour soutenir ma faiblesse et soulager ma peine, je me représente la gloire que vous procurerez à Dieu et le salut des âmes que vous aurez le bonheur d'arracher à l'esclavage du démon. L'espoir de vous revoir, sinon ici-bas, du moins dans la céleste patrie, adoucit l'amertume de ma douleur. Allez donc, mon très cher frère, allez où la voix de Dieu vous appelle. Vous emportez mes regrets, mais mes vœux vous poursuivront partout.

Puisse le Seigneur Jésus agréer votre belle résolution et bénir d'avance tous les travaux et toutes les peines auxquels vous vous êtes voué pour la gloire de son adorable nom ! Puisse la Reine des Anges et des hommes vous favoriser toujours d'une protection toute spéciale !

Puisse votre saint Ange gardien, aux soins duquel je vous recommande, vous préserver de tout danger et vous prodiguer tous les secours dont vous aurez besoin pour le corps et pour l'âme !

Puisse l'Ange des mers vous procurer une navigation heureuse et vous servir de guide et de compagnie !

Puissent les anges tutélaires des contrées infidèles que vous êtes destiné à évangéliser vous saluer à votre arrivée, vous seconder dans toutes vos entreprises et vous obtenir d'immenses succès dans l'établissement du règne de Dieu !

Puissions-nous l'un et l'autre vivre de la vie des saints et mourir de la mort des élus !

Je crains de n'avoir pas été fidèle à la vocation que le Seigneur vous a donnée. Priez-le de me faire connaître sa sainte volonté et de m'y faire correspondre. Obtenez-moi de sa miséricordieuse bonté le pardon de mes misères et l'esprit de notre saint état afin que je devienne un bon chrétien, un bon prêtre, un bon missionnaire.

Non, mon très cher frère, je ne vous oublierai pas moi-même : tous les jours de ma vie, je porterai votre souvenir à l'autel. Là nous nous trouverons unis dans le divin Cœur de Jésus.

Je n'enverrai pas à M. Etienne la note de M. Delarche1. Il a tiré sur moi un billet de 230 Fr., ce qui a plus qu'épuisé mes faibles ressources. Toutefois M. Etienne peut tirer encore pour ce qu'il a avancé pour vous ou pour Jacques ainsi que pour ce que je lui devais déjà, s'il n'aime mieux quelque autre moyen de remboursement.

Je vais écrire à nos parents pour les consoler ; ils doivent en avoir un peu besoin. Je vous donnerai de leurs nouvelles aussi souvent que je pourrai. Ecrivez-nous aussi à toutes les occasions que vous rencontrerez. Adieu, mon très cher frère, je vous embrasse en N. S. dans toute la tendresse de mon cœur.

J.G. Perboyre ind. p. d. l. m.

Acquittez-moi auprès de tout le monde et en particulier de M. Boullangier. Les parents de M. Torrette vont vous envoyer leurs dépêches. M. Guyot doit être déjà à Cahors. Tous nos confrères vous embrassent.

[Date connue par deux cachets de la poste : 8 oct. 1830 en noir, 11 oct. en rouge (réception).]

24) 27 octobre 1830

Mon très cher frère [Louis, lettre envoyée au Havre],

La grâce de N. S. soit toujours avec nous.

Allons ! une consolation de plus. Je puis adresser de nouveaux adieux à ce tendre frère, qui va s'éloigner de nous sans doute pour longtemps, qui va sacrifier sa vie pour le salut des âmes que J. C. a rachetées de son sang. Il me serait doux de recevoir encore les vôtres. Vous nous quittez dans un moment bien triste. Où en serons-nous dans peu d'années, ou même dans quelques mois ? Je n'en sais rien. Ainsi ne me mettez pas sur le catalogue de ces nombreux prophètes qui se présentent de tous côtés. Toutefois je ne méprise pas plus que vous leurs prophéties. Le dénouement qu'elles annoncent, semble exigé par les besoins et l'état actuel de la société et les événements qui se déroulent si rapidement sous nos yeux semblent assez se précipiter vers ce but. A propos de prophétie en voici une qui court dans nos pays, et qui, en disant à peu près la même chose que les autres, porte en particulier que les Arabes, après avoir été vaincus par nos troupes, doivent entrer prochainement en France et venir jusqu'à Paris pour le détruire de fond en comble. Quoi qu'il en soit de toutes ces prédictions vraies ou fausses, nous sommes heureux au milieu des bouleversements politiques et des calamités temporelles, d'avoir un Dieu pour Père qui ne nous châtie que pour nous rendre sages, qui ne permet le mal que pour en tirer le bien. Que celui qui a introduit le désordre dans le monde trouble et renverse tout, Dieu sait parvenir à ses fins et procurer par sa Providence adorable sa plus grande gloire et la sanctification de ses élus. En lui seul notre espoir, notre unique ressource. Il est notre tout puisse-t-il l'être éternellement. Le jour de sainte Thérèse, pensant que c'était celui de votre embarquement1, j'ai offert le saint sacrifice pour vous. Tous les jours je vous recommanderai à N. S. Recommandez-lui vous-même son plus indigne ministre. J'espère que vous m'enverrez des relations détaillées sur votre voyage, vos courses, travaux et succès apostoliques, et sur tout ce qui peut intéresser la curiosité et édifier la piété, et que vous me direz si la moisson est déjà mûre dans ces contrées lointaines.

J'ai remis à M. Grappin 50 Fr., il en tiendra compte à M. Etienne. Si par hasard vous pouviez me procurer à un prix très modique les œuvres de Rollin et l'histoire du Bas-Empire, je serais bien aise de les avoir pour les faire [lire] à nos enfants.

Notre oncle vient de céder son pensionnat. M. Gau ancien professeur de 3e au collège est directeur de l'établissement, M. Farges ex-principal en est aumônier. Je ne sais où notre oncle ira se reposer. Je viens de recevoir des nouvelles de nos parents qui se portent bien. Quand je pourrai vous écrire, je vous ferai savoir tout ce qui sera de nature à vous intéresser dans notre famille, notre congrégation et notre patrie.

Adieu, mon très cher frère, adieu ! Soyons toujours unis dans les Sacrés Cœurs de Jésus et de Marie.

Votre très affectionné et à tout jamais dévoué frère,

J.G. Perboyre ind. p. d. l. m.

Saint-Flour, le 27 octobre 1830.

[Louis Perboyre embarqua au Havre le 2 novembre 1830, accompagné de quatre Pères des Missions-Etrangères de Paris :
- Emmanuel Verrolles, (devenu évêque de Colombia et vic. ap. de Mandchourie) ;
- Pierre Dumoulin-Borie, (devenu évêque d'Acanthe, décapité au Tonkin le 24 novembre 1838, béatifié le 27 mai 1900) ;
- Gilles Delamotte, mort en prison à Hué (Annam) le 3 octobre 1840, déclaré vénérable le 24 septembre 1857 ;
- Pierre Mariette, destiné au Seu-tch'oan.
Six séminaristes chinois retournaient, avec eux, en Chine.

Il s'agit donc de la dernière lettre de Jean Gabriel lue par Louis.]

25) 9 janvier 1831

Monsieur le Recteur [de l'Académie de Clermont],

Je ne me refuserai pas à vous donner la liste que vous m'avez demandée par votre lettre du 4 courant. Nous avons trente-six enfants qui ne suivent pas les cours du collège. Mais je dois vous faire observer qu'ils ne peuvent pas être passibles de la rétribution universitaire.

A peine leur enseignons-nous les premiers éléments de la grammaire et dès qu'ils sont capables de la sixième, nous les envoyons au collège.

Les parents nous les ont confiés pour que nous les préparions à la première communion, pour qu'ils apprennent les principes de la lecture et l'écriture avec ceux de la Religion ; plutôt pour savoir s'ils sont aptes aux études que pour les faire étudier ; souvent pour s'en débarrasser eux-mêmes.

L'instruction qu'ils reçoivent doit donc être considérée comme une instruction primaire. D'ailleurs s'ils étaient assujettis à la rétribution universitaire, les parents les retireraient ; ils reviendraient en 5e ou en 4e, mal commencés. L'Université n'y gagnerait rien et les jeunes gens y perdraient.

Ces considérations ont porté vos prédécesseurs à ne pas exiger la rétribution de ces enfants. J'ai la confiance que vous ne l'exigerez pas non plus.

J'ai l'honneur d'être,

Monsieur le Recteur,

Votre très obéissant et très respectueux serviteur,

Perboyre

Saint-Flour, le 9 janvier 1831.

26) Mi juillet 1831

[lettre non datée, envoyée de Saint-Flour, alors qu'il ignorait la mort en mer de son Frère. En juillet 1831]

Mon très cher Louis,

La grâce de N. S. soit toujours avec nous.

Voilà déjà huit mois et demi que vous avez quitté la France, et nous n'avons pas encore reçu la moindre nouvelle de vous ; j'en attends avec une grande impatience. Une occasion pour la Chine se présente ; je la saisis pour vous lancer à travers les mers cette petite lettre à laquelle M. Etienne voudra bien mettre une adresse. Depuis votre départ que de fois n'ai-je pas pensé à vous ? A mesure que vous vous éloigniez, votre souvenir se gravait plus profondément dans ma mémoire, et mon cœur se dilatait de plus en plus sous l'impression de l'amour fraternel. Le jour de la Pentecôte, et ce n'était pas la première fois, j'offris le Saint Sacrifice pour vous ; depuis ma première messe je n'avais jamais versé tant de larmes à l'autel. En prêchant ce même jour, je vous avais présent à l'esprit, et votre souvenir m'inspirait des paroles de feu. Tous nos parents et tous nos confrères se portent bien ; les uns et les autres me chargent de les acquitter auprès de vous du devoir de la tendresse et de l'amitié. J'irai faire un tour probablement ces vacances au Puech et à Montauban. Notre oncle travaillait, il n'y a pas longtemps, à vendre sa maison à M. Gratacap ; je ne sais où il en est dans ce moment. Jacques passera les vacances à Montdidier ; il y restera l'année prochaine pour la philosophie. On est très content de lui.

M. le Comte de Maistre disait en 1820 que l'Europe s'en allait comme lui dans la tombe, vous, qui pour n'y être pas englouti avec elle, vous êtes hâté de vous éloigner d'elle, vous devez être curieux d'apprendre s'il lui reste encore quelque souffle de vie. Voici son bulletin, vous y verrez que la malade est encore dans un état souffrant ; et aux crises qu'elle a eu à soutenir vous jugerez qu'il doit y avoir encore de la vigueur dans ses membres languissants.

Pour commencer par la France, je vous dirai que depuis la Révolution de Juillet, les ministres s'y sont succédés avec la rapidité de l'éclair. Le gouvernement a eu souvent à se débattre avec les anarchistes des rues de la capitale et à épier les machinations vraies ou prétendues des partisans de l'ancien régime. Les derniers ministres de Charles X ont été jugés par la chambre des Pairs ; on a décerné contre eux la peine de mort civile et on les .a enfermés pour toujours au château de Ham en Picardie. La famille des Bourbons est toujours en Ecosse ; la duchesse de Berry est maintenant à Naples. A l'occasion du service funèbre qui avait été fait imprudemment à l'anniversaire de la mort du duc de Berry, la populace de Paris a horriblement saccagé l'église de Saint Germain l'Auxerrois, le palais de l'Archevêque et sa maison de campagne. L'église de l'Abbaye au Bois a été indignement et légalement profanée. Le ministre de la Police y a introduit par la voie de la force le cadavre du schismatique Grégoire, ancien évêque constitutionnel, qui a persisté jusqu'à la mort dans toutes ses erreurs.

Dans tout cela Mgr l'archevêque de Paris * a fait admirer en lui la force, la sagesse, la charité des plus grands prélats qu'ait eus l'Eglise. Dans la dernière affaire, l'abbé Guillon s'est couvert d'ignominie aux yeux du monde catholique ; il s'avisa d'administrer les derniers sacrements au sieur Grégoire sans avoir exigé ou obtenu la rétractation préalablement nécessaire. Depuis lors tout le clergé du diocèse de Beauvais a protesté contre la nomination qui lui donnait l'abbé Guillon pour évêque. Ainsi nous n'avons pas encore et nous n'aurons jamais d'évêque de la création de Philippe.

Veuillez, mon cher auditeur, m'honorer encore un instant de votre attention, après avoir respiré un peu.

Un mot du journal l'Avenir. Comme vous savez, il est rédigé par une armée d'intrépides ultramontains dont M. de Lammenais est le capitaine. Les doctrines qui y sont défendues, ne sont que les principes mieux développés, que M. de Lammenais avait déjà exposés dans son ouvrage des Progrès de la Révolution. Vous ne pouvez vous faire une idée combien ce journal a remué les esprits. En général les évêques de France ne l'aiment pas. Cependant il est plus ou moins lu dans tous les diocèses. Il a partout de chauds partisans et de nombreux adversaires. Il a fait fortune en Belgique. A Rome, il y a du pour et du contre. MM. les rédacteurs ont adressé au Saint-Siège une déclaration dans laquelle ils exposent leurs principes philosophiques, théologiques et politiques, en suppliant le Saint-Père de décider les questions délicates qu'ils lui soumettent. Mais Rome n'a rien répondu depuis quatre ou cinq mois que cette déclaration lui a été envoyée.

Allons, passons outre, pour finir le bulletin de l'Europe.

Il y a eu, en Italie, surtout dans les Etats du Pape, une révolution ; les troupes de l'empereur d'Autriche y ont rétabli l'ordre. Cependant le Souverain Pontife travaille à introduire dans ses Etats une administration libérale avec toutes les améliorations qu'on pouvait désirer.

La Pologne qui s'était insurgée contre l'empereur de Russie vers la fin de 1830 se bat depuis quatre ou cinq mois contre l'énorme colosse du Nord, avec un courage presque miraculeux. On croit que la lutte ne se prolongera guère plus longtemps. Il paraît que si la Pologne ne succombe pas tout prochainement, ce qui n'est pas probable, la France, peut-être même d'autres puissances, interviendra en sa faveur. Les cinq grandes puissances ont reconnu l'indépendance de la Belgique, qui a maintenant enfin un roi ; c'est le prince Léopold de Saxe-Cobourg, qui appartient à la famille régnante en Angleterre. Mais voilà que la Hollande vient de déclarer la guerre aux Belges, qui ont imploré le secours de la France. Notre roi leur a envoyé cinquante mille hommes avec deux de ses fils. Ceci n'amènera-t-il pas une guerre générale ? On se tue en conjectures.

Les pauvres catholiques d'Irlande meurent de faim. Ceux de France leur envoient de grands secours.

Le choléra morbus fait tous les jours d'horribles ravages et des progrès effrayants. Il est déjà en Autriche et s'avance vers nous.

Ceux qui avaient cru aux prophéties commencent à s'en défier, voyant qu'elles ne se réalisent pas. Je pourrais, mon très cher frère, vous entretenir de bien d'autres événements tragiques, mais le temps me manque. J'ai résolu de vous écrire à toutes les occasions que je trouverai ; faites de même. Ne m'oubliez pas devant Notre Seigneur à qui je ne cesse de vous recommander et en l'union duquel je suis pour la vie,

Votre tendre et respectueux frère,

J.G. Perboyre ind. p. d. l. m.

Embrassez pour moi M. Torrette comme un frère. Ses parents se portent bien, comme il l'apprendra par leurs lettres. — A Cahors comme en d'autres endroits, la garde nationale a fait évacuer le Séminaire.

à Monsieur Perboyre, prêtre de la mission, au séminaire des Lazaristes, Macao. — Chine.

[* Hyacinthe-Louis, Comte de Quélen ((1778-1839), fut archevêque de Paris . Il fit transporter les Reliques de saint Vincent de Paul, de Notre-Dame à la Chapelle des Lazaristes, le 25 avril 1830, et autorisa la frappe de la Médaille Miraculeuse.]

27) 16 août 1831

Mon cher cousin [instituteur à Montgesty],

Vos lettres m'ont fait un bien sensible plaisir. Je vous en remercie comme d'autant de cadeaux. Je regrette que mes occupations ne m'aient pas permis de vous répondre plus tôt et plus souvent. Maintenant nous sommes en vacances ; j'allais vous écrire par la poste, si je n'avais pas trouvé d'occasion, mais M. le Supérieur du séminaire de Cahors m'en offre une très favorable.

J'aurais été charmé de vous procurer le cahier d'écriture que vous m'avez demandé, mais il n'y en a pas à Saint-Flour ; si par cas j'en rencontrais, je ferais votre commission. Je suis bien aise que vous regardiez ma mère comme la vôtre ; elle vous aime elle-même comme un de ses enfants. Allez la voir de temps en temps. Priez M. le Curé de Montgesty de vouloir bien vous diriger dans votre nouvelle carrière ; suivez en tout ses bons avis. Présentez-lui mes respects.

Nos Messieurs ont été très sensibles à votre souvenir, et m'ont recommandé de vous dire bien des choses. Ils sont tous maintenant en vacances. Ils ont trouvé que vous aviez bien fait d'accepter la pédagogie qu'on vous a offerte afin qu'en travaillant à rétablir votre santé vous puissiez vous occuper utilement. N'oubliez pas cependant que vous êtes parti malade de Saint-Flour, et ménagez-vous de manière à ce que vous soyez bientôt parfaitement guéri. J'irai probablement ces vacances faire un tour par là ; je vous verrai avec bien du plaisir.

En attendant je vous embrasse bien affectueusement,

J.G. Perboyre ind. p. d. l. m.

Mes respects à votre papa.

Saint-Flour, le 16 août 1831.

à Monsieur Perboyre, instituteur à Montgesty.

28) 20 janvier 1832

Saint-Flour, le 20 janvier 1832

Mon très cher cousin [M. Caviole, curé des Junies, canton de Catus],

Nos jours s'écoulent avec tant de rapidité que, sans que je m'en sois aperçu, la nouvelle année a commencé à vieillir. Nous voilà au 20 janvier et je ne vous ai pas transmis l'expression de mes vœux. Vite, prévenons au moins le 21 ; appelons au secours la méthode des enfants : ouvrons quelque livre où l'ouvrage se trouve tout fait. Précisément, voici mes vœux ; les voici écrits depuis 18 siècles. Vous voudrez bien, mon cher cousin, en faveur de leur ancienneté, excuser la fraîche date de ma tardive lettre :

« Deus autem meus impleat omne desiderium vestrum, secundum divitias suas, in gloria in Christo Jesu. (ad Philipp. c. 4, v. 19) ». [« Et mon Dieu pourvoira à tous vos besoins, selon sa richesse, avec gloire, dans le Christ Jésus » (Phil. IV, 19)]

Ces sentiments que le Saint-Esprit inspirait à saint Paul pour tous les chrétiens, il les a depuis longtemps gravés dans mon cœur pour vous. Je me garderai bien de souiller la sainteté de ce souhait divin, en y ajoutant rien d'humain. Je sais que vous en faites de semblables pour moi, et j'ai d'autant plus lieu de m'en réjouir que vous les adressez à Dieu au moment où vous tenez entre vos mains Celui par lequel tout bien nous arrive. *Sta promissis.*

Quand vous verrez M. le curé de Catus, veuillez lui offrir mes souhaits de bonne année avec l'hommage de mon respectueux attachement.

Je me porte mieux que quand nous nous sommes vus aux vacances. Il ne m'a pas été possible de changer de poste. Quoique le principal du collège de Saint-Flour ait ouvert un nouveau pensionnat, le nôtre est plus nombreux que jamais, et le résultat de la concurrence est tout en notre faveur aux yeux des amis et des ennemis. Malheureusement nos enfants sont forcés de fréquenter les classes du collège où ils voient tous les jours les turpitudes les plus abominables. Hélas !

Cependant ils sont pleins de piété et animés du meilleur esprit ; ce que je regarde comme un vrai miracle dans l'ordre de la grâce, étant exposés comme ils sont aux plus terribles dangers. Mon Dieu, ayez pitié de nous et accordez-nous la liberté d'enseignement.

Notre oncle de Montauban vient de m'écrire qu'il s'est élevé un grand orage contre nos Messieurs de Cahors, à cause des opinions Lamennaisiennes. J'ai quelque peine à le croire, soit parce que sa grande aversion pour M. de La Mennais aurait bien pu le faire tomber dans l'exagération, soit parce que nos confrères sont très réservés à cet égard. Et comment poursuivrait-on des hommes qui ne croient avoir que les opinions du Saint-Siège, et qui y tiennent dans leur cœur jusqu'à ce que le Saint-Siège ait prononcé qu'ils se trompent. Vous êtes bien à portée de connaître la vérité, allant souvent à Cahors. Voudriez-vous me dire ce qu'il en est ?

J'ai lu les deux premiers numéros de la Gazette du Clergé. Elle se rapproche beaucoup de l'Avenir pour le fond des doctrines, mais elle est plus modérée et plus douce dans les formes, et lui est bien inférieure sous le rapport du talent de la rédaction. Je vous apprendrai que les célèbres pèlerins sont arrivés à Rome. Ils y passeront un mois avant de se présenter devant le Pape, pour voir en attendant quel est l'air du bureau. M. de La Mennais a été très fatigué du voyage. Dès que le légat de Florence le sut arrivé dans cette ville, il s'empressa de l'inviter à dîner, et il le reçut de la manière la plus brillante au milieu des convives les plus distingués. Vous apprendrez avec plaisir que l'auteur de l'Essai sur l'indifférence a composé un essai sur la philosophie catholique, qui, dit-on, éclipsera tous ses autres ouvrages. Mais avant de le faire paraître, il veut vider la querelle de l'Avenir. Pendant la suspension du journal, M. l'abbé Gerbet s'occupera à donner des leçons publiques de philosophie, mais dans le grand genre. Ses conférences seront imprimées et on pourra s'y abonner. MM. de Coux et d'Auls-Dumesnil donneront des leçons d'économie politique et de littérature. Je dois vous ennuyer, mon très cher cousin, par mon long bavardage. Je vous laisse donc à vos saintes occupations. Je me recommande de nouveau à vos saints Sacrifices, et vous prie d'agréer les sentiments de respect et d'amitié avec lesquels je serai toujours.

Votre très humble et très obéissant serviteur,

J.G. Perboyre ind. p. d. l. m.

29) 15 février 1832

Saint-Flour, 15 février 1832

Mon cher Père et ma chère Mère,

Mêlons nos pleurs, unissons nos prières : notre cher Louis n'est plus ! Quelle douloureuse nouvelle pour vous, pour moi, pour toute la famille ! Lorsque l'année dernière, il quitta la France, nos âmes se trouvèrent accablées par le poids du sacrifice que nous imposait une si dure séparation. Mais nous ne pensions pas, pendant que nos regrets et nos vœux l'accompagnaient à travers les mers, que sa mort viendrait sitôt mettre le comble à notre désolation. Hélas !

Dans ses impénétrables, mais adorables conseils, Dieu nous réservait cette épreuve ! Nous ne pouvions perdre, ni vous un meilleur fils, ni moi un meilleur frère. Toutefois, mes chers parents, ne nous livrons pas à une tristesse excessive ; nous avons bien des motifs de consolation. Nous pouvons croire que notre cher Louis avait conservé son innocence baptismale. Dès ses plus tendres années, il s'est trouvé à l'abri de toutes ces occasions si funestes à tant d'autres, et il a été soigneusement élevé à l'ombre des autels. Une courte vie a eu pour lui tout le prix d'une longue carrière, et à la fleur de la jeunesse, il a été jugé mûr pour le ciel. Il doit jouir déjà de la récompense de ses belles vertus. Que sa gloire doit être grande ! Notre-Seigneur, fidèle à sa parole, s'est plu à lui accorder ce bonheur ineffable qu'il promet à ceux qui quittent tout pour lui, père, mère, frères, sœurs, etc. N'ayons pas d'inquiétude pour ses derniers moments. Notre-Seigneur, la sainte Vierge, son ange gardien et ses saints patrons lui auront prodigué des soins beaucoup plus assidus et plus tendres que ceux d'un père, d'une mère, d'un frère, d'une sœur. La Providence de Dieu est bien douce, bien admirable à l'égard de ses serviteurs, et infiniment plus miséricordieuse que nous ne pouvons le concevoir. Bénissons donc le Seigneur de ce qu'il s'est formé deux élus parmi vos enfants pour être dans le ciel les protecteurs de toute la famille [sa sœur, Mariette, est morte lors de son entrée au Carmel]. Leurs exemples doivent aussi nous instruire. Méprisons le monde, détachons-nous de toutes les choses de la terre, attachons-nous à Dieu seul et à son service ; nous ne recueillerons à la mort que ce que nous aurons semé pendant la vie.

Je dirai la messe pour Louis et Mariette, mais il faut en faire dire de votre côté. Nous ne savons pas jusqu'à quel point ils ont eu à satisfaire à la justice divine. J'ai reçu dernièrement des nouvelles de Jacou, il se portait bien.

Mon cher père et ma chère mère, je vous embrasse très respectueusement. Bien des choses à mon frère et à mes sœurs et à tous nos parents. Mes respects à M. le curé.

J.G. Perboyre

30) février 1832

Mon très cher oncle [Jacques Perboyre],

Oh ! non, vous ne pouviez pas avoir à m'annoncer une nouvelle plus affligeante que celle de la mort de Louis. Qu'avais-je de plus cher parmi les hommes que ce pauvre frère ? Je suis inconsolable. Mon cœur est déchiré ; des ruisseaux de larmes ne cessent de couler de mes yeux ; j'en arrose tous les jours les autels et le dernier signe de tendresse que m'a donné ce cher frère, la lettre qu'il écrivit en partant de l'île Bourbon, le 30 mars, peu de jours avant sa mort. Ah ! mon bien-aimé frère, depuis bientôt un an, ton corps est enseveli dans les profonds abîmes de la mer, et ton âme repose dans le sein de la divinité. Dédommage-nous de notre douleur par ta bienheureuse protection, et obtiens à ceux qui te pleurent la grâce de partager un jour ta gloire et ton bonheur. Je ne doute pas que Louis ne jouisse déjà de la gloire céleste, et dans cette pensée je me dis : *Quare tristis es, anima mea, et quare conturbas me ?*
[« Pourquoi êtes-vous triste, à mon âme, et pourquoi m'affligez-vous ? » (Ps. XLII, 4)]

Mais la nature !... Oui, mon très cher oncle, vous avez préparé en Louis un élu au Seigneur. Au moins vous n'aurez pas perdu toutes les peines que vous avez bien voulu vous donner pour nous. Après avoir mené une vie angélique, sous vos auspices, et avoir puisé à la source l'esprit de son état, dévoré de zèle pour le salut des âmes, il s'est élancé à travers les mers, cherchant la mort des martyrs. Il n'a trouvé que celle d'un apôtre. Que ne suis-je trouvé digne d'aller remplir la place qu'il laisse vacante ! que ne puis-je aller expier mes péchés par le martyre après lequel son âme innocente soupirait si ardemment ? Hélas ! j'ai déjà plus de trente ans, qui se sont écoulés comme un songe, et je n'ai pas encore appris à vivre ! Quand donc aurai-je appris à mourir ? Le temps disparaît comme une ombre légère, et sans nous en apercevoir nous arrivons à l'éternité. *Verumtamen universa vanitas omnis homo vivens...*

[De Saint-Flour]

31) 23 février 1832

Saint-Flour, le 23 février 1832.

Mon cher frère [Jacques, à Montdidier],

Quels tristes moments n'ai-je pas passés depuis que j'ai reçu votre dernière lettre ! Jugez de ma douleur par celle que vous avez éprouvée vous-même à la nouvelle de la mort de Louis. Pouvions-nous perdre rien de plus cher, de plus aimable ? C'était un ange que Dieu nous avait donné dans ce frère. Aussi a-t-il voulu le dérober de bonne heure à la terre. Que notre affliction ne nous absorbe pas cependant tout entiers. Que notre âme désolée se tourne vers Dieu, pour chercher en lui les véritables consolations. Confessons que le Seigneur est tout bon et tout miséricordieux. Il a comblé Louis de grâces pendant sa courte vie et lui a accordé le bonheur de mourir de la mort des saints. Que sa fin est belle aux yeux de la foi ! En échange de cette triste vie qu'il a si généreusement sacrifiée pour J. C., il jouit d'une vie divine, éternelle. Celui qui l'assure est la Vérité ainsi que la Résurrection et la Vie. Quoique nous ayons la douce confiance que notre frère est déjà au sein de la gloire, ne cessons de faire monter vers le trône de la grâce nos humbles suffrages ; ils nous reviendront toujours changés en bénédictions célestes. Nous avons fait aujourd'hui au grand Séminaire un service funèbre avec toute la solennité possible. J'ai reçu dernièrement une lettre de l'oncle de Montauban, et quelque temps auparavant une autre de notre sœur Antoinette. Il paraît que nos parents, se portent bien. Je viens de leur écrire. J'ai des reproches à vous faire, mon cher frère ; vous ne m'écrivez pas assez souvent. Vous ne voulez peut-être pas faire trêve avec les méditations philosophiques. Eh bien ! envoyez-moi des dissertations en guise de lettres. Par là, sans sortir de votre élément, vous communiquerez encore avec les vivants. Vous voilà lancé, me dites-vous, dans l'immense région de l'infini ; bon courage, vous n'épuiserez pas la matière. Tâchez d'éviter un écueil que rencontrent souvent les étudiants en

philosophie ; en s'accoutumant à parler de Dieu avec une liberté peu respectueuse, ils affaiblissent insensiblement en eux les sentiments religieux que doit inspirer l'idée de cette adorable Majesté ; la foi en souffre, la piété aussi. L'humilité et la prière procurent plus de connaissance de Dieu que de superbes raisonnements. Il faut travailler de toutes les manières à croître de plus en plus dans cette connaissance ; *non cessamus pro vobis orantes et postulantes ut impleamini agnitione voluntatis ejus, in omni sapientia et intellectu spiritali... crescentes in scientia Dei.*
[« Nous ne cessons de prier pour vous et de demander que vous soyez remplis de la connaissance de sa volonté en toute sagesse et toute intelligence spirituelle..., croissant dans la science de Dieu ». (Col. 1, 9-10).]

Je vous embrasse bien affectueusement, mon cher frère ; recommandez-moi à la Sainte Vierge.

J.G. Perboyre ind. p. d. l. m.

32) 12 janvier 1833

Mon très cher Père,

Par la lettre que j'écrivis à ma sœur aussitôt après mon arrivée à Paris, vous avez vu que j'avais changé de domicile. Je n'eus pas le temps de vous écrire avant mon départ de Saint-Flour. Mon nouvel emploi est plus favorable que l'ancien à ma santé qui va assez bien maintenant. Jacques ne se porte pas mal non plus, et vous ne devez avoir aucune inquiétude sur lui ni sur moi. J'ai appris par une lettre de ma sœur Antoinette que vous vous portiez bien ; ne vous refusez pas les ménagements que votre âge demande ; la santé vous est nécessaire pour diriger les affaires temporelles de la famille et penser sérieusement aux affaires spirituelles de votre conscience dont il importe par-dessus tout que vous soyez prêt à rendre compte à Dieu quand il jugera à propos de vous appeler à lui.

Antoinette est très contente à Cahors et j'ai su qu'on était aussi fort content d'elle ; ainsi tout ira bien. Je ne doute pas, mon très cher père, que vous ne fassiez de bon cœur les sacrifices qu'elle vous occasionnera pour les frais du trousseau et du voyage. Pour régler la dot, il vous faut exposer votre position à M. le supérieur du séminaire qui aura la bonté d'arranger le tout pour le mieux avec la supérieure de l'hôpital. Dans ce moment il m'est impossible de vous aider quoique je sente que vous puissiez en avoir besoin. Allons, mettons notre confiance dans la Providence de Dieu et prions-le de venir à notre secours.

Mon frère va être du tirage, n'ayons pas trop de soucis ; s'il tombe au sort, il faudra lui acheter un homme, à moins qu'il n'ait des raisons pour être réformé, mais il faut bien se garder d'avoir recours à de mauvaises ruses, pour le faire exempter. Vous pourriez voir avec mon Oncle Louis s'il conviendrait de se cotiser avec d'autres avant le tirage. Peu nous importe de devenir pauvres si nous vivons dans la grâce du Seigneur.

Veuillez dire bien des choses à ma sœur aînée et à mon beau-frère [Jeanne Perboyre a épousé M. Lavernhe, de Labastidette-Haute] dont je ne connais pas encore le nom, et présenter mes respects à M. le Curé de Catus, à M. le Curé de Mongesty, à tous mes oncles et mes tantes, etc.

Jacques s'unit à moi pour vous embrasser ainsi que notre chère mère, notre frère et nos sœurs.

Je suis avec l'attachement le plus respectueux, mon cher père, votre très humble et très soumis fils,

J.G. Perboyre

Paris, le 12 janvier 1833.

33) 20 mars 1833

Mon très cher oncle,

J'ai trop différé de vous donner la réponse que vous attendiez. Je ne chercherai point d'excuses parce que je n'en trouverais pas de bonnes. Apollonie [sa cousine, Fille de la Charité, sœur de Gabriel] est arrivée heureusement avec ses deux compagnes. Elles m'ont chargé de vous l'annoncer parce qu'elles ne peuvent pas vous écrire encore. Je les ai vues hier et avant-hier. Elles se portent fort bien et sont très contentes. Elles vous prient ainsi que toutes nos sœurs de Montauban d'agréer l'hommage de leurs respects. Je leur ferai de temps en temps une petite visite. J'espère que ma sœur viendra aussi bientôt. En attendant je la recommande beaucoup à vos prières.

L'invitation de M. le Général n'étant qu'un désir, suggéré même en partie par la persuasion où il était que vous pourriez confesser à la communauté, vous êtes libre de rester à Montauban, sans encourir ni censure ni irrégularité. Si je suis privé du doux plaisir de vous voir et de vous entretenir, je serai sans inquiétude, sachant que vous êtes heureux dans votre position et que vous êtes l'objet de toutes sortes de soins et d'attentions de la part de M. Gratacap et de ses bons collègues.

Quant à ce jeune homme qui veut être frère, il se trouve exclus par la règle ; M. le Général peut dispenser de ce point lorsque le sujet a des qualités supérieures.

Nos frères ne sont point exempts de la conscription. Celui dont il s'agit doit commencer par tirer, et puis, s'il n'est pas obligé de partir, on délibérera sur son admission. On est difficile pour la vocation des frères, parce qu'il est rare d'en rencontrer qui conviennent parfaitement. Nous désirerions d'en trouver de solides pour la vertu, le caractère et l'instruction, afin de les envoyer avec les missionnaires dans le Levant. Votre jeune homme peut s'instruire de plus en plus et s'exercer à apprendre à faire la cuisine.

Bien des choses à ma cousine Sainte-Claire et à nos bonnes sœurs de l'hôpital.

Veuillez, mon très cher oncle, nous croire pour la vie, Jacques et moi,

Vos très respectueux et très dévoués neveux.

J.G. Perboyre i. p. d. l. m.

Paris, le 20 mars 1833.

34) 23 mars 1833

Paris, 23 mars 1833.

Mon très cher frère [Antoine, au Puech],

On dirait que vous boudez, tant on a de peine à vous arracher une lettre. Voyons, écrivez-moi quelques mots. Dites-moi si vous avez tiré au sort, si vous y êtes tombé ou non, quel parti vous avez pris pour ne pas devenir soldat, comment vont notre cher père, notre chère mère. Notre sœur Antoinette nous en a donné d'assez bonnes nouvelles. Tâchez de leur donner de la satisfaction par votre docilité, vos égards envers eux et par votre bonne conduite. Je ne saurais trop vous recommander, mon cher frère, de remplir exactement vos devoirs de religion. Réconciliez-vous de temps en temps avec Dieu par une bonne confession, N'imitez pas les autres jeunes gens qui ordinairement abandonnent le service de Dieu et se comportent mal. N'ayez pas trop d'attachement pour les biens de la terre. N'oubliez pas que l'affaire du salut est l'affaire dont on doit s'occuper avant tout, par dessus tout et toujours. Que servirait à l'homme de gagner l'Univers s'il perdait son âme ?

Nous avons un frère et une sœur dans le ciel, il faut aller les y joindre. Mais il n'y a que la vertu et la sainteté qui y conduisent. Telle vie telle mort !

Jacques et moi nous nous portons bien.

Mes respects à M. le Curé.

Bien des choses à Jeanneton, à notre beau-frère, à tous nos parents.

Nous embrassons Papa et Maman de tout notre cœur.

Votre très affectionné frère,

J.G. Perboyre

Notre adresse est :

MM. Perboyre à Paris, rue de Sèvres n° 95.

35) en 1833

Mon très cher cousin [à Montgesty],

J'ai reçu votre lettre avec plaisir, mais je regrette que vous ne me parliez pas de votre santé. J'ai appris qu'elle était en très mauvais état. Il me tarde de savoir si vous allez mieux. Tâchez de vous soigner de manière à vous bien rétablir. Ce n'est qu'alors que vous pourrez penser au projet dont vous me parlez. En attendant, supportez vos infirmités et vos peines avec patience et résignation.

Le bon Dieu châtie ceux qu'il aime : regardez les souffrances comme des présents du ciel et comme d'excellents moyens de sanctification et de salut.

Quand vous m'écrirez, dites-moi comment vous vous êtes tiré de la conscription. Ne vous étiez-vous pas engagé envers l'Université ?

Bien des choses de ma part à votre papa, à votre frère et à vos sœurs.

Croyez, mon cher cousin, que je vous aime toujours beaucoup.

J.G. Perboyre.

36) 10 juin 1833

Mon très cher frère [Antoine, à Catus],

Il vous tardera d'apprendre comment notre sœur se sera tirée de son long voyage. Je viens vous annoncer qu'elle s'en est tirée à merveille. Elle est arrivée à Paris samedi huit juin. Pendant toute la route M. l'abbé Montagne a été plein d'attentions pour elle et elle est arrivée en bonne santé. Elle se plaît beaucoup dans son nouveau séjour et avec son nouveau costume. Elle vous embrasse tous et vous dit bien des choses. Jacques en fait autant ; il a reçu les objets que notre mère lui avait envoyés et il l'en remercie. Antoinette lui a remis l'extrait de baptême et celui de naissance. Il se porte bien ainsi que moi. Je fus fort content de votre lettre du 8 avril, qui était bien faite. Ecrivez-moi au moins deux ou trois fois par an. Je suis loin de vous engager à partir si vous venez à tomber au sort et que vous ne soyez pas réformé. Puisque vous regardez l'intérêt, je puis vous dire que vous perdriez plus à partir qu'à acheter un homme. Car, en partant, il vous faudra bien prendre quelque argent, il vous faudra faire faire avec beaucoup de dépenses ce que vous auriez mieux fait vous-même. Enfin vous courrez risque de perdre la vie du corps et celle de l'âme.

J'embrasse Papa, Maman et toute la famille.

Nos respects à tous nos parents, à M. le Curé, M. le Maire, et croyez-moi

Votre tout affectionné frère,

J.G. Perboyre.

Paris, le 10 juin 1833.

J'oubliais de vous dire qu'Apollonie va bien. Elle écrira au premier jour à ses parents. En attendant elle leur dit bien des choses.

37) vers le 18 juin 1833

Mon très cher oncle,

Voilà une dizaine de jours que ma sœur est arrivée à Paris. Elle avait fait heureusement le voyage avec sa compagne sous la conduite de M. l'abbé Montagne. Elle se porte bien et est parfaitement accoutumée. Comme sa cousine, elle est aux anges. Les mères du séminaire m'ont déjà fait des compliments sur son instruction et son aisance.

La grippe règne à Paris. C'est une maladie ou plutôt une indisposition qui n'a pas ordinairement de suite et dont le caractère le plus saillant est un petit mal de gorge. Elle s'attaque à beaucoup de monde. Jacques et plusieurs de nos Messieurs en sont atteints, ce qui ne les empêche pas d'aller leur train comme si rien n'était.

M. notre très honoré Père souffre beaucoup de ses infirmités habituelles. Cependant, le matin il est le premier à l'oraison ; tous les samedis il nous fait une conférence superbe, et il vaque à toutes ses occupations comme un homme plein de santé. Il nous ravit et par sa haute sagesse et par la grande édification qu'il ne cesse de nous donner.

Nous recevons de temps en temps de nouveaux séminaristes ; hier il nous est venu un charmant sujet prêtre, qui a passé près de deux ans à la solitude de Saint-Sulpice. Les vœux qui en éloignent d'autres l'ont attiré à nous.

Dans le temps vous m'avez donné un exemplaire des méditations de Collet, sorti de la librairie de M. de Crosilhes. Si par hasard lui ou tout autre se trouvait en avoir, vous nous obligeriez beaucoup de nous en procurer autant d'exemplaires que vous pourriez. Cet ouvrage devient rare, et nous ne tarderons probablement [pas] à le faire réimprimer.

J'attends, mon très cher oncle, de vos nouvelles avec impatience.

Veuillez agréer l'assurance du respectueux attachement avec lequel je suis toujours votre tout dévoué neveu.

J.G. Perboyre i. p. d. l. m.

38) 23 août 1833

Paris, le 23 août 1833

Mon très cher oncle,

Il y a plus d'un mois que je m'étais proposé de vous écrire mais j'ai différé jusqu'à ce moment pour profiter de l'occasion que m'offre M. le supérieur du séminaire de Montauban. M. Tuffeau a bien voulu passer chez nous en arrivant à Paris. Il est encore revenu nous voir. Il nous a donné des nouvelles de la santé de notre cher oncle dont il nous a beaucoup parlé. Nous avons appris avec plaisir que l'établissement de M. Gratacap prospérait de plus en plus. Veuillez bien lui présenter mes respects.

Ma sœur et ma cousine vont toujours parfaitement ; Jacques se porte bien. Mon cousin Gabriel passe ici ses vacances. Il étudie l'histoire naturelle avec grande activité et grands succès. Je l'aime beaucoup, cela va sans dire.

Si vous n'avez pas encore reçu, vous ne tarderez pas à recevoir une lettre qu'il vous a écrite dernièrement.

Il n'y a rien de nouveau dans notre maison de Paris.

Un prêtre, un séminariste et un frère viennent de partir pour la Syrie. Ils doivent joindre M. Poussou à Tripoli. Deux prêtres sont sur le point de s'embarquer pour la Chine. Ce sont MM. Mouly de Figeac et Danicourt*, picard : ce dernier très habile emporte une presse pour lithographier l'écriture et les images. On pourra par-là propager plus facilement l'instruction et épargner les énormes dépenses qu'on était obligé de faire pour imprimer de simples catéchismes.

Dans un mois un autre confrère partira pour Constantinople ; au printemps d'autres pour la Syrie, où la foi catholique fait de grands progrès. Ceux qui partent sont au comble de la joie. Ceux qui restent ne se consolent que par l'espoir de les suivre plus tard.

On va envoyer plusieurs confrères à Montolieu. M. Vivier doit y être supérieur. Si, en passant par Montauban, il leur est possible d'aller vous voir, je pense qu'ils n'y manqueront pas.

Si par hasard vous aviez d'anciens cahiers relatifs à la Congrégation, comme coutumiers, règlements, circulaires, etc., je vous prierais de vouloir bien m'en faire cadeau. Dans ma position où j'ai besoin de tant de grâces, je réclame vos bons avis. Vous connaissez mes grands défauts et mes grandes obligations. Mon frère, ma sœur, mon cousin et ma cousine se joignent à moi pour vous embrasser très respectueusement.

J.G. Perboyre i. p. d. l. m.

Et le jeune homme que vous aviez proposé pour frère, où en est-il ?

[* Ce Danicourt (François-Xavier-Timothée), aura un rôle essentiel : en 1859 il fut chargé de ramener en France le corps du Vénérable Perboyre ; il est décédé quelques jours plus tard, à Paris, le 2 février 1860.
Né à Authies-lès-Doullens, dans la Somme, le 18 mars 1806, il fut reçu au séminaire à Paris le 8 septembre 1828, fit ses vœux à Montdidier le 27 septembre 1830 ;
ordonné prêtre à Amiens le 24 septembre 1831. Il quittera également la France mais s'arrêtera à
Macao, le 14 juin 1834, où il fut professeur au séminaire des Lazaristes ; le 7 mai 1842 il se rendit à l'archipel Tchou-san, d'où il partit pour Ning-po le 18 juillet 1846.
Elu évêque d'Antiphelle et vicaire apostolique du Tché-kiang le 22 décembre 1850, sacré à Ning-po le 7 septembre 1851 ; transféré au Kiang-si en 1854.]

39) 4 novembre 1833

Mon très cher oncle,

J'ai un peu différé de répondre à votre dernière lettre, parce que je ne voulais pas seulement vous annoncer l'arrivée de M. Deljougla, mais encore la détermination qu'il aurait prise après avoir passé par la retraite. Sa vocation n'était fondée sur rien de solide et de surnaturel : aussi a-t-elle échoué sans rencontrer d'écueil. Il semble n'avoir pas assez d'admiration pour notre saint état, et cependant il ne se sent pas le courage de l'embrasser. Que n'a-t-il plus tôt songé à imiter celui, qui, voulant bâtir une tour, calcule d'avance ses ressources pour voir si elles peuvent faire face aux frais de son entreprise ! Il se serait épargné les fatigues et les dépenses d'un long voyage. Il n'est pas trop fâché de se trouver à Paris. Il compte que son frère lui obtiendra une bourse à Saint-Sulpice. Il ne désespère pas d'entrer dans la suite dans la Congrégation.

On n'accorde en général des reliques de saint Vincent que pour les exposer. Quand la petite nièce de M. Frayssinous sera à la communauté, elle pourra, je pense, en obtenir pour Mme sa mère.

La sœur Pellet est toujours au séminaire ; elle se porte bien ainsi que ma sœur et mon frère qui vous prient de vouloir bien agréer leurs très humbles respects.

Quant aux 60 messes que vous me proposez, je ne pourrai commencer à les acquitter que dans un mois environ. Si vous pouvez me donner ce délai, je les accepte. Alors je vous prierai de m'avertir de nouveau, et d'envoyer les honoraires à M. Brioude qui veut bien se charger de la tutelle d'une de mes sœurs que j'ai permission de tenir au couvent.

Nous allons ici à l'ordinaire ; M. le Général et tous nos Messieurs se portent bien et me chargent de vous offrir leurs hommages.

Je suis pour la vie, mon très cher oncle,

votre très respectueux et très obéissant neveu,

J.G. Perboyre ind. p. d. l. m.

Paris, le 4 novembre 1833.

40) 14 décembre 1833

Paris, le 14 décembre 1833.

Mon très cher oncle,

J'ai parlé de votre affaire à la supérieure générale des Sœurs, en présence de M. Richenet, Directeur général des Filles de la Charité. On ne refuse pas la Miséricorde de Montauban, mais on ne peut pas s'en charger avant un an : plusieurs établissements qu'on vient de prendre absorberont jusque là tous les sujets disponibles ; une nombreuse colonie a été envoyée dernièrement en Sardaigne. On espère que dans un an environ, on sera à même de fournir l'établissement que Montauban désire leur confier. Ainsi la ville peut agir en conséquence, c'est-à-dire tout préparer pour cette époque. Voici les principales choses nécessaires : chaque sœur doit avoir une pension annuelle de 500 Fr. ; il faut qu'il y ait des fonds fixes pour les pauvres. Enfin il faut aux Sœurs une maison convenable où elles puissent avoir une pharmacie, une petite chapelle, un dortoir, une salle de travail, une salle ou cour pour recevoir les pauvres, s'il y a distribution de soupes économiques. La maison doit être meublée et placée vers le centre de la ville et le plus près possible d'une église, par ex. de la Cathédrale ou de Saint-Jacques. Pour tout cela et le reste il n'y a qu'à s'entendre avec la sœur Pujols qui serait autorisée à agir au nom de la Communauté.

En attendant que vous receviez la circulaire du premier de l'an, qui est sous presse, je vous en fais passer une adressée seulement aux confrères français.

M. le Général, qui se porte assez bien, vous offre mille honnêtetés. Tous les autres Messieurs m'ont également chargé de vous présenter leurs souvenirs et leurs respects.

M. Boullangier a été aux portes la mort. On lui a administré les derniers sacrements ; je lui ai récité la prière des agonisants ; le chirurgien avait prononcé qu'il n'y avait plus de ressource ; il l'avait abandonné après l'avoir embrassé en signe de derniers adieux. Mais voilà qu'au milieu des crises les plus affreuses, lorsqu'on ne s'attendait plus qu'à le voir expirer d'un moment à l'autre, M. Aladel lui donna la médaille miraculeuse de l'Immaculée Conception, qu'il reçut avec la plus grande dévotion en la mettant sur son cœur. Dès lors, ses cruelles douleurs disparurent presque entièrement ; la hernie monstrueuse que l'art et les longs efforts du chirurgien n'avaient pu réduire, se ramollit et rentra comme d'elle-même. Notre docteur a vu comme un vrai miracle dans cette guérison ; tous les médecins de Paris y ont vu un phénomène inouï et naturellement inexplicable. Le récit de cette guérison a opéré une conversion bien marquante d'un vieux pécheur.

La médaille dont je vous ai parlé est celle qui en 1830, fut révélée par la Sainte Vierge à une séminariste des Sœurs de la Charité. Il s'est déjà répandu par milliers de ces médailles dans toutes les parties de la France et en Belgique ; elles opèrent de nombreux miracles, guérisons, conversions. Je vous en enverrai quelques-unes à la première occasion.

Nous, avons ici, en ce moment, un de nos missionnaires d'Amérique, M. Odin. Il fait un voyage à Rome. Il demande à grands cris des ouvriers pour recueillir une abondante moisson parmi les protestants et les sauvages.

Je n'ai pas vu M. Deljougla depuis plus de huit jours. La dernière fois que je l'ai vu, il se proposait de repartir incessamment, ne recevant rien de ce qu'il lui fallait pour entrer à Saint-Sulpice. Nous venons d'admettre au séminaire un de mes anciens élèves de Saint-Flour. Mon frère se porte bien ; ma sœur a eu une légère indisposition. Tous les deux vous prient d'agréer leurs respects.

Ma Sœur Pellet qui vient de recevoir l'habit a été placée à

Jouarre. Les mères du séminaire sont bien contentes des deux autres Montalbanaises, surtout de la Sœur Mas. Veuillez présenter mes respects à MM. Gratacap et Capmeils, aux MM. du Séminaire et aux autres ecclésiastiques de ma connaissance, à nos sœurs, à mes cousines et à M. Ligougne.

Je suis avec le plus inviolable attachement, mon très cher oncle, votre très respectueux neveu.

J.G. Perboyre ind. p. d. l. m.

41) 19 décembre 1833

Mon très cher cousin [Gabriel, à Montdidier],

La grâce de N. S. soit toujours avec nous.

Enfin voici venir les réponses aux questions que vous m'avez adressées.

1° La permission du supérieur local vous suffit pour que vous soyez bien et dûment autorisé à employer vos honoraires de messes à la bonne œuvre à laquelle vous les consacrez. Ainsi l'a décidé M. le Général. Toutefois vous savez que la permission de disposer des honoraires n'emporte pas celle exigée par l'article 11 de l'explication du vœu de pauvreté, pour pouvoir les retenir chez soi, etc. Celle-ci doit être expresse, et le supérieur local peut l'accorder. Ainsi a décidé M. le Général, qui n'abandonne les honoraires aux confrères, dans sa dernière circulaire, que positis ponendis, c'est-à-dire en supposant toutes les permissions particulières précédemment requises.

2° Tous les confrères prêtres sont obligés à titre de justice de dire une messe pour tous les confrères défunts de la Congrégation. L'Assemblée générale de 1668 statua d'une manière préceptive que tous les prêtres de la Congrégation diraient cette messe. M. Cayla, dans sa circulaire de 1788, déclare n'accorder la permission de disposer des honoraires qu'à condition qu'on rendra les suffrages ordinaires à nos morts. M. le Général m'a dit que cette disposition de la circulaire de M. Cayla était toujours en vigueur et qu'il n'entendait pas la révoquer. Ainsi un confrère qui serait infidèle sur le point en question, non seulement se rendrait coupable envers les confrères défunts et les supérieurs, mais encore serait injuste envers la Congrégation, à laquelle il volerait tous les honoraires qu'il s'approprierait, parce qu'il n'aurait pas rempli la condition à laquelle ils sont accordés.

3° La susdite obligation s'étend sans restriction au cas de la circulaire de l'an passé. Le nécrologe qu'elle renferme sans exception d'aucun Polonais, était adressé à tous les confrères qui étaient prêtres à cette époque. Ainsi a décidé M. le Général. Si vous n'êtes pas bien en règle sur tout ce qui précède, il ne vous reste donc qu'à vous y mettre, en .acquittant les messes arriérées : le très Honoré Père ne croit pas pouvoir dispenser en cela. Pour que vous soyez un peu moins chargé, je vous tiens quitte des 23 Fr. que j'avais avancés à votre sœur ; je vous prie de ne plus y penser.

4° L'Assemblée de 1688 exhorte aussi les prêtres de la maison où un confrère mourra, à dire deux messes de plus pour lui, si les obligations des fondations le permettent. Elle décrète encore qu'à l'avenir chacun de nos prêtres célébrera, autant que possible, une fois par mois le Saint-Sacrifice de la messe pour nos défunts en général (traduit textuellement de la 4e session). M. le Supérieur, sans bien se prononcer sur la nature de l'obligation dans ces deux derniers cas, ne pense pas que vous deviez revenir sur le passé. Oh ! si nos pauvres confrères défunts pouvaient nous députer un avocat, comme ils nous feraient rappeler cette divine maxime : in quâ mensurâ mensi fueritis, remetietur vobis.

5° Quant à la messe qui se dit tous les mois pour la conservation de l'esprit primitif de la Congrégation, voici ce qui en est. D'après le vœu et l'avis de l'Assemblée générale, M. Alméras, dans une circulaire de 1668, recommanda, sans toutefois l'imposer, cette messe, ou une communion pour ceux qui ne sont pas prêtres. Ceci n'emporte pas, il est vrai, une obligation rigoureuse ; mais c'est là une pratique si belle, si utile, si respectable par son origine et par l'usage qui l'a consacrée qu'on a bien de la peine à concevoir qu'un bon missionnaire l'omette sans graves raisons. Je vous le demande, cher cousin, n'est-il pas aussi convenable de consacrer une seule messe à obtenir un esprit, auquel se rattachent tous nos intérêts présents et futurs et duquel dépend un bien incalculable pour la Religion, que d'en consacrer 20 ou 30 à opérer un bien individuel en faveur d'un parent ou d'un étranger ? etc., etc., et quand la Congrégation ne nous redemande qu'une si minime partie de ce qu'elle… pouvons-nous !…

6° M. Vicart peut signer sans scrupule la formule que je vous ai envoyée. Vous l'avez signée vous-même, ainsi que tous ceux qui ont fait les vœux ici. Pour l'uniformité, il faut que ceux qui les font en province la souscrivent, parce que leur déclaration est annexée au grand registre. Ceci au reste ne fait rien à la validité des vœux. Sans avoir lu les Brefs d'Alexandre VII et de Clément X, M. Vicart en connaît le contenu, puisqu'ils se réduisent à expliquer notre vœu de pauvreté et dire que le Pape et le Supérieur général peuvent seuls dispenser de nos vœux. Ainsi, il dira avec vérité : a me probè intellecta.

Je vous envoie avec ces lettres un exemplaire des Constitutions, que M. Odin aura la bonté de vous remettre. C'est un excellent confrère, missionnaire en Amérique. Il nous a beaucoup édifiés et intéressés de toutes manières. Il va voir nos maisons de Picardie, montrez-lui toutes vos beautés, il vous montrera celles des sauvages ; surtout tâchez de lui procurer des secours pour l'Amérique. La nuit dernière, le pauvre M. Logerot est tombé de son lit et a été trouvé baigné dans son sang. On l'a saigné et l'on ignore si sa chute n'aura pas de suites fâcheuses. Veuillez m'acquitter auprès de tous vos Messieurs, et me croire en N. S.

votre très affectionné et dévoué cousin.

J.G. Perboyre ind. p. d. l. m.

Paris, le 19 décembre 1833.

42) 3 janvier 1834

Mon très cher père,

Mon cousin Cadet, vient de m'écrire de Cahors, m'a appris que vous vous portiez tous assez bien à la maison. J'en remercie le Seigneur et je le prie de vouloir bien vous conserver votre santé et vos forces. Je le supplie surtout, au commencement de cette année comme toujours de vous combler de toutes sortes de bénédictions spirituelles, de vous accorder toutes les vertus et toutes les grâces dont vous avez besoin pour bien vivre et bien mourir. Voilà les souhaits que mon frère et moi nous faisons pour toute la famille. Nous nous portons bien, ainsi qu'Antoinette. J'espère qu'elle sera bientôt sœur de la Charité, Elle est bien contente de prendre ce parti : elle aime mieux être servante des pauvres que reine de France. Elle vous a écrit une lettre ; mais, par mégarde, je l'ai adressée à mon oncle de Montauban, qui, je pense, vous l'enverra. Je suis surpris que ma jeune sœur ne soit pas encore au couvent. Je crains bien que Dieu ne nous reproche d'avoir mis trop de négligence à lui donner une éducation religieuse. D'où peut donc venir ce retard, puisque je me suis chargé du plus essentiel ?

Je vous embrasse de tout cœur, avec ma chère mère et toute la famille et suis pour la vie, mon très cher père,

Votre respectueux et très soumis fils,

J.G. Perboyre

Paris, le 3 janvier 1834

rue de Sèvres n°95.

Bien des choses en particulier à ma sœur Jeanneton et à mon beau-frère. Je leur souhaite une bonne et heureuse année.

43) 14 janvier 1834

Mon très cher frère [Antoine, au Puech],

Je viens de recevoir votre lettre du 9 janvier et j'apprends avec une bien vive peine la maladie de notre pauvre père. Je ne suis plus étonné ni fâché que vous ayez pour cette raison différé de mettre notre sœur au couvent. Je ne doute pas que vous ne donniez tous vos soins à ce bon père qui s'est sacrifié pour ses enfants. Il ne faut point épargner les dépenses pour procurer son rétablissement, s'il est dans l'ordre de la Providence, comme je l'espère. Le Bon Dieu ne l'a affligé que pour son bien, il peut en être persuadé. En souffrant, il expie les peines qu'il aurait à endurer en Purgatoire et il mérite une plus grande gloire pour le ciel. Ainsi je le prie de profiter des grâces de la maladie par une sainte résignation et une patience parfaite. Je lui conseille beaucoup de faire pendant sa convalescence une confession générale de toute la vie. Qu'il en parle à son confesseur. A quelque instant que le Père céleste juge à propos de nous appeler à lui, nous devons nous trouver tout prêts. Il serait trop tard d'attendre la vieillesse, une violente maladie ou la mort subite. Toute la vie doit être une préparation continuelle à une sainte mort ; elle ne nous a été accordée que pour obtenir une bienheureuse éternité. Quant à vous, mon cher frère, quoique vous soyez encore jeune, pensez que vous pouvez mourir tous les jours. Vivez comme si chaque jour était le dernier de votre vie. D'ailleurs on ne peut trop tôt et trop soigneusement amasser des trésors pour le Ciel. Au lieu d'imiter ceux qui perdent le temps de la Jeunesse dans de vains plaisirs, appliquez-vous de votre mieux à observer la Loi de Dieu.

Je vous envoie une douzaine de médailles indulgenciées de la Sainte Vierge qui en a elle-même révélé la forme et ordonné l'exécution à une sœur de la Charité, il y a environ trois ans. Déjà elles ont opéré un très grand nombre de guérisons et de conversions. Portez-en une sur vous avec beaucoup de confiance, récitant la prière qui est dessus. Donnez-en une à chaque membre de la famille et à M. le Curé. Puis disposez des autres comme vous voudrez. Jacques, Antoinette et moi, nous nous portons bien. Nous prierons pour Papa, que nous embrassons avec vous et notre chère Mère.

Offrez mes respects ou amitiés comme à l'ordinaire. Ne tardez pas à nous donner des nouvelles.

Votre très affectionné frère,

J.G. Perboyre.

Paris, le 14 janvier 1834.

Bons souhaits pour le jour de saint Antoine où je dirai la messe pour vous.

44) 31 janvier 1834

Mon très cher oncle,

Après avoir présenté à M. le Général vos respects et vos remerciements, je lui ai exposé votre désir d'avoir la permission de manger avec nos sœurs quand vous allez chez elles pour les confesser. J'ai tâché de bien plaider votre cause ; cependant je n'ai pu la gagner. Le Très Honoré Père m'a répondu qu'il avait pris la résolution d'avance de n'accorder cette permission à personne, qu'il l'avait déjà refusée à d'autres, qu'il regrettait beaucoup de ne pouvoir faire une exception pour vous, mais qu'il vous serait facile de dîner avant ou après les sœurs ou dans un salon séparé. Je ne puis, mon très cher oncle, vous mieux mettre au courant de ce qui concerne les suffrages pour les confrères défunts, qu'en vous transcrivant ce qui fut décrété sur cela dans l'Assemblée générale de 1668 sous M. Alméras. « Statuit Conventus ut omnes nostri sacerdotes unam pro quolibet ex nostris defunctis missam celebrent, exhortando etiam sacerdotes domûs, in qua quis defunctus est, ut, si obligationes Ecclesiae vel Capellae domesticae id permittant, alias duos missas addant... Insuper ut in posterum singuli ex nostris sacerdotibus, quantum fieri poterit, semel quolibet mense sacrum faciant universim pro nostris defunctis... » Ce que j'ai omis se rapporte aux frères et aux simples clercs. M. Cayla dans sa circulaire de 1788 déclare n'accorder de permission de disposer des honoraires de messes, qu'à ces trois conditions : « 1° qu'on acquittera comme les autres confrères les messes de fondation dans les maisons où on habite ; 2° qu'on rendra les suffrages ordinaires à nos morts ; 3° qu'on sera dans une sorte de nécessité de soulager des proches parents pauvres et pour le temps seulement que durera leur indigence. »

M. le Général a, d'après le vœu de la dernière Assemblée, nommé une commission pour l'examen des anciens décrets. M. Lamboley en est président et moi secrétaire ; nous nous réunissons une fois par semaine.

M. Barbier est cette année au collège de Roye à la place de M. Boury qui a été envoyé au séminaire de Châlons avec M. Warnier et M. Nozo.

M. Hersent est à Valfleury avec M. Chossat et M. Lugan.

M. Martin professe ici une classe de théologie ; il est chargé en même temps de la direction des sœurs des Ménages. Son collègue professeur est M. Leleu, sujet très distingué, ancien Curé-doyen de Ham en Picardie.

Si par hasard vous vouliez revenir sur votre résolution et venir habiter la Capitale, M. le Général paraît toujours disposé à vous accueillir avec plaisir.

On me demande quelquefois votre âge et votre vocation, Je pense qu'après M. Lego vous devez être le plus jeune de nos anciens.

Vous m'aviez proposé, il y a quelque temps, soixante messes ; comme vous ne m'en avez plus parlé je n'y pense plus.

Ma plus jeune sœur est maintenant chez les Dames Blanches. Il n'y a pas d'apparences que celle-là entre en Religion*.

J'ai reçu dernièrement une lettre de mon frère Antoine qui m'annonce que mon père est malade depuis trois mois. C'est un rhumatisme qui le fait bien souffrir. Cette nouvelle m'a fait diriger vers le Puech une douzaine de médailles que je vous destinais. J'espère vous en dédommager bientôt. Elles opèrent toujours des miracles.

(texte en marge : Je vous en envoie deux douzaines. Elles sont indulgenciées. Si nos sœurs n'en ont pas, je vous prierai de leur en donner.)

M. Deljougla est à Saint-Sulpice. M. Vinet et M. Rochin sont venus me voir. J'ai appris avec bien de la peine la persécution universitaire dont M. Gratacap a été victime.

Je vous prie de vouloir bien lui présenter mes respects ainsi qu'à toutes les personnes qui s'intéressent à moi. Je suis avec tous les sentiments d'attachement et de reconnaissance que vous me connaissez,

Mon très cher oncle, votre très respectueux neveu,

J.G. Perboyre.

Tous nos Messieurs se portent bien et vous présentent des respects.

Paris, le 31 janvier 1834.

[* Marie-Anne, entrera chez les Filles de la Charité en 1840.]

45) 10 mars 1834

Monsieur et très cher confrère [Jean-Baptiste Torrette, C.M., à Macao],

La grâce de N. S. soit toujours avec nous.

Un jour que nous aimions, M. Martin et moi, à nous rappeler que nous avions été ordonnés prêtres avec vous, nous convînmes que nous vous enverrions un petit souvenir. J'ai pensé que vous liriez avec plaisir les deux ouvrages de M. Boudon, dont M. Baldus veut bien se charger, pour vous les remettre. Depuis que vous êtes parti de France, je me suis souvent souvenu, j'ai souvent parlé de vous. Je me flattais que je pourrais aller vous rejoindre plus tard ; mais le peu de solidité de ma santé et surtout mon indignité semblent m'interdire à jamais cette belle destinée. Ma position de Directeur des Novices me met à même de vous dédommager amplement de vous avoir fait faute moi-même : je seconderai de mon mieux les vocations qui se manifesteront pour la Chine. J'espère que par là j'aurai quelque peu de part au bien qui s'y fera, sans avoir l'honneur de partager vos travaux.

Je ne cesserai d'offrir à Dieu mes chétives prières pour vous et pour vos missions. Veuillez de votre côté me recommander à Lui ainsi que nos bons Séminaristes, l'espoir de la Congrégation. Ce sont des anges ; on n'a jamais vu le noviciat dans un état aussi prospère, Il paraît que Dieu a des vues sur la petite Compagnie pour sa gloire.

Saint Vincent attire sur sa famille bien des bénédictions. Elles s'étendent jusqu'à la Chine, puisque de temps en temps vous voyez arriver de dignes missionnaires. Vous avez eu tout le temps d'apprécier le mérite de ceux qui ont précédé M. Baldus. Celui-ci est excellent aussi. Il joint à une forte santé beaucoup de vertus et de talents.

Il est inutile de vous donner aucune nouvelle par écrit ; M. Baldus vous apprendra toutes celles qui peuvent vous intéresser. Il se charge aussi des compliments de nos séminaristes pour les vôtres.

Je vous embrasse de tout cœur dans ceux de J. et de M. et suis pour la vie,

Monsieur et très cher confrère, votre respectueux et tout dévoué serviteur,

J.G. Perboyre ind. p. de la cong. d. l. m.

Paris, le 10 mars 1834.

à Monsieur Torrette, Missionnaire Aposto-lique à Macao.

reçue le 27 septembre 1834, par M. Torrette.

46) 15 mars 1834

Mon très cher oncle,

Je puis vous annoncer aujourd'hui une nouvelle que vous attendiez depuis quelque temps et qui vous fera plaisir : ma sœur Antoinette a pris hier le saint habit. Vous pouvez juger si elle est contente, et ses frères aussi. Nous espérons, mon très cher oncle, que vous voudrez bien vous unir à nous pour remercier le Seigneur de cette nouvelle faveur accordée à notre famille et pour le prier de bénir cette fille qui se consacre à lui sous les auspices de saint Vincent.

La voilà déjà sortie de la Communauté ; elle est venue tout à l'heure me faire ses adieux. Quoiqu'il soit onze heures du matin, elle pourra, même en allant à pied, arriver assez tôt à sa nouvelle destination pour dîner avant midi. Elle est placée au centre de Paris, dans l'île Saint-Louis. Sa supérieure s'est empressée de venir la chercher et de l'emmener avec ses futures compagnes. Elle sera très bien ; elle doit faire l'école. Outre la satisfaction que j'aurai de la voir de temps en temps, je suis bien aise de la savoir tout près du berceau.

M. le Général me charge de vous offrir ses amitiés et de vous demander quelques renseignements précis sur M. Bru qui s'était présenté à vous pour la Congrégation. Il paraît qu'il désire beaucoup entrer chez nous ; il se croit même déjà admis d'après une lettre que vous lui auriez écrite et dans laquelle vous lui auriez dit : « J'ai rempli votre commission… vous serez reçu à Saint-Lazare… lorsque vous aurez fait une partie de votre théologie, vous écrirez vous-même à M. le supérieur général ».

Il n'est pas possible que vous lui ayez donné ces assurances après m'avoir dit qu'il n'était pas recevable. Quoi qu'il en soit, pour que nous puissions motiver une réponse négative, ou, s'il y a lieu, lui laisser l'espoir d'être reçu à l'épreuve, veuillez bien me dire tout ce que vous en savez, ou pourriez en savoir par les Messieurs du Séminaire. Quelle est sa vertu, quels sont ses talents, quels ont été ses succès en philosophie, quel est son caractère, quel est son âge ? Pourquoi est-il venu au séminaire de Montauban, et pourquoi l'a-t-il quitté ? Si vos renseignements n'étaient pas décisifs, nous en demanderions au séminaire d'Albi. Dans tous les cas, vous ne serez pas compromis. Nous nous serions tenus à votre premier avis, si l'extrait vrai ou supposé de votre lettre dont j'ai parlé plus haut, ne semblait le contredire. Réponse aussitôt que vous pourrez.

La relation des miracles de la médaille n'est pas encore imprimée. Je vous en enverrai quelques exemplaires.

Nous allons à l'ordinaire. Un de nos jeunes confrères vient de partir pour la Chine. On a eu des nouvelles de MM. Laribe et Rameaux. Ils sont fort contents.

Ils ont tout ce qu'un bon missionnaire peut désirer : beaucoup de travaux, de succès, de souffrances.

Mes respects à M. Gratacap, etc.

Votre très respectueux et très affectionné neveu,

J.G. Perboyre ind. p. d. l. C.M.

Paris, le 15 mars 1834

47) 14 avril 1834

Paris, le 14 avril 1834.

Rue de Sèvres n° 95.

Mon très cher frère [Antoine, au Puech],

Il y a bien longtemps que nous attendions de vous une lettre qui nous donnât des nouvelles de la santé de Papa. Nous avons appris heureusement par notre oncle qu'il se portait maintenant assez bien. Ne tardez pas cependant à nous écrire. Jacques, Antoinette et moi, nous nous portons assez bien. Antoinette est déjà Sœur de la charité. Elle est sortie du noviciat depuis près d'un mois. Elle a été placée dans Paris même, dans une maison où elle est très bien avec des Sœurs qui ont bien soin d'elle ; elle est occupée à faire l'école à une bonne troupe de petites filles. Elle se plaît toujours beaucoup dans sa vocation. Quoiqu'elle demeure à une demi-heure de chez nous, nous nous voyons de temps en temps. Il y a eu ces jours-ci à Paris quelques troubles ; c'est maintenant fini. Il y a eu des hommes tués, d'autres blessés. Pour nous, nous n'avons pas eu même peur. Tout cela se passait à une lieue loin de nous. Notre quartier est fort tranquille, d'ailleurs nous sommes sous la protection de saint Vincent de Paul, notre bon père, dont le corps est exposé à la vénération du public dans notre église. Une grande foule de peuple s'y rend tous les jours, cette semaine, à cause d'une neuvaine qui s'y fait en son honneur. Cela vous prouve que partout, pendant que les uns travaillent à leur perte, les autres s'occupent de leur salut. Tâchez, mon cher frère, d'imiter sérieusement ces derniers.

Nous embrassons Papa, Maman et nos deux sœurs. Présentez nos respects à M. le Curé et à tous nos parents. Votre très affectionné frère,

J.G. Perboyre.

48) 20 mai 1834

Paris, le 20 mai 1834.

Mon très cher oncle,

Votre dernière lettre pour mon cousin Gabriel doit être arrivée ce matin à sa destination.

M. Gratacap a bien voulu se donner la peine de venir me voir aussitôt après son arrivée et m'honorer plusieurs fois de ses visites. Comme c'est aujourd'hui que sa grande affaire doit se décider, je lui prépare ce petit billet qu'il aura la bonté de vous remettre. Il emporte en s'en retournant deux cents médailles. Je vous enverrai plus tard la relation des miracles qui n'est pas encore prête.

J'ai vu ma sœur avant-hier ; elle se porte bien ; mon frère aussi. Il doit être tonsuré la veille de la Trinité. Cette ordination nous donnera deux nouveaux prêtres ; celle de septembre nous en donnera quelques autres. Un de ceux qui ont été ordonnés prêtres en carême vient de partir pour Valfleury d'où il doit partir pour les missions du Levant dans le courant de l'été avec plusieurs autres confrères.

Tout va à l'ordinaire chez nous et chez nos sœurs.

Votre très respectueux et obéissant neveu,

J.G. Perboyre i. p. d. l. m.

Je vous prie de faire passer à nos confrères de Cahors la lettre de M. Rameaux, aussitôt que vous l'aurez lue, vous et nos Sœurs de Montauban.

49) 30 juin 1834

Mon cher Monsieur Dubois [Adolphe Dubois, à Breteuil],

Je vous remercie pour votre exactitude à nous donner de vos nouvelles. Elles n'ont pas été aussi agréables que nous l'aurions désiré, puisque votre santé est dans un assez mauvais état. Mais le ton de foi qui règne dans votre lettre et votre résignation et soumission aux dispositions de la divine Providence nous ont beaucoup édifiés et consolés. Courage donc, mon cher ; ne craignez ni la maladie ni la mort ; dites seulement : *scio enim quia hoc mihi proveniet ad salutem... secundum expectationem et spem meam, quia in nullo confundar, sed in omni fiducia sicut semper et nunc magnificabitur Christus in corpore meo sive per vitam sive per morteM. Mihi enim vivere Christus est et mori lucrum.* Philip. c. 1.

[« Je sais que ceci tournera à mon salut... selon mon attente et l'espoir que je ne serai pas trompé. J'ai confiance que Jésus-Christ sera glorifié dans mon corps, soit par la vie soit par la mort, comme toujours ; car Jésus-Christ est ma vie et la mort m'est un gain. » (Phil. 1, 19.)]

Les contrariétés que vous fait éprouver l'esprit du monde au milieu duquel vous vivez, ne serviront qu'à vous en détacher de plus en plus et à vous faire soupirer sans cesse vers le Seigneur : *heu mihi ! quia incolatus meus prolongatus est : habitavi cum habitantibus Cedar, multum incola fuit anima mea.*
[« Malheur à moi, parce que le temps de mon pèlerinage s'est prolongé ; j'ai habité sous les tentes de Cédar, et mon exil est bien long. » (Ps. CXIX, 5).]

Plus votre âme sera pure, plus elle désirera de sortir de ce monde et de se réunir à son Dieu ; et plus elle éprouvera ce désir, plus elle travaillera à se purifier, *nam in hoc ingemiscimus, habitationem nostram, quae de cœlo est, superindui cupientes...*

scientes quoniam dum sumus in corpore, peregrinamur a Domino… Audemus autem et bonam voluntatem habemus magis peregrinari a corpore, et praesentes esse ad DominuM. Et ideo contendimus placere illi. 2 Cor. c. 5.

[4.« Car nous gémissons dans le désir que nous avons d'être revêtus de la gloire de notre maison céleste… Sachant que, tant que nous vivons dans ce corps, nous sommes éloignés de Dieu. C'est pourquoi nous désirons quitter ce corps pour venir en la présence de Dieu, et c'est pour cela que nous nous efforçons de lui plaire. » (II. Cor. V, 2).]

Pour ne pas faire attendre le commissionnaire je termine là, en vous embrassant de tout mon cœur.

Paris, 30 juin 1834

Perboyre i. p. d. l. m.

[cette lettre fut écrite au dos d'une lettre également adressée à M. Dubois, par un de ses condisciples de JGP]

50) 15 juillet 1834

Mon très cher oncle,

Il paraît que l'œuvre de la Miséricorde a bien avancé depuis un mois où tout était encore à faire. Il est vrai, rien n'est actif comme la charité.

La Sœur Boulet [Sœur Marie Boulet, Fille de la Charité, Supérieure de la Compagnie de 1833 à 1839] que je viens de voir n'a pu rien promettre et le Conseil ne peut rien décider avant qu'on ait reçu des renseignements plus positifs et un rapport bien circonstancié de la Sœur Pujol. La Communauté ne se chargera pas de cet établissement, s'il n'y faut pas plus de trois sœurs, et ce n'est pas tout de suite qu'on pourrait vous en donner. Evidemment il n'y a pas une année écoulée depuis le mois de décembre jusqu'au mois de juillet.

On vient d'envoyer une nouvelle colonie de sœurs dans le Piémont. On va prendre aussi à Saint-Etienne un second établissement plus considérable que le premier.

Je ne serai pas fâché de voir nos chères sœurs se multiplier à Montauban : tant de raisons m'attachent à ce pays !

J'ai entendu dire plusieurs fois que le diocèse de Montauban regrettait les Lazaristes, et je sais que Mgr de Trélissac a exprimé des regrets personnels. Peut-être a-t-on eu l'envie d'offrir de nouveau la direction du séminaire à la Congrégation, qui, on le sent bien, ne fera pas d'avances d'elle-même, et a-t-on été arrêté par la pensée qu'elle serait encore trop indisposée à cause du traitement qu'elle avait éprouvé ? Si vous en trouviez l'occasion, vous pourriez détruire prudemment cette idée et assurer que la Congrégation sait bien que l'Administration actuelle n'est point solidaire pour les actes de la précédente. Si donc on avait besoin et envie de nos services, on n'aurait qu'à s'adresser à M. le

Général avec la même confiance que si rien n'eût [été] jusqu'ici. Du reste nous n'avons pas besoin, quant à nous, de chercher des établissements ; car, outre que ce n'est point là la méthode des enfants de saint Vincent, on nous a proposé, cette année, plusieurs séminaires, qui n'ont pas été acceptés à cause des besoins urgents de nos missions, qui vont recevoir de nombreux renforts. En attendant les sujets se forment et mûrissent pour l'avenir. La bonté de notre séminaire interne et les excellentes dispositions dont sont animés les jeunes confrères déjà en exercice promettent à la Congrégation des ressources qui la mettront de plus en plus à même de parcourir une carrière honorable et utile à l'Eglise.

L'affaire de M. Gratacap est enfin terminée et d'une manière aussi satisfaisante qu'on pouvait l'attendre.

Je profiterai d'un départ de Sœurs, qui n'aura lieu que dans le courant de la semaine prochaine, pour vous envoyer deux cents médailles. Il y en a cent pour M. Gratacap. Je vous prie tous les deux de vouloir bien acquitter chacun dix messes à mon intention ; et si vous avez la charité d'y joindre un petit memento pour moi, vous serez plus que quittes.

Je vous enverrai avec les médailles une notice imprimée sur leur origine, et la lettre pastorale de Mgr l'Archevêque pour la publication du compte relatif à la châsse de saint Vincent de Paul. Quand la relation des miracles sera imprimée, je vous en enverrai aussi quelques exemplaires.

MM. Mouly et Danicourt, qui étaient partis pour la Chine à la fin de septembre, sont arrivés à Batavia au commencement de février bien portants. Nous n'avons pas encore de nouvelles de M. Baldus qui est parti au mois de mars.

On vient d'acheter un riche cabinet de physique pour notre collège de Constantinople.

Mon cousin de Montdidier viendra encore cette année passer les vacances à Paris pour se perfectionner dans la partie qu'il professe.

M. le Général, M. Boullangier, etc., vous font bien des compliments. Je prie d'offrir mes respects à M. Gratacap et d'agréer vous-même l'hommage de ceux avec lesquels je suis votre très affectionné et obéissant neveu,

Perboyre ind. p. d. l. m.

Paris, 15 juillet 1834.

51) 2 janvier 1835

Paris, le 2 janvier 1835.

Mon cher Monsieur Martin [un ancien élève]

Votre lettre m'a fait un trop sensible plaisir pour que je ne tâche pas d'y répondre un petit mot. Oui, votre souvenir m'est bien cher, ainsi que celui de tous mes anciens enfants. Je ne vous ai jamais oubliés devant le Seigneur, et je me crois bien dédommagé quand je pense que vous avez la charité de lui adresser pour moi de ferventes prières. Je réciproque bien sincèrement vos souhaits de bonne année : soyez tous saints, devenez de plus en plus parfaits et Celui qui peut faire infiniment plus que nous ne désirons ou concevons, ne manquera pas de vous procurer la possession du véritable bonheur.

Vous persistez donc toujours dans votre premier dessein ; vous êtes donc toujours plein d'ardeur pour les missions étrangères. J'espère que les obstacles que votre vocation rencontre ne serviront qu'à l'éprouver davantage et à l'affermir de plus en plus. Il ne faut pas s'étonner de l'opposition des parents. Priez Notre-Seigneur de changer leur volonté, de vous faire connaître et accomplir la sienne. Tout tourne à bien pour ceux qui ne cherchent que Lui. Pour ne pas manquer une vocation telle que celle à laquelle vous aspirez, il faut par-dessus tout travailler à devenir saints. *Si Deus pro nobis quis contra nos !*

M. Expert sera bientôt rétabli. Il fait déjà retentir l'infirmerie de sa nouvelle voix ; hier il a chanté plusieurs fois l'*Adeste fideles*.

Adieu, mon cher ami, priez pour votre très affectionné serviteur,

Perboyre i. p. d. l. m.

52) 3 janvier 1835

Paris, le 3 janvier 1835.

Mon très cher oncle,

Il y a quelques jours que je vous ai expédié sous bande, par la poste, la circulaire de la nouvelle année. Je pense que vous l'aurez reçue. J'ai bien regretté de n'avoir pas pu l'accompagner d'une lettre pour vous exprimer mes souhaits. Mais vous les connaissiez d'avance. Vous ne doutez pas que je ne forme tous les jours devant Dieu des vœux pour votre bonheur et l'accomplissement de tous vos saints désirs : au premier comme au dernier jour de l'an, je ne fais que les renouveler.

Mon frère et ma sœur qui sont animés des mêmes sentiments à votre égard vous prient avec moi d'en agréer l'hommage. Ils se portent bien l'un et l'autre et sont très heureux dans leur vocation.

Aussitôt après avoir reçu votre mandat de 200 Fr., j'en ai donné avis à mon cousin. Je n'attends que l'occasion pour lui livrer les 175 Fr. Pour ne pas brouiller vos comptes j'ai retenu 25 Fr., comme vous me l'avez dit.

Je vous prie de présenter mes souhaits de bonne [année] à M. Gratacap, à M. Capmeil, à M. Ligougne, à mes cousines, à nos chères Sœurs…

Je suis, pour la vie, mon très cher oncle,

votre respectueux et très attaché neveu,

G. Perboyre i. p. d. l. m.

53) Entre août 1832 et mars 1835

Mon cher Monsieur,

En attendant que votre frère vous écrive lui-même, je m'empresse de vous annoncer qu'il est arrivé aujourd'hui bien portant et bien content. Son voyage ne l'a pas fatigué. Je ne puis vous exprimer avec quel plaisir j'ai embrassé ce cher enfant : comme vous avez la charité de le supposer, je me sens pour lui des entrailles de frère, Je regrette que Philémon n'ait pas répondu à l'admirable lettre de Saint Paul ; il m'aurait aidé à répondre à votre charmante lettre, Si je suis en défaut, prenez-vous en à lui, mes sentiments ne le cèdent pas aux siens. Votre frère a trop de titres à tout mon intérêt et à toute ma tendresse, pour que je puisse me faire un mérite de lui assurer tous mes soins ; par une charitable fiction, supposez que je suis un autre vous-même.

Comme voilà l'heure de la poste, je me hâte de terminer en me recommandant à vos prières, et en vous assurant que vous pouvez me compter toujours parmi vos amis les plus affectionnés et les plus dévoués, etc.

[Lettre écrite de Paris, "à un Prêtre de Saint-Flour" par le sous-directeur du Séminaire, donc entre août 1832 et mars 1835...]

L'Hospitalet, fresque dans une chapelle de l'église.

Laramière

Stockés dans l'église Saint-Urcisse de Cahors fermée au public (elle fut ouverte lors des journées du Patrimoine 2013) :
Premier plan, le Bienheureux Jean-Gabriel Perboyre en terre cuite polychrome, de la seconde moitié du dix-neuvième siècle, issu de l'église Barthélemy
Derrière : le même en plâtre polychrome, de 1892, église Saint-Urcisse.

Ce vitrail entièrement consacré à JGP, avec deux époques chinoises, celle du missionnaire en action puis crucifié, n'est pas signé. Mais Dagrant a réalisé l'ensemble de la verrière de l'église d'Albas, en signant quelques-uns, datés de 1896. On remarque l'extrême ressemblance avec la mise au gibet de l'église de Sainte Croix.

*VIE ABRÉGÉE
DU VÉNÉRABLE
J.-GABRIEL PERBOYRE
PRÊTRE DE LA CONGRÉGATION DE LA MISSION
DITE DES LAZARISTES*
Fondée par saint Vincent de Paul

Editeur :
PARIS GAUME ET Cie,
LIBRAIRES-ÉDITEURS
3, RUE DE l'ABBAYE

1886.

Portrait récent en l'église de Montgesty.

VIE ABRÉGÉE

DU VÉNÉRABLE

J.-GABRIEL PERBOYRE

Prêtre de la Congrégation de la Mission, mort en Chine pour la foi chrétienne, le 11 septembre 1840.

LETTRE DE M. FIAT

SUPÉRIEUR GÉNÉRAL DES PRÊTRES DE LA MISSION À L'AUTEUR DE

La Vie abrégée du vénérable Perboyre.

Monsieur et très cher confrère,

La grâce de N.-S. soit avec vous pour jamais !

Vu le rapport favorable de deux théologiens chargés d'examiner la Vie abrégée du vénérable serviteur de Dieu Jean-Gabriel Perboyre, que vous avez composée, je l'approuve et vous autorise à la publier. Puisse-t-elle, en se répandant dans tous les rangs de la société, contribuer à la gloire de Notre-Seigneur et à l'édification du prochain, surtout de ceux qui sont appelés à porter dans les pays infidèles la lumière de l'Évangile !

Je suis affectueusement, en l'amour de N.-S. et de son Immaculée Mère

Monsieur et très cher confrère, Votre tout dévoué serviteur, A. FIAT, Sup. gén,

Imprimatur. Parisiis, die xxiv junii 1885.

E. PETIT,
Vic. gen. Archiepiscopi Parisiensis.

DÉCLARATION DE L'AUTEUR

Conformément aux prescriptions de Notre Sainte Mère l'Église catholique, l'auteur de cette Vie abrégée déclare la soumettre entièrement et sans réserve au jugement du Saint-Siège.

Que si parfois il y donne au vénérable serviteur de Dieu Jean-Gabriel Perboyre ou à quelque autre personnage, les titres de bienheureux, de saint ou de martyr, il proteste n'avoir nullement en cela l'intention de prévenir le jugement du Siège apostolique, auquel seul il appartient de prononcer en pareille matière.

Dans le récit qu'il fait de certaines guérisons ou conversions extraordinaires, alors même qu'il se sert, pour les qualifier, du mot de miracle, il n'a nullement l'intention de décider de son propre chef le caractère surnaturel de ces faits et il n'attribue à ses affirmations d'autre valeur que celle d'un témoignage purement historique.

Fanion en l'église de Montgesty.

VIE ABRÉGÉE

DU

VÉNÉRABLE SERVITEUR DE DIEU

JEAN-GABRIEL PERBOYRE

CHAPITRE PREMIER

NAISSANCE DE M. PERBOYRE

SES PREMIÈRES ANNÉES JUSQU'À SON ENTRÉE DANS LA CONGRÉGATION DE LA MISSION (1802-1818).

1. Sa naissance, ses parents, ses premières années.
2. École, catéchisme et première communion.
3. Sa persévérance dans le bien.
4. Apostolat qu'il exerce autour de lui.
5. Il accompagne son frère Louis au Petit-Séminaire de Montauban.
6. On veut l'y retenir.
7. Sa vocation se décide, et il demeure.
8. Son application à l'étude.
9. Sa conduite exemplaire.
10. Il fait sa philosophie et est chargé de remplacer un professeur.

1. Le 6 janvier 1802, naquit au Puech, petit hameau de la paroisse de Mongesty, dans le diocèse de Cahors, un enfant qui reçut, le lendemain, sur les fonts du baptême, les noms de Jean-Gabriel, et qui, par le doux éclat de ses vertus et le triomphe d'une mort glorieusement soufferte pour le nom chrétien, devait faire honneur à l'Église et à la famille de saint Vincent de Paul.

Ses parents, Pierre Perboyre et Marie Rigal, médiocrement pourvus des biens de ce monde, l'étaient abondamment de ceux de la grâce. Une foi simple et forte comme celle des premiers âges, des mœurs vraiment patriarcales et conservées pures par la pratique exacte de tous les devoirs de la vie chrétienne, telle était la portion la plus précieuse de leur héritage, celle qu'ils cultivaient avec le plus de soin. Aussi Dieu bénit leur union en faisant naître de leur mariage huit enfants, quatre garçons et quatre filles, qui tous se montrèrent dignes de parents si chrétiens. L'une des filles mourut au moment d'entrer en communauté, et deux autres sont Filles de la Charité.

Quant aux garçons, trois sont entrés dans la Congrégation de la Mission : Jean-Gabriel, notre vénérable martyr ; Louis, qui mourut sur mer en se rendant en Chine, et Jacques, qui a survécu à ses deux frères missionnaires et se trouve à Paris.

Les premières années de Jean-Gabriel ne présentèrent point ce caractère de légèreté qui est le partage ordinaire de l'enfance. Son langage, son maintien, sa démarche, tout respirait en lui une gravité au-dessus de son âge ; et cette maturité précoce, qui inspirait aux siens une sorte de vénération, avait pour principe une piété vraiment étonnante dans un enfant de cinq ans. Il témoignait beaucoup de goût pour les choses saintes ; et l'amour divin, dont son jeune cœur était rempli, se traduisait visiblement dans la manière dont il prononçait les saints noms de Jésus et de Marie, dans l'attitude religieuse qu'il gardait à l'église ou qui accompagnait à la maison la récitation de ses prières.

D'une modestie rare, il avait une horreur instinctive pour tout ce qui aurait pu blesser le moins du monde les délicatesses de cette vertu : à ce point qu'il ne se prêtait volontiers à aucune familiarité ni démonstration affectueuse, et qu'il souffrait même avec peine les caresses de sa mère. Aussi, son cœur pur était-il doué d'une exquise sensibilité, qui le faisait compatir aux souffrances du prochain : il avait un grand amour pour les pauvres, se faisait souvent leur avocat, et s'estimait heureux de pouvoir leur donner quelque aumône.

Toutefois il ne se le permettait que lorsqu'il en avait obtenu l'autorisation de ses parents ; tant, à l'exemple du divin Enfant Jésus, il leur était soumis. Cette docilité, non seulement à leurs ordres, mais même à leurs désirs, ne s'est point démentie, et jamais on n'a pu lui reprocher la moindre désobéissance. Aussi mérita-t-il de bonne heure toute leur confiance, et, dès l'âge de six ans, il reçut la mission de veiller à la garde d'un petit troupeau ; emploi dont il s'acquitta à la satisfaction de tous, et sans donner jamais aucune marque d'humeur ni d'impatience, malgré les intempéries des saisons et les caprices des animaux qu'il avait à conduire.

2. Lorsqu'à l'âge de huit ans il fut envoyé à l'école, son maître remarqua en lui des dispositions plus qu'ordinaires, qui, jointes à sa vertu, lui concilièrent l'estime et le respect de tous ses condisciples. Jamais on ne le vit se familiariser avec aucun d'entre eux ; et, bien qu'il vécût avec tous en bonne intelligence, il se plaisait davantage avec ceux qui montraient plus de goût pour la piété.

Au catéchisme il ne montra ni moins d'aptitude ni moins d'application, et M. le curé, frappé de voir en cet enfant une instruction si solide unie à une si tendre piété, ne craignit pas de déroger à l'usage établi dans la paroisse, en l'admettant plus tôt que les autres, et dès sa onzième année, à faire sa première communion. Personne n'eut l'idée de blâmer une exception motivée par de si rares qualités, et chacun se réjouit de voir approcher de la table des anges celui que la voix commune appelait déjà le petit saint.

3. La ferveur qu'il apporta à cet acte si important de la vie chrétienne ne fut point passagère, et l'on vit dès lors Jean-Gabriel devenir, par son assistance régulière à tous les offices de l'église et par la fréquentation des sacrements, le modèle de toute la paroisse. Le temps qu'il pouvait dérober à l'accomplissement de ses devoirs d'état était consacré à de pieuses lectures faites la plupart du temps dans la *Vie des saints*, et spécialement dans celle de saint Vincent de Paul, qu'il aimait beaucoup ; et, les jours de dimanche et de fêtes, il ne quittait guère le saint lieu, dont il semblait avoir fait sa demeure.

4. La divine charité dont son cœur était rempli, rayonnant autour de lui, faisait sentir sa douce et salutaire influence. Animé d'un zèle ardent, mais sage et éclairé, il exerçait un véritable apostolat, non seulement au sein de la famille, auprès de ses frères et de ses sœurs, qu'il instruisait, reprenait ou encourageait pour les éloigner du mal et les porter au bien, mais encore auprès des ouvriers avec lesquels il travaillait dans les champs, et dont il parvint à rendre les discours plus convenables et plus réservés.

Un si rare ensemble de qualités ne pouvait que faire présager un heureux avenir, et l'on était porté à se demander, comme autrefois au sujet de saint Jean-Baptiste : « Que sera un jour cet enfant ? Quis, putas, puer iste erit ? » (Luc., 1. 66). Nous allons voir quelle récompense devait faire à cette question la divine Providence.

5. L'un des plus jeunes frères de Jean-Gabriel, nommé Louis, était aussi doué des plus heureuses dispositions. Sa tendre piété et le désir qu'il témoignait d'embrasser l'état ecclésiastique déterminèrent ses parents à l'envoyer à Montauban auprès de son oncle, M. Jacques Perboyre, supérieur du Petit-Séminaire.

Mais, comme il était fort timide et d'une santé assez délicate, Jean-Gabriel demanda à l'accompagner et à demeurer deux mois avec lui pour l'aider à s'accoutumer à ce nouveau genre de vie.

Les deux frères quittèrent donc ensemble, et pour la première fois, le toit paternel. Ce fut sans doute une grande peine pour cette famille dont tous les membres étaient si unis, et bien des larmes coulèrent ; mais la pensée que Jean-Gabriel ne tarderait pas à revenir tempérait un peu l'amertume de la séparation.

Cette espérance cependant ne devait pas être réalisée, car Dieu avait sur cet enfant de quinze ans d'autres desseins, qui allaient bientôt se manifester.

Jean-Gabriel ne songea d'abord qu'à profiter du temps qu'il devait passer auprès de son frère, pour acquérir quelques connaissances utiles, étudier la grammaire française, l'arithmétique et un peu de géométrie.

6. Mais bientôt, les professeurs de la maison, frappés de sa piété, de ses qualités aimables et de sa facilité pour l'étude, et voyant en lui des marques non équivoques de vocation à l'état ecclésiastique, pressèrent vivement le Supérieur de le garder auprès de lui et de lui faire commencer ses études latines. M. Jacques Perboyre ne se rendit pas aussitôt à leurs instances, qui répondaient cependant à son désir secret : « Il faut bien, disait-il avec simplicité, laisser quelqu'un à ses parents pour les aider à cultiver leurs vignes. »

7. Sur ces entrefaites, le père étant venu chercher son fils, les professeurs l'engagèrent fortement à le laisser étudier, lui représentant qu'il serait fâcheux de condamner aux travaux des champs un jeune homme devant qui semblait s'ouvrir un avenir si plein d'espérances. Le père, avant d'y consentir, voulut savoir ce qu'en pensait Jean-Gabriel, et quel était sur ce point son désir. Mais celui-ci, comprenant toute l'importance de la question qui lui était posée, demanda quelque temps pour examiner devant Dieu quel parti il devait prendre ; et, le 16 juin 1817, il écrivait à son père : « Mon cher père, après votre départ de cette ville, j'ai réfléchi sur la proposition que vous m'aviez faite d'étudier le latin. J'ai consulté Dieu sur l'état que je devais embrasser pour aller plus sûrement au ciel. Après bien des prières, j'ai cru que le Seigneur voulait que j'entrasse dans l'état ecclésiastique. En conséquence, j'ai commencé à étudier le latin. Je connais le besoin que vous avez des petits secours que je pourrais vous donner ; mon seul regret est de ne pouvoir vous soulager dans vos grandes occupations ; mais enfin, si le bon Dieu m'appelle à l'état ecclésiastique, je ne puis pas prendre d'autre chemin pour arriver à l'éternité bienheureuse. » Cette lettre empreinte de sentiments si chrétiens mit fin aux hésitations du père, qui répondit aussitôt être prêt, non seulement à ne point mettre obstacle à cette vocation, mais encore à faire tous les sacrifices nécessaires et possibles pour la favoriser.

8. Heureux de pouvoir ainsi répondre à l'appel du Seigneur, Jean-Gabriel s'appliqua avec ardeur à ses nouvelles études, et, malgré son âge relativement avancé (il avait plus de quinze ans), il y fit bientôt de rapides progrès. Six mois après avoir commencé le latin, il put entrer dans la classe de cinquième, dont aussitôt il tint la tête. À Pâques, on le fit monter en quatrième, et comme il avait encore les premières places, à la rentrée suivante, il passa en seconde, puis en rhétorique, où il obtint les mêmes succès.

9. Il ne se faisait pas moins remarquer par sa conduite irréprochable, sa régularité toujours exemplaire, sa vraie et solide piété. Déjà se montraient en lui, dans un degré peu commun, ces vertus d'humilité, de charité, de douceur, de modestie, de zèle et de mortification qui, plus tard, devaient tant édifier ceux qui étaient destinés à en être les heureux témoins. Aussi devint-il bientôt pour ses condisciples l'objet d'une sorte de vénération, en même temps qu'il possédait l'estime et l'affection de ses maîtres. Loin cependant de se prévaloir le moins du monde de ces avantages, il se regardait sincèrement comme le dernier de tous, ne cherchant qu'à s'effacer et à mettre en pratique la maxime de l'Imitation, si chère aux âmes humbles : « Aimez à passer inaperçu, à être réputé pour rien, ama nesciri et pro nihilo reputari. »

Il ne se servait de l'influence que lui donnait sa vertu que pour porter les autres au bien, et pour vaquer plus librement à la prière, à de pieuses lectures, et même à la méditation dont il rendait compte, quand il en était requis, avec une charmante simplicité.

10. L'étude de la philosophie, à laquelle il fut appliqué après sa rhétorique, révéla en lui de nouvelles et précieuses qualités : un jugement très droit joint à une grande facilité de conception, et un esprit porté à la métaphysique, qui lui permettait d'approfondir avec une rare pénétration les questions les plus abstraites.

Cette maturité précoce unie à tant de vertu détermina son oncle à le charger, bien qu'il n'eût pas encore terminé ses études, de remplacer dans la maison un professeur qui venait de partir, étant persuadé que le jeune philosophe ne resterait point au-dessous de sa tâche. Son attente ne fut point trompée, et le nouveau régent sut tellement se concilier l'estime et l'affection de ses élèves que ceux-ci, trente ans après, ne parlaient de lui qu'avec des larmes d'attendrissement.

Cependant la divine Providence le préparait insensiblement à une vie plus parfaite, et la Congrégation de la Mission ne devait pas tarder à lui ouvrir ses portes.

CHAPITRE II

SON NOVICIAT, SES VŒUX, SES ÉTUDES THÉOLOGIQUES (1818-1823)

1. Premiers indices de vocation pour la Congrégation de la Mission.
2. Il consulte Dieu dans la prière.
3. Il est admis dans la Congrégation.
4. Ses vertus durant son noviciat.
5. Ses saints vœux.
6. Son départ pour Paris : acte admirable de détachement.
7. Regrets qu'il laisse à Montauban.
8. Heureuse impression qu'il produit à la Maison-Mère.
9. Son application aux études théologiques.
10. Ses progrès dans la perfection.

1. Nous avons déjà signalé, dans l'enfance de Jean-Gabriel, son amour pour les pauvres et la consolation qu'il éprouvait à leur venir en aide. Ce sentiment ne fit que grandir en lui durant son séjour au Petit-Séminaire, et souvent on le surprit se privant de son déjeuner ou de son goûter pour le porter aux mendiants qui se trouvaient à la porte de la maison.

Nous l'avons vu aussi, parmi les Vies de saints dont il faisait sa lecture habituelle, avoir une préférence pour celle de saint Vincent de Paul.

Enfin, malgré le voile d'humilité sous lequel il s'efforçait de demeurer caché, on put souvent deviner le zèle ardent dont son cœur était embrasé pour le salut des âmes, particulièrement de celles qui sont encore assises dans les ténèbres et à l'ombre de la mort. Une fois même, à la fin de sa rhétorique, dans une composition littéraire qu'il lut à l'occasion de la distribution des prix, on remarqua cette phrase dans laquelle se trahissaient les secrets désirs de son cœur : « Ah ! qu'elle est belle cette croix plantée au milieu des terres infidèles et souvent arrosée du sang des Apôtres de Jésus-Christ ! »

Aussi personne ne fut étonné lorsqu'il manifesta son désir d'entrer dans la Congrégation de la Mission, fondée par saint Vincent de Paul, spécialement dévouée au salut des pauvres, et qui compte un grand nombre de ses membres occupés à évangéliser les nations infidèles.

Déjà, à la suite d'un sermon de mission qu'il avait entendu en 1817, il s'était écrié : « Je veux être missionnaire ! » Mais on n'avait attaché aucune importance à cette déclaration, et l'on n'y voyait que l'émotion passagère d'une jeune imagination sous l'impression d'une parole ardente et convaincue. La suite fit voir que c'était l'expression d'un attrait sérieux et réfléchi, dont Dieu lui-même était l'auteur.

2. Se sentant en effet intérieurement pressé de plus en plus du désir d'entrer dans la Congrégation de la Mission et d'aller prêcher la foi aux infidèles de l'empire chinois, Jean-Gabriel voulut consulter Dieu dans la prière. À cet effet il commença en l'honneur de saint François-Xavier, le grand Apôtre des Indes, une neuvaine qui ne fit que le confirmer dans son dessein. Il s'en ouvrit alors à son oncle, M. Jacques Perboyre, qui d'abord n'attacha pas grande importance à sa demande, mais qui bientôt, convaincu à son tour que Dieu l'appelait réellement dans la famille de saint Vincent de Paul, sollicita auprès des supérieurs et obtint son admission dans la Congrégation.

3. Ce fut au mois de décembre 1818 que Jean-Gabriel revêtit les pauvres et saintes livrées du missionnaire. La Congrégation de la Mission, si cruellement éprouvée en France par la tempête révolutionnaire, n'avait pas encore pu reconstituer sa Maison-Mère à Paris d'une manière régulière, ni rétablir son noviciat. Il fallut donc autoriser Jean-Gabriel à passer à Montauban, auprès de son oncle, les deux années qui précèdent les saints vœux, pour s'y adonner le mieux possible aux exercices en usage dans la Congrégation pendant ce temps d'épreuve.

N'ayant qu'un seul compagnon de noviciat, et obligé à la fois de terminer ses études de philosophie et de remplir les fonctions de professeur qui lui étaient confiées dans la maison, le jeune novice se trouvait dans des conditions bien peu favorables à la formation religieuse.

Mais Dieu, qui avait mis son serviteur dans cette situation difficile, se chargea lui-même de le former, et l'action de la grâce dans cette âme docile produisit de si heureux effets, que Jean-Gabriel peut servir de modèle aux plus pieux et aux plus fervents novices.

4. Les vertus qu'alors il pratiqua ne le cèdent en rien à celles du bienheureux Berckmans, de saint Louis de Gonzague, de saint Stanislas Kostka, et de tant d'autres saints que l'Église honore et propose à l'imitation de la jeunesse religieuse. Les bornes étroites de cet Abrégé ne permettant pas d'en faire connaître l'édifiant détail, il faudra se borner à citer le témoignage de son compagnon de noviciat, esprit fin et observateur, à qui n'échappait jamais aucun travers ni aucun ridicule : « Pendant tout le temps que j'ai vécu avec lui, dit-il, il a été constamment l'objet de mon étonnement et de mon admiration.

J'avais beau le considérer, l'épier même, je ne pouvais parvenir à trouver en lui quelque chose de répréhensible. J'étais en quelque sorte dépité de le voir si parfait.

Je vous dirai même que j'ai cherché plusieurs fois à le mettre à l'épreuve, mais partout je le trouvai invulnérable ; et je ne crois pas qu'il soit possible à un novice de porter plus loin la perfection. »

5. Aussi, quand le moment si désiré de faire les saints vœux arriva, il pouvait s'écrier avec le Psalmiste : « Paratum cor meum, Deus, paratum cor meum : Mon cœur est prêt, Seigneur, mon cœur est prêt. » (Ps. CVII, 2.) Oui, son cœur, déjà si parfaitement détaché des créatures et de lui-même, était prêt pour cette immolation totale que consomment les vœux de pauvreté, de chasteté et d'obéissance, et brûlait du désir de consacrer sa vie tout entière au salut des pauvres, par le quatrième vœu auquel saint Vincent de Paul a voulu soumettre ses enfants.

Ce fut le 28 décembre 1820 qu'il eut le bonheur d'offrir à Dieu cet holocauste, de contracter avec Jésus, l'époux de son âme, cette divine alliance qu'il devait plus tard sceller de son propre sang, comme les saints Innocents dont en ce jour on célébrait la fête. Cette date dès lors prit rang parmi celles qui lui furent toujours le plus chères, en lui rappelant les plus heureux souvenirs.

6. Ainsi engagé définitivement dans la Congrégation de la Mission, M. Perboyre (Bien que les membres de la Congrégation de la Mission aient tous les avantages et toutes les obligations de la vie religieuse, pour se conformer cependant au désir de leur bienheureux Père et Fondateur, saint Vincent de Paul, ils ne veulent pas être considérés comme religieux et ne prennent point le titre de Pères.) fut appelé à Paris pour y commencer ses études théologiques, et son départ fut marqué par un acte de détachement dont rarement est capable un jeune homme de dix-neuf ans. Son oncle, connaissant toute l'affection qu'il avait pour ses parents, lui proposa de les aller visiter avant de partir ; la chose était d'autant plus facile que, pour aller à Paris, il devait passer par Cahors, distant du Puech seulement de trois ou quatre heures. Mais ce digne enfant de saint Vincent répondit : « Notre bienheureux Père ne s'est rendu qu'une seule fois chez ses parents, et il s'en est repenti ; si vous voulez me le permettre, j'offrirai à Dieu ce sacrifice. »

Cette permission, on n'eut pas le courage de la lui refuser. Mais ses parents, qui ne l'avaient pas vu depuis longtemps, et qui ne se sentaient pas une générosité aussi héroïque, se rendirent à Cahors pour le voir, et le presser encore une fois dans leurs bras. Comme ils faisaient des instances pour obtenir de lui qu'il passât quelques jours au sein de la famille, et que, pour l'y déterminer plus facilement, ils lui montraient la route qui conduit au Puech : « Ce n'est pas le chemin du ciel, répondit-il ; pour aller au ciel, il faut faire des sacrifices. » Et s'arrachant à leurs baisers et à leurs larmes il partit. Quel beau spectacle que ce jeune homme quittant si généreusement ce qu'il avait de plus cher ici-bas pour aller où Dieu l'appelait !

7. Le vide qu'il laissait à Montauban était grand : maîtres et élèves, tous le regrettaient comme un frère, un parent ou un ami, ou plutôt on pleurait son départ comme celui d'un ange ou d'un saint, dont la vue édifiait tout le monde, dont la présence attirait sur la maison toutes sortes de bénédictions.

8. Le trésor que perdait Montauban fut vite apprécié de ceux qui le reçurent à Paris ; à peine M. Perboyre eut-il habité quelques jours la Maison-Mère, qu'elle fut remplie du parfum de ses vertus : tous étaient charmés de sa piété et de son angélique modestie.

9. On ne le fut pas moins de l'ardeur et du succès avec lesquels il s'appliqua à l'étude des sciences ecclésiastiques. Ne pouvant se contenter de notions superficielles, il approfondissait les matières qu'il avait à étudier et s'en pénétrait, de façon à pouvoir en rendre compte avec une clarté et une précision vraiment étonnantes. C'est dans les écrits de saint Thomas d'Aquin qu'il aimait à puiser comme à sa source la science sacrée ; la *Somme théologique* était son livre favori, et la doctrine dont elle est remplie ne tarda pas à lui devenir familière.

Le Docteur angélique n'était pas seulement son maître, il était encore son modèle. À son exemple, il avait en horreur la vaine gloire et l'esprit de dispute. Son unique but en étudiant était de plaire à Dieu, de procurer sa gloire et d'être plus tard utile au prochain. Comme lui aussi, il savait joindre la prière à l'étude et chercher au pied de son crucifix cette lumière divine et cette onction céleste qui ne se trouvent point dans les livres.

Il évitait ainsi un écueil que rencontrent souvent les jeunes étudiants, et qui leur fait perdre, durant le cours de leurs études, une partie de la ferveur qu'ils avaient acquise pendant leur noviciat. Une application à l'étude trop exclusive et pas assez réglée dissipe l'esprit, dessèche le cœur et affaiblit la piété.

10. M. Perboyre sut au contraire profiter de ce temps pour faire de nouveaux progrès dans la perfection, et un pieux missionnaire qui l'avait eu pour condisciple a pu lui rendre le témoignage suivant : « J'ai toujours trouvé en lui à cette époque un modèle parfait de toutes les vertus. On respirait autour de lui un parfum de sainteté, qui édifiait et excitait à devenir meilleur. Je n'ai jamais remarqué en lui la moindre faute : il s'accusait bien quelquefois de manquer à la douceur, mais je n'ai jamais pu connaître en quoi il y manquait. On pourra dire sur son compte tout le bien que l'on voudra, je ne crois pas qu'il soit possible d'exagérer. Il n'y avait en lui rien d'extraordinaire, mais il n'y paraissait rien de défectueux ; et plus on le considérait, plus on l'étudiait, plus aussi on était étonné de le trouver parfait en tout et partout. « -

CHAPITRE III

SES PREMIERS EMPLOIS À MONTDIDIER ET À SAINT-FLOUR (1823-1832).

1. Sa première année à Montdidier.
2. Il professe la philosophie.
3. Son amour pour les pauvres.
4. Il est rappelé à Paris pour être ordonné prêtre.
5. Il va enseigner la théologie au Grand-Séminaire de Saint-Flour.
6. Qualités de son enseignement.
7. Comment il formait ses élèves à la vertu.
8. Admiration qu'il inspirait à ses confrères.
9. Il est nommé Supérieur de la pension ecclésiastique de Saint-Flour.
10. Difficultés qu'il y rencontre.
11. Ce qu'il fait pour les vaincre.
12. Succès qu'il obtient.
13. Ses aptitudes pour l'éducation de la jeunesse.
14. Moyens dont il se sert pour y réussir.
15. Son rappel à Paris ; regrets qu'il laisse à Saint-Flour.
16. Mort de son frère Louis ; voyage dans sa famille.

1. Le cours de ses études théologiques terminé, en 1823, M. Perboyre, à peine âgé de vingt et un ans, fut ordonné sous-diacre et envoyé au collège de Montdidier, où il demeura deux ans. La première année, il fut chargé de faire la classe aux plus jeunes élèves, dont il eut vite gagné les cœurs par sa bonté, sa douceur, sa piété simple et communicative. Il profita de ces bonnes dispositions pour établir parmi eux une pieuse association, qu'il mit sous l'invocation des saints Anges, et qui produisit les plus heureux résultats.

2. L'année suivante, on lui confia des fonctions bien différentes, mais dont il ne s'acquitta pas avec moins de succès. Il fut chargé de la classe de philosophie, qu'il sut rendre aussi utile qu'intéressante, tirant un excellent parti, et des talents qu'il avait reçus, et de la science qu'il avait acquise par de solides études.

3. Le soin qu'il apportait à la préparation de ses classes et à l'accomplissement exact de ses autres devoirs de professeur ne l'empêcha pas de trouver assez de temps pour s'occuper au dehors des pauvres de la ville et des prisonniers. Son amour pour ces membres souffrants de Jésus-Christ le rendait ingénieux à leur procurer des secours, qu'il était heureux d'aller lui-même leur distribuer. Souvent, dans ces courses charitables, il se faisait accompagner de quelques-uns de ses élèves, qu'il aimait ainsi à initier à la pratique de ces œuvres de miséricorde, et qui se disputaient le bonheur de faire, sous un tel maître, l'apprentissage de la charité chrétienne.

4. Cependant, M. Perboyre était dans sa vingt-quatrième année, et ses supérieurs jugèrent à propos de le rappeler à Paris pour lui faire recevoir la prêtrise. Cette nouvelle le remplit à la fois de joie et de crainte. D'une part, en effet, il se réjouissait à la pensée de monter chaque jour à l'autel pour y offrir la victime sainte et se nourrir du pain des anges ; mais, de l'autre, sachant toute la sainteté qu'exige un si auguste ministère, et s'en estimant tout à fait indigne, il craignait de n'apporter à l'ordination que des dispositions insuffisantes. Ces humbles sentiments ne firent que mieux préparer son âme aux grâces du sacerdoce, qu'il reçut le 23 septembre 1825 [erreur presque partout reprise : la véritable date est le 23 septembre 1826, comme en témoignent deux lettres à son Père, du 24 août 1826 et du 2 novembre 1826] , dans la chapelle de la Maison-Mère des Filles de la Charité.

Coïncidence digne de remarque : c'était à pareille date que saint Vincent de Paul, en 1600, avait, lui aussi, été ordonné, à Chateau-l'Évêque, par Mr l'évêque de Périgueux. Dieu seul et ses saints anges, qui en furent témoins, pourraient nous dire la perfection des dispositions intérieures du jeune ordinand et la ferveur du nouveau prêtre à sa première messe, qu'il célébra le lendemain de son ordination. Mais ce que l'on peut affirmer, c'est qu'à partir de ce moment on le vit travailler avec plus d'ardeur encore à sa perfection, se dépouiller de plus en plus du vieil homme pour revêtir l'homme nouveau, et réaliser en lui, de son mieux, Jésus-Christ, l'idéal du prêtre : sacerdos alter Christus.

5. Cet esprit sacerdotal dont il tâchait de se remplir, M. Perbovre fut appelé dès lors à le communiquer à d'autres en travaillant à la formation du clergé. Nommé directeur et professeur de théologie dogmatique au Grand Séminaire de Saint-Flour, malgré sa jeunesse, il ne demeura point au-dessous de sa tâche.

6. Ses enseignements furent d'autant mieux goûtés et d'autant plus fructueux, qu'il prêchait surtout d'exemple, et qu'on voyait en lui un modèle plus accompli de la science et des vertus ecclésiastiques. Son esprit élevé aimait à planer dans les hauteurs du dogme catholique, et il l'exposait avec une clarté remarquable et une rare précision. Il savait même répandre sur les questions les plus abstraites un charme et un intérêt qui les dépouillaient, aux yeux de ses auditeurs, de ce qu'elles ont ordinairement d'aride et de rebutant. Il excellait surtout à rendre son cours vraiment pratique, en trouvant toujours dans les matières qu'il enseignait un nouvel aliment pour sa piété et celle de ses élèves.

7. Ceux-ci pouvaient donc, en se livrant à l'étude de la théologie, faire aussi des progrès dans la science des saints. Mais c'était surtout ceux qui l'avaient choisi pour guide de leur conscience (et ils étaient nombreux) qui étaient plus particulièrement l'objet de son zèle sacerdotal. Le dévouement affectueux et tout surnaturel qu'il leur témoignait, la douce fermeté avec laquelle il les conduisait dans le chemin de la vertu, en un mot, la direction sage, éclairée et toute paternelle qu'ils trouvaient auprès de lui, le leur faisait chérir et vénérer comme un ange descendu du ciel. C'est qu'il y avait, en effet, dans ce digne serviteur de Dieu, quelque chose de vraiment angélique, comme une auréole de sainteté, qui paraissait surtout quand il célébrait les saints mystères ; et l'on ne pouvait s'empêcher de dire, en le voyant à l'autel, ce que l'on disait de saint Vincent de Paul : « Oh ! que voilà un prêtre qui dit bien la messe ! »

8. L'admiration qu'il inspirait aux séminaristes était partagée par ses confrères, témoins journaliers de ses vertus ; et l'un d'eux, un jour, s'écria : « Voyez-vous, M. Perboyre, c'est un saint, et un saint privilégié, qui doit avoir conservé l'innocence de son baptême. » Aussi fut-il bien regretté de tous, directeurs et élèves, lorsque, à la fin de l'année scolaire, l'obéissance l'enleva à leur affection pour l'appeler à exercer son zèle sur un nouveau théâtre.

9. Il y avait alors à Saint-Flour une pension ecclésiastique, fondée seulement depuis quelques années, qui devait plus tard devenir le Petit-Séminaire actuel, mais qui ne s'était soutenue jusque-là que fort péniblement.

Son développement était gêné par des obstacles et des difficultés de tous genres, et son existence même commençait à être sérieusement menacée. Après plusieurs essais infructueux successivement tentés pour sauver cette situation compromise, on jeta les yeux sur le jeune professeur du Grand-Séminaire, et l'on résolut de le mettre, malgré sa jeunesse, à la tête de cet établissement.

La divine Providence présida visiblement à ce choix, comme la suite devait le montrer.

10. Ce fut vers la fin de 1827 que M. Perboyre prit possession de sa nouvelle charge. Tout était de nature à décourager un homme moins accoutumé que lui à compter sur le secours de Dieu : au dedans, avec une maison dépourvue de ressources, des élèves peu habitués à la discipline ; au dehors, des inimitiés ou des préventions ; et, parmi les personnes même les plus sympathiques à la maison, des appréhensions que semblait justifier la jeunesse du nouveau supérieur. Mais sachant, suivant la parole de saint

Vincent, que « la Providence ne nous abandonne jamais dans les œuvres que nous n'entreprenons que par ses ordres », M. Perboyre ne se laissa point effrayer par tant de difficultés. Elles ne firent même qu'augmenter sa confiance, car plus il voyait de disproportion entre la grandeur de l'entreprise et les moyens humains dont il disposait, plus il croyait pouvoir compter sur Celui qui aime à se servir des plus faibles instruments pour accomplir ses plus grandes œuvres.

11. Cette confiance n'était cependant point de la présomption, et M. Perboyre, tout en comptant pour le succès sur le secours de Dieu, ne se croyait pas dispensé de faire, de son côté, tout ce qui était en son pouvoir pour le procurer. Par une vigilance exacte, qu'il savait ne point rendre odieuse, il était au courant de tout ce qui se passait dans sa maison. Ce qu'il y avait de bien recevait toujours de lui de précieux encouragements ; et quant au mal, il le combattait avec une sagesse et une prudence, une douceur et une fermeté qui n'amenaient aucun froissement, et auxquelles il était difficile de résister.

12. L'affection si paternelle qu'il témoignait à tous, maîtres et élèves, lui eut bientôt gagné tous les cœurs et rendu facile l'exercice de son autorité. Il en profita pour réformer doucement les abus et transformer peu à peu cet établissement, qui bientôt devint méconnaissable.

L'opposition du dehors et celle du dedans furent désarmées par sa douceur et son humilité. Les parents oublièrent la jeunesse du Supérieur, pour ne voir en lui qu'un saint prêtre, un maître habile et digne de toute leur confiance. Les élèves, qu'il avait trouvés sans discipline, devinrent bientôt souples et dociles. Leur nombre même s'accrut rapidement : ils n'étaient que trente à son arrivée et la maison en compta plus de cent dès le commencement de l'année suivante. Le temporel, grâce à son administration sage et intelligente, fut amélioré, et devint même prospère. Enfin, ses collaborateurs, placés à si bonne école, furent vite formés à l'art si difficile de l'éducation.

13. M. Perboyre avait en effet pour élever la jeunesse de rares aptitudes. Dans la manière dont il traitait chacun de ses élèves, il savait tenir compte des différences d'âge, de caractère et de tempérament. Il connaissait dans chaque cœur la fibre la plus sensible, celle qu'il fallait toucher pour arriver à un heureux résultat. Aussi lui suffisait-il souvent d'un mot, d'un geste, d'un regard pour obtenir ce qu'il désirait, briser un orgueil jusque-là indompté ou faire naître dans une conscience coupable des remords salutaires. Ainsi, pour n'en citer qu'un exemple, l'un des élèves de la maison était devenu si intraitable que ses professeurs, après avoir vainement essayé par toutes sortes de moyens de le ramener à de meilleurs sentiments, résolurent de solliciter son renvoi.

Mais M. Perboyre, avant de se rendre à leur désir, voulut tenter lui-même un dernier essai. Il réussit si bien qu'en peu de temps il fit de cet enfant le modèle de la maison.

14. Il est vrai qu'il employait, pour arriver à de tels résultats, de ces moyens dont les saints seuls ont le secret. Un jour il fait appeler dans sa chambre un élève coupable ; et après lui avoir inutilement parlé le langage de la douceur et d'une juste sévérité, tout d'un coup il lui dit, montrant son crucifix, et avec l'accent d'une peine indicible : « Que de tristes moments, mon ami, vous me faites passer aux pieds de Jésus en croix ! »

C'en est fait, le coupable ne peut tenir à un pareil langage, il demande pardon et change de conduite. D'autres fois il tombait à genoux aux pieds de son crucifix et lui faisait amende honorable au nom du coupable qu'il voulait gagner, et celui-ci, entrant aussitôt dans des sentiments exprimés avec tant de conviction, s'en retournait les larmes aux yeux et le repentir dans le cœur.

Enfin, le premier et le dernier de ses moyens, celui qui accompagnait tous les autres, c'était la prière. Rendant compte un jour avec simplicité de la manière dont il faisait oraison : « Je commence, dit-il, par rendre hommage à Dieu ; puis je réfléchis sur mes propres besoins, sur ceux des maîtres, des élèves et de tous ceux qui composent la maison ; ensuite je supplie Notre Seigneur d'accorder à chacun ce qu'il lui faut. » De telles prières ne pouvaient qu'attirer sur l'établissement les grâces les plus abondantes, et, pendant tout le temps que M. Perboyre y demeura, Dieu le bénit visiblement.

15. Mais ce temps fut de trop courte durée au gré de ceux qui avaient le bonheur de vivre en son aimable et sainte compagnie. Lorsque, au bout de cinq ans, ses supérieurs le rappelèrent à Paris, ce fut à Saint-Flour un deuil universel : parents et élèves, prêtres du dedans et du dehors, tout le monde le pleurait comme un père, un frère et un ami, et son éloge était sur toutes les lèvres. « S'il me fallait signaler les défauts que j'ai remarqués en lui, disait un de ses collaborateurs, j'avoue que je serais bien embarrassé, parce que je n'ai jamais découvert en lui l'ombre d'une imperfection. » Et le Supérieur du Grand-Séminaire, qu'il avait pris pour guide de sa conscience, homme fort habile à discerner le mérite, disait de lui : « M. Perboyre est l'homme le plus accompli que je connaisse. » Aussi Mgr l'évêque de Saint Flour, qui aimait à s'aider de ses conseils, ne consentit qu'à grand'peine à le laisser partir. Quant à lui, n'ayant d'autre désir que de se conformer au bon plaisir divin, dont il voyait l'expression fidèle dans la volonté de ses supérieurs, il reçut avec une parfaite égalité d'âme la nouvelle de son changement. Il était du reste persuadé que tout autre que lui remplirait plus utilement une charge qu'il considérait comme au-dessus de ses forces.

Même il avait écrit dans ce sens à ses supérieurs, en insistant particulièrement sur le mauvais état de sa santé, et ce dernier motif fut certainement le seul qui fit prendre en considération les humbles instances du jeune supérieur.

16. On était alors aux vacances de 1832, et M. Perboyre avait cru devoir aller passer quelques jours dans sa famille pour consoler ses parents d'une grande douleur. Son jeune frère Louis, qu'il aimait tant, et qui comme lui était entré dans la Congrégation de la Mission, venait de succomber en se rendant en Chine pour y prêcher l'Évangile aux infidèles : perte bien douloureuse qui brisa son cœur si aimant, mais n'abattit point son courage. Il sut même si bien dissimuler, aux yeux des siens, la grandeur de sa peine, qu'il les porta à se réjouir de cet événement comme d'une grande faveur, le jeune apôtre ayant eu, leur disait-il, le bonheur de mourir de cette mort des saints qui est précieuse devant le Seigneur.

C'est au retour de ce voyage, inspiré, et sanctifié par la charité, que M. Perboyre fut rappelé à la Maison-Mère, et, aussi prompt que simple dans son obéissance, il prit immédiatement le chemin de Paris.

CHAPITRE IV

M. PERBOYRE, À PARIS, EST APPLIQUÉ À LA DIRECTION DU SÉMINAIRE INTERNE. SA VOCATION POUR LA CHINE (1832-1835).

1. Il est appliqué à la direction des novices.
2. Succès avec lequel il s'acquitte de cet emploi.
3. Témoignage que lui rend M. Joseph Girard.
4. Il est ravi en extase.
5. Son désir ardent d'aller en Chine.
6. Sa santé ne permet pas qu'il soit réalisé.
7. Il redouble ses prières.
8. Il supplie son supérieur de l'y envoyer.
9. Il finit par l'obtenir contre toute espérance.
10. Ses adieux aux novices et à ses autres confrères.

1. Les précieuses aptitudes dont M. Perboyre avait fait preuve pour la formation de la jeunesse, ainsi que sa science et ses vertus peu ordinaires, suggérèrent aux supérieurs la pensée de l'employer à la direction des novices de la Maison-Mère.

Dès son arrivée à Paris, il fut donc chargé d'aider et même de suppléer, dans les fonctions que l'âge et les infirmités ne lui permettaient plus de remplir, le directeur du Séminaire interne (tel est le nom que saint Vincent a donné au noviciat de sa Congrégation).

2. Dans cette charge si importante et si honorable, l'humble sous-directeur ne vit qu'un nouveau motif de s'abaisser davantage à ses propres yeux, de se mieux pénétrer de son néant, et de solliciter avec plus de ferveur le secours de Dieu. Aussi la bénédiction qui l'avait accompagné dans ses précédents emplois fut-elle également visible dans celui-ci : il s'y appliqua avec un zèle aussi ardent que sage et éclairé, et ses efforts furent couronnés des plus heureux succès. Sous l'influence de ses exemples, autant et plus encore que de sa parole si solide pourtant et si persuasive, le Séminaire interne devint comme un nouveau cénacle. Il y régnait une ferveur et une régularité exemplaires, et l'on y voyait fleurir toutes les vertus qui font les apôtres.

3. On n'en sera point étonné quand on aura lu le témoignage d'un de ses anciens novices, le bon M. Joseph Girard, devenu depuis comme le patriarche du clergé d'Algérie, aimé et vénéré de tous, et mort pieusement dans le Seigneur le 19 avril 1879. On peut dire que c'est un saint rendant hommage à un autre saint :
« J'avais, depuis bien des années, le désir de voir un saint avant de mourir. Cette idée m'était venue en lisant la *Vie des saints :* je pensais que leurs historiens n'avaient été que leurs apologistes, et s'étaient évertués à cacher leurs défauts pour en faire des personnages sans faiblesse et sans imperfections.
J'avais rencontré plusieurs hommes estimés et dignes de l'être, mais il manquait à tous quelque chose pour ressembler aux Saints canonisés par l'Église. Enfin je fis la connaissance de M. Perboyre en 1834, au mois d'octobre. Tout en lui me frappa dès le commencement.
Je l'étudiai, et bientôt je rendis grâces à Dieu de ce que j'avais été assez heureux pour voir un saint avant de mourir. Je le disais même à mes amis de Paris qui cependant ne le connaissaient pas Maintenant je connais un saint, et je sais ce que c'est qu'un saint vivant.
M. Perboyre menait vraiment la vie d'un saint au Séminaire. La première fois que je le vis, il me fit une impression singulière. Il était posé auprès de M. Étienne, mais avec une soutane si pauvre, quoique propre, avec un air si humble et si modeste, que je le pris pour le dernier de la maison.
Quand M. Perboyre fut sorti, je demandai à M. Étienne ce que c'était que ce prêtre ; il me répondit que c'était le directeur des novices. J'eus de la peine à le croire, parce que sa personne n'avait rien d'imposant ; mais aussi je me mis à étudier un homme si pauvre qui occupait un emploi si important, et je vis bientôt que toute sa beauté était intérieure.

Il avait à peu près toujours les habits les plus pauvres de tout le séminaire ; et, en le voyant si oublieux de lui-même, il n'y avait pas de séminariste qui osât être mécontent de son habit.

Il avait coutume de nous expliquer, les lundis, les épîtres de saint Paul ; ce qu'il nous disait était profond : c'était vraiment du saint Paul sur Jésus-Christ. Jésus-Christ était le sujet ordinaire de ses entretiens, mais il avait des pensées si profondes qu'il s'en tenait à développer un seul verset.

C'était un homme de Dieu en tout, et un homme profond, qui n'excitait en rien l'attention par ses dehors. Il se cachait naturellement, et aussi par le sentiment profondément gravé de son incapacité. Si on lui faisait une question sur un point délicat, il ne se hâtait pas de répondre, et il paraissait qu'il n'avait pas de réponses toutes faites pour les questions : il les élaborait toutes dans son jugement et dans la prière. Aussi ne faisait-il pas de fautes, et ses paroles étaient pleines de sagesse. Doux, ferme, constant, il allait à son but sans bruit. Sa patience était invincible. Il parlait peu, rarement du prochain et toujours en bien, souvent de Dieu et jamais de lui-même.

Ce qu'il y avait de bien remarquable dans M. Perboyre, c'est qu'il était sans défaut. Il a passé par plusieurs maisons, vécu avec bien des confrères ; cependant on peut interroger tous ceux qui l'ont connu, ils répondront d'un commun accord qu'il n'avait point de défaut. »

4. Un autre de ses novices, M. A., aujourd'hui Supérieur de la Mission Sainte-A... à A., fut un jour témoin d'une de ces faveurs exceptionnelles dont Dieu parfois se plaît à honorer ses saints.

Il servait la Messe à M. Perboyre, lorsque, au moment de la consécration, il le vit élevé au-dessus de terre et ravi en extase. Le Saint-Sacrifice achevé, le serviteur de Dieu fut alarmé dans son humilité, craignant que le jeune clerc ne révélât ce dont il venait d'être témoin. Aussi, de retour à la sacristie, lui fit-il promettre là-dessus un secret inviolable : « Je vous défends, lui dit-il, de révéler à qui que ce soit, tant que je vivrai, ce que vous venez de voir. »

L'heureux témoin fut fidèle au silence promis tant que vécut M. Perboyre : etenim sacramentum regis abscondere bonum est. Mais après sa mort, il devait à la gloire de Dieu de révéler ses merveilleuses opérations : opera autem Dei revelare et confiteri honorificum est (Tob., XTI, 7), et nous possédons ainsi cette nouvelle preuve d'une sainteté déjà éminente dans l'humble directeur du Séminaire interne.

5. Un maître aussi accompli était bien propre à former des hommes apostoliques, et Dieu lui accorda en effet la consolation d'en voir un grand nombre, sortis de ses mains, aller jusqu'aux extrémités du monde prêcher la bonne nouvelle et ramener dans les voies du salut des âmes égarées. Mais ces résultats, dont il était loin de s'attribuer le mérite, ne pouvaient suffire à contenter sa sainte et généreuse ambition. Il voulait payer à ces missions lointaines un tribut plus immédiat et plus personnel, arroser de ses sueurs et même de son sang les terres encore infidèles. Ce désir avait été le premier mobile de sa vocation à l'état ecclésiastique, et la raison déterminante de son entrée dans la Congrégation de la Mission. La pensée du martyre surtout enflammait son cœur généreux, et l'espérance de le trouver plus facilement en Chine lui faisait vivement désirer d'y être envoyé. Aussi aimait-il à parler de M. Clet, autre enfant de saint Vincent de Paul, mort pour la foi dans ces contrées quinze ans auparavant, le 17 février 1820 : « Quelle belle fin que celle de M. Clet ! disait-il à un de ses novices, priez Dieu que je finisse comme lui. »

Ayant un jour réuni les séminaristes dans la salle des conférences, il leur montra une corde et un habit ensanglanté et leur dit d'un ton animé : « Voici l'habit d'un martyr, voici l'habit de M. Clet ! Voici la corde avec laquelle il a été étranglé ! Quel bonheur pour nous si nous avions un jour le même sort ! » Puis, au sortir de cette réunion, prenant à part un des novices il lui dit : « Priez donc bien que ma santé se fortifie et que je puisse aller en Chine, afin d'y prêcher Jésus-Christ et de mourir pour lui. »

6. Sa santé, tel était en effet l'obstacle qui semblait devoir empêcher pour jamais la réalisation de ses désirs.

Depuis plusieurs années elle était fortement ébranlée, et tout portait à croire que, s'il partait pour la Chine, il ne pourrait, comme son frère Louis, supporter les fatigues du voyage, et mourrait avant d'en avoir atteint le terme. Aussi les supérieurs avaient-ils pensé jusque-là ne pouvoir céder à ses instances. M. Perboyre sans doute en était peiné ; mais loin d'accuser personne il n'attribuait ce refus qu'à ses propres péchés et continuait à nourrir l'espérance de voir un jour sa demande exaucée.

7. Au commencement de l'année 1835, il parut aux yeux de ses novices tout absorbé par quelque grave préoccupation : son front d'ordinaire si serein semblait assombri par quelque nuage, ses prières étaient plus fréquentes et plus prolongées. C'est qu'il venait d'apprendre le prochain départ pour la Chine de nouveaux missionnaires, au nombre desquels il ne se trouvait point. Lui qui depuis plus de six ans demandait chaque jour en disant la Sainte-Messe, au moment de la consécration, la faveur de verser son sang pour Jésus-Christ, ne pouvait voir sans peine lui échapper cette nouvelle occasion, et il s'efforçait de faire violence au ciel pour obtenir la réalisation de ses désirs.

8. Un jour enfin, intérieurement pressé par la grâce, il va se jeter aux pieds du Supérieur général et le conjure avec larmes de ne pas mettre plus longtemps obstacle à son départ pour la Chine, où Dieu semble l'appeler. Le vénérable Supérieur profondément ému le relève, et lui promet de le laisser partir si son conseil, qu'il veut d'abord consulter là-dessus, se montre favorable à ce projet. Mais la plupart des membres du conseil déclarèrent qu'il serait souverainement imprudent de laisser partir M. Perboyre, vu l'état de sa santé ; que ce serait l'envoyer à une mort certaine, que du reste il faisait en France autant et plus de bien qu'il n'en pourrait faire en Chine. Seul M. Étienne, alors procureur général de la Congrégation, se rangea à un avis différent, demandant que, pour la question de santé, l'on s'en rapportât à l'avis du médecin de la maison. Celui-ci consulté déclara d'abord que si M. Perboyre partait, il était fort à craindre qu'il ne mourût en route. Cette réponse fit cesser toute hésitation, et il fut résolu que M. Perboyre resterait.

9. Cependant on était à la veille de la Purification de la très sainte Vierge ; et notre futur martyr conjura Marie, qu'il aimait à appeler sa bonne Mère, de ne point l'abandonner en cette circonstance difficile, mais d'intercéder en sa faveur auprès de son divin Fils, qui tient entre ses mains les cœurs des hommes, pour obtenir que cette décision fût révoquée. Chose remarquable, le jour même, le médecin, sans avoir subi aucune influence extérieure, se repentit de l'avis qu'il avait donné ; de la nuit il ne put fermer l'œil, et il ne lui fut possible de retrouver un peu de calme qu'après avoir pris la résolution de rétracter ce qu'il avait dit. Et en effet, dès le matin, il se rendit à Saint-Lazare pour dire qu'il ne s'opposait plus au départ de M. Perboyre, que non seulement il ne voyait pour lui dans le voyage aucun danger de mort, mais qu'il en espérait même d'heureux effets pour l'amélioration de sa santé. Les membres du conseil revinrent aussitôt sur leur première décision, et M. Perboyre obtint enfin la permission tant désirée.

Sa joie fut grande, mais calme et toute surnaturelle.

Il commença par remercier Dieu et la très sainte Vierge, dont on célébrait en ce jour la Purification, et à la puissante intercession de laquelle il attribuait l'heureuse issue de cette affaire. Puis il écrivit à son oncle et à ses chers parents pour leur faire agréer ce nouveau sacrifice, rendu plus pénible encore par l'héroïque résolution qu'il avait prise de ne point aller les visiter avant de partir.

Il s'occupa enfin tranquillement de ses préparatifs de voyage, dont les principaux furent la prière et une bonne confession générale, faite avec le plus grand soin.

10. Le jour fixé pour le départ, les novices désirèrent une dernière fois entendre ce maître si justement vénéré, si tendrement aimé, et recevoir une dernière bénédiction de celui que tous se seraient estimés heureux de pouvoir suivre, en qui tous voyaient un apôtre, et déjà peut-être un martyr. Mais à peine eut-il prononcé quelques mots qu'une émotion, dont son humilité plus encore que les regrets de la séparation était la cause, étouffa sa voix. Il descendit de chaire pénétré du profond sentiment de son néant et de ses misères. Puis, prosterné au milieu de la salle, devant tous les séminaristes, il leur demanda pardon des mauvais exemples qu'il leur avait donnés, et de toutes les négligences dont il s'était, disait-il, rendu coupable dans l'exercice de sa charge. Les spectateurs de cette scène attendrissante ne purent répondre que par des larmes, et, tombant aussi à genoux, ils demandèrent à l'humble missionnaire sa bénédiction. Cédant à leurs instances, il finit par les bénir avec une affection toute paternelle, et après quelques paroles simples et amicales, il les quitta en se recommandant à leurs prières et promettant de ne pas les oublier devant le Seigneur.

Ses adieux aux autres membres de la famille présents alors à la Maison-Mère ne furent pas moins touchants.

Tous se rendirent dans la grande cour d'honneur pour recevoir sa bénédiction. Le Supérieur général lui-même, le vénérable M. Salhorgne, descendit aussi malgré ses infirmités, désirant presser une dernière fois sur son cœur ce généreux apôtre, et lui donner publiquement un témoignage si mérité d'estime et de paternelle affection.

Tout le monde pleurait et se recommandait aux prières du saint missionnaire. Il fallut enfin se séparer, et M. Perboyre se dirigea vers le Havre, en compagnie des deux jeunes missionnaires avec lesquels il allait s'embarquer pour la Chine.

CHAPITRE V

SON VOYAGE DU HAVRE À MACAO, ET DE MACAO À SA DESTINATION DANS LE HO-NAN (1835 - 1836)

1. Son départ pour le Havre, et commencement de la traversée.
2. Violente tempête qui survient.
3. Sa santé, ses occupations, vertus qu'il pratique durant la traversée.
4. Séjour à Java.
5. Arrivée à Macao.
6. Accueil qu'il y trouve auprès de ses confrères ; édification mutuelle.
7. Étude de la langue chinoise.
8. Sainte indifférence.
9. Départ de Macao.
10. Passage à travers le Kiang-Si.
11. Halte dans le Hou-Pé, non loin du tombeau du vénérable Clet.
12. Consolations et difficultés du voyage.
13. Il arrive à Nan-Yang-Fou, sa destination dans le Ho-Nan.

1. Arrivé au Havre le lundi 16 mars 1835, M. Perboyre s'embarquait avec ses deux confrères et cinq prêtres des Missions étrangères, le vendredi suivant, sur l'*Edmond*, navire français en partance pour Java, et qui mettait à la voile le lendemain. Ce fut donc le 21 mars, un samedi, sous les auspices de la très sainte Vierge, qu'il quitta les rives de France, avec cette joie douce et calme que la grâce seule pouvait lui inspirer. « J'admirais, dit-il lui-même dans une relation de son voyage à Batavia, ces dispositions que Dieu avait mises en nous, lorsqu'un souvenir tendre et paisible, comme une pensée qui descend du ciel, préoccupa tout à coup mon esprit.
C'était le souvenir que, il n'y avait pas encore cinq ans, mon cher frère Louis s'était embarqué au même port pour faire le même voyage que nous entreprenions, et qu'il avait reçu sa récompense et sa couronne avant d'arriver au terme de ses désirs. Je me sentis

intérieurement invité à mettre notre traversée sous sa protection ; mon âme s'éleva aussitôt vers lui avec confiance, et mes yeux furent inondés de larmes, mais de larmes douces et délicieuses. » Ce souvenir ne le quittait pas et il écrivait à son oncle : « Je ne pouvais faire ce voyage de Chine sans penser souvent à mon cher Louis ; j'aimais à le considérer marchant devant moi et m'indiquant le chemin que je devais suivre. Hélas ! comme l'étoile qui guidait les Mages, il a disparu au milieu de la route. Oh ! de quelle grande joie ne me réjouirai-je pas lorsque je le reverrai brillant d'une nouvelle clarté et me montrant ou est le divin roi Jésus ! »

Les premiers jours de la traversée furent un peu pénibles : la force du vent, quoique favorable, agitait de telle sorte le navire que les nouveaux passagers, fort incommodés, durent payer à la mer le tribut ordinaire.

Mais, dès le huitième jour, en vue de l'île Madère, le calme se rétablit, et les missionnaires purent, chacun à son tour, dire la Sainte-Messe presque tous les jours de dimanche et de fêtes. « Oh ! qu'on se sent heureux, s'écrie M. Perboyre dans la relation déjà citée, sur ce vaste désert de l'Océan, de se retrouver de temps en temps en la compagnie de Notre-Seigneur ! » — « Notre-Seigneur, descendant dans nos cœurs, dit-il dans une autre lettre à son cousin, nous faisait oublier les peines et les fatigues passées, et nous sentions que ce que nous faisions pour lui n'était rien au prix de ce qu'il avait fait pour nous. »

Le jour de Pâques, 19 avril, on traversait l'équateur, et, un mois après, on doublait sans difficulté le cap de Bonne-Espérance.

2. Mais, peu de temps après, le dernier jour du mois de Marie, on eut à essuyer une tempête des plus violentes, à laquelle on n'échappa que par une protection visible de la très sainte Vierge. Voici ce qu'en dit M. Perboyre dans la lettre déjà citée : « Le 31 mai, entre 60° et 70° de longitude Est, dans la direction de l'île d'Amsterdam, nous essuyâmes une violente tempête. Notre capitaine, qui navigue depuis trente-six ans, n'en avait jamais vu d'aussi terrible. Elle dura douze heures dans sa plus grande intensité ; des lames énormes montaient jusqu'au-dessus des hunes et s'abattaient sur le pont, où elles roulaient d'un bord à l'autre, pêle-mêle, hommes, cages à poules et tout ce qui n'était pas solidement amarré.

Une d'elles, après avoir donné une si violente secousse au flanc du navire que tout le lest se porta sur un côté de la cale, renversa en tombant et jeta à quelques pas, sur la dunette, les deux hommes qui tenaient le gouvernail, et qui, par bonheur, n'eurent pas de mal, et elle enleva un canot qu'on ne revit plus. Les hautes montagnes, formées de vagues écumantes, qui à chaque instant s'élevaient presque à pic devant et derrière nous, en nous enfermant dans de profonds abîmes, étaient à la fois effrayantes et admirables, et nous ne pouvions nous empêcher de nous écrier avec le prophète : « *Mirabiles elationes maris, mirabilis in altis Dominus* : Admirables sont les soulèvements de la mer ; admirable est le Seigneur dans les cieux. » Cependant nous possédions notre âme en paix, aimant à nous abandonner au bon plaisir de Celui qui conduit aux portes du tombeau et en retire. Il voulut bien nous faire sortir tous sains et saufs de cette horrible crise. Sur le soir, tous les missionnaires se mirent à réciter en commun les litanies de la sainte Vierge, l'*Ave Maris stella*, et la petite prière : *O Marie, conçue sans péché, priez pour nous qui avons recours à vous*. Leur confiance ne fut point vaine ; car à peine eurent-ils levé les mains vers l'*étoile de la mer* que la tempête s'apaisa peu à peu. «

Cette tempête fut le seul incident remarquable qui rompit la monotonie de la traversée de France à Java.

Le mardi 23 juin, on entrait dans le détroit de la Sonde, et le vendredi suivant, on arrivait à Batavia.

3. La santé de M. Perboyre, qui inspirait à son départ de sérieuses inquiétudes, n'eut pas à souffrir du voyage, et il supporta sans trop de fatigues les rigueurs du mal de mer et les chaleurs de la zone torride. Le changement d'air parut même lui avoir fait du bien, et il se trouva moins incommodé de certaines infirmités dont il était affligé depuis plusieurs années. Ainsi se réalisait la parole du médecin, qui, contre toute prévision humaine, lui avait ouvert le chemin de la Chine.

Ces trois premiers mois de navigation ne furent pas perdus pour M. Perboyre, qui savait partager entre la prière et l'étude le temps dont les incommodités du voyage lui permettaient de disposer. La lecture de la vie de saint Vincent de Paul était sa principale occupation, et il se servait de tout pour s'élever à Dieu, dont l'immensité de l'Océan lui semblait une vivante image.

Ainsi écrivait-il à son frère, le 1er juillet : « Avant d'avoir navigué, je ne pouvais penser à la mer sans éprouver une secrète frayeur ; mais, depuis que je me suis embarqué, ni l'immensité de son étendue, ni la profondeur de ses abîmes, ni l'agitation de ses flots ne m'ont causé le plus léger effroi. Ainsi, après avoir redouté de paraître devant Dieu, devons-nous goûter un jour sur son sein un repos jusqu'alors inconnu. » Jamais il ne se permettait de conversations inutiles ; mais on le voyait tantôt à genoux dans sa cabine, tantôt assis sur le pont, un livre à la main, ou méditant sur le spectacle grandiose qui s'offrait à ses yeux, ou adressant aux matelots des paroles de salut qu'ils écoutaient avec le plus grand respect.

On remarqua surtout l'énergie avec laquelle il supporta le mal de mer, dont il fut fortement atteint les premières semaines de la traversée. Ceux qui ont éprouvé ce mal savent à quel état de prostration il réduit, et ils comprendront quels efforts dut faire M. Perboyre, soumis à un si pénible malaise, pour ne jamais se coucher pendant le jour, ni interrompre pour cela ses études ni ses exercices de piété. Aussi fit-il l'admiration de tout l'équipage, qui disait : « Pour celui-là, c'est un véritable saint. »

4. Arrivés à Batavia, dans l'île de Java, les Missionnaires durent quitter l'*Edmond*, pour monter à bord du Royal-Georges, navire anglais qui se rendait à Macao.

On leva l'ancre le 5 juillet, pour aller prendre un chargement à l'extrémité orientale de l'île, dans la rade de Surabaya. Arrivé là le 14, il fallut y faire un séjour de trois semaines, que les pieux voyageurs surent encore employer fort utilement, descendant à terre pour dire la Sainte-Messe, et s'occupant à bord, le reste du temps, comme le pourraient faire les religieux les plus fervents dans leur cellule.

5. Enfin, parti de Surabaya le 7 août, M. Perboyre aborda à Macao le 29 du même mois, qui était un samedi, le jour même où l'Église célébrait le martyre de son auguste patron saint Jean-Baptiste. N'était-ce pas pour lui un présage de la glorieuse mort qui l'attendait sur la nouvelle terre où il mettait les pieds ?

Sa joie fut grande lorsqu'il se vit enfin arrivé au terme de ses désirs, et peu de jours après son débarquement, il écrivait, le 9 septembre, à M. Le Go, l'un des assistants de la Congrégation : « M'y voilà ; tel est le mot d'ordre par lequel je devais vous donner mon premier signe de vie de Macao. Oui, m'y voilà, et béni soit le Seigneur qui m'y a lui-même conduit et porté : « *Si sumpsero pennas meas diluculo et habitavero in extremis maris, etenim illùc manus tua deducet me et tenebit me dextera tua.* Si dès le point du jour je prends des « ailes pour aller habiter aux extrémités de la mer, c'est « votre main, Seigneur, qui m'y conduit, votre droite « qui m'y soutient. » Quoique nous fussions disposés à faire une navigation cent fois plus longue, si cela eût été dans l'ordre de l'obéissance, je vous assure néanmoins que nous en avons vu la fin avec un grand contentement, et que nos cœurs ne se sont pas peu épanouis lorsque nous avons posé le pied sur cette terre après laquelle nous soupirions depuis si longtemps. »

6. M. Perboyre reçut de ses confrères de Macao et de leur supérieur, M. Torrette, qui avait été ordonné prêtre en même temps que lui, l'accueil le plus affectueux.

Obligé de faire un séjour de quelques mois dans cette ville pour s'instruire de la langue et des usages chinois, il mit ce temps à profit pour la sanctification de son âme et en fit comme une longue retraite spirituelle. C'est ce qu'il écrivait à celui qui lui avait succédé à Paris dans sa charge de directeur des novices : « Quoique le bon Dieu nous ait fait bien des grâces spirituelles pendant le cours de notre longue traversée, nous n'avons pu méconnaitre la vérité de cette maxime : « Rarement se sanctifient ceux qui voyagent beaucoup : *Qui multiim peregrinantur raro sanctificantur.* » Nous avions donc besoin, avant de commencer notre grande campagne dans l'intérieur de la Chine, de nous recueillir un peu dans la solitude, et d'y puiser de nouvelles forces, encore plus pour l'âme que pour le corps. Nous devions trouver à Macao tout ce qu'il fallait pour cela. Le bon esprit et la ferveur qui règnent dans notre séminaire chinois ont fait goûter de nouveau à nos cœurs tout ce que nous avions senti de bonheur dans celui de Paris. Ici, comme là, la simplicité et la piété, la modestie et la douceur, l'humilité et la charité ont créé un paradis terrestre, qu'il faut avoir habité pour s'en former quelque idée. »

Cependant l'édification qu'il donnait lui-même n'était pas moindre. Tous les efforts de M. Torrette pour lui faire accepter les soins particuliers dus à ses infirmités et à ses vertus échouèrent contre son humilité, et il finit par obtenir d'être traité comme le dernier des Missionnaires. Les Lazaristes portugais qui dans la même ville dirigeaient le séminaire diocésain, ayant obtenu de le posséder quelques jours parmi eux, furent tellement embaumés du parfum de ses vertus qu'ils n'en parlaient ensuite qu'avec larmes.

7. Son temps était partagé entre les exercices de piété et l'étude de la langue chinoise, dans laquelle il rencontrait bien des difficultés, tant à cause de son âge que de ses maux de tête presque continuels. [pourtant il ne passait pas ses journées devant un écran !] « Nous avons commencé à étudier le chinois, disait-il dans sa lettre déjà citée à M. Le Go ; je crois qu'il m'en coûtera long pour apprendre cette langue, si l'on en juge par les premiers essais. On dit que M. Clet ne la parlait qu'avec une grande difficulté. Mes précédents me donnent quelques traits de ressemblance avec lui ; puissé-je ressembler jusqu'à la fin à ce vénérable confrère, dont la vie apostolique a été couronnée par la glorieuse palme du martyre. » Mais son travail et sa persévérance suppléèrent si bien à la facilité qui lui manquait, qu'au bout de trois mois il s'exprimait déjà passablement. Il continua dans la suite à consacrer à cette étude tous les moments que ne réclamaient pas ses exercices de piété ou les fonctions qu'il avait à remplir ; et Dieu bénit tellement ses efforts qu'il fut bientôt en état de prêcher, de confesser et de faire le catéchisme. Bien plus, dans les longs et nombreux interrogatoires qu'il eut plus tard à subir durant sa captivité, ses juges n'étaient pas moins surpris de la connaissance qu'il possédait de leur langue que du courage héroïque qu'il montrait au milieu de ses supplices.

8. C'est au milieu de ces occupations, qu'il attendait sans aucune impatience qu'on lui assignât une mission :

« Ne me demandez-vous pas déjà, écrivait-il à M. Le Go, quelle va être ma destination dans ce nouveau monde ? Il faut que je vous avoue ma complète ignorance sur ce point. Depuis longtemps ma principale résolution était la pratique de la sainte indifférence ; en arrivant ici j'ai tâché d'y tenir plus ferme que jamais.

Les premiers jours, lorsque j'ouvrais, comme au hasard, le livre de l'Imitation, mes yeux tombaient toujours sur ces paroles : « Mon fils, laissez-moi agir comme je veux à votre égard. Je sais ce qui vous est le plus expédient. » Je m'empressais de répondre par un des versets suivants : « Seigneur, pourvu que ma volonté soit « toujours droite et constamment attachée à vous, faites « de moi ce qu'il vous plaira. » J'aime beaucoup ce mystère de la Providence qui se plaît à me faire vivre en quelque sorte au jour le jour. Quand le temps en sera venu, nous recevrons chacun notre mission ; je ne saurais me mettre en peine de celle qui m'écherra. »

Ce temps n'était pas bien éloigné. Les besoins du Ho-Nan réclamaient un missionnaire d'une vertu consommée, tel que la divine Providence semblait l'avoir préparé dans M. Perboyre ; et, dans le commencement de décembre, il fut désigné pour cette mission.

9. Ce fut le 21 décembre que M. Perboyre quitta Macao pour se rendre à sa nouvelle destination, au milieu de dangers de toutes sortes. Il fallut partir à la faveur des ténèbres et se cacher plus d'une fois pendant le cours du trajet, pour échapper aux visites officielles des autorités chinoises, ou à des regards indiscrets qui pouvaient facilement devenir compromettants. Les lois de l'Empire en effet interdisaient l'entrée du pays à tout Européen, sous peine de mort.

Le voyage se fit d'abord par mer, en côtoyant successivement la province du Kouang-Tong et celle du Fo-Kien, suivant les mille détours qu'elles présentent, ce qui le rendit fort long et monotone. Mais M. Perboyre sut échapper à l'ennui en se livrant avec ardeur à l'étude du chinois, se contentant même, comme on le lit dans une de ses lettres, de faire un repas vers neuf heures du matin et un autre vers sept heures du soir, afin de pouvoir y consacrer plus de temps.

10. Enfin, le 22 février 1836, plus de deux mois après son départ de Macao, il arriva au terme de cette navigation à la ville de Fou-Ning, située, sur la côte orientale de la Chine, à l'extrémité septentrionale du Fo-Kien.

Laissant cette ville sur sa droite, il pénétra dans l'intérieur des terres et fit une halte de quelques jours dans la résidence de Mgr le Vicaire apostolique de cette province, de qui il reçut l'accueil le plus charitable. Le 15 mars, il se remit en route pour le Kiang-Si, province qu'il devait traverser au prix de nouvelles fatigues et de nouveaux dangers : « Parcourant un pays dont nous ne pouvions ni parler la langue ni bien imiter les habitudes, écrivait-il plus tard à son oncle, et dont l'entrée est interdite sous peine de mort à tout Européen, nous allions d'abord avec l'incertitude et la réserve de gens qui marchent sur un terrain mouvant. Mais à mesure que notre petite expérience augmentait et que nous prenions impunément le large, notre assurance augmentait aussi.

D'ailleurs, nous mettions toujours d'autant plus notre confiance en la providence de Dieu que nous comptions moins sur la nôtre et sur celle de nos guides. »

11. Cette confiance ne fut pas trompée, et, passant heureusement toutes les douanes, M. Perboyre arriva le 15 avril sans accident dans la chrétienté de Han-Khéou, près de Ou-Tchang-Fou, où il s'arrêta un ou deux jours. Ce pays arrosé par le sang d'un martyr, et où il devait lui-même un jour verser le sien pour la foi, lui rappelait un souvenir de famille bien cher et bien glorieux. « Le premier office que j'y récitai, écrivait-il à son oncle, fut celui de saint Clet, pape et martyr. [ce passage me sembla confus ; après recherche, il existe bien un pape et martyr Clet, ou Anaclet, le troisième ou quatrième pape, de Pape de 76 à 88, durant les règnes de Vespasien et de Titus. Il était honoré le 26 avril, en même temps que le pape Marcellin, mais il a disparu du nouveau calendrier romain.] Il ne me fallait pas un rapprochement si frappant pour me rappeler que j'étais sur les lieux mêmes ou notre cher martyr, M. Clet, avait donné sa vie pour Jésus-Christ.

Oh ! que je souhaitais ardemment d'aller faire mon pèlerinage à son tombeau, qui n'est qu'à deux petites lieues de la maison où je logeais ; mais il fut jugé plus opportun de le remettre à plus tard. » Ce plus tard, dans les décrets de la Providence, ne devait être qu'après sa mort ; alors, en effet, par un heureux rapprochement, il partagea la sépulture de celui dont il avait tant admiré et si bien suivi les glorieux exemples.

12. Au commencement du mois de mai, M. Perboyre eut la consolation de retrouver dans les montagnes deux de ses confrères, MM. Baldus et Rameaux, auprès desquels il demeura quelques semaines et qu'il accompagna même dans leurs missions, heureux de se former ainsi à leur école et de profiter de leur expérience. Mais bientôt un commencement de persécution les obligea de se séparer pour mieux échapper aux recherches, et M. Perboyre dut continuer seul son voyage. Écoutons-le nous en raconter les fatigues : « Je partis sur une barque chrétienne qui venait de servir à un mandarin, et pendant cette navigation, qui fut de huit jours, je m'occupai comme dans les autres à l'étude du chinois. Le 26 juin, je quittai le fleuve pour la dernière fois et entrepris, seul avec le maître de la barque, une nouvelle campagne à pied. Comme le défaut d'exercice dans la barque avait affaibli mes jambes, je me trouvai le soir fort fatigué. Le lendemain nous avions une dizaine de lieues à faire à travers de bien rudes montagnes. Après beaucoup d'efforts et de peine j'étais parvenu au pied de la dernière ; mais ici je n'en pouvais déjà plus. En la voyant s'élever, je vins à me rappeler que je portais sur moi une petite croix à laquelle était attachée l'indulgence du Chemin de la Croix ; c'était bien le cas de tâcher de la gagner. Depuis quelques heures je ne me traînais qu'à l'aide du parapluie dont je ne pouvais me servir contre une pluie qui tombait à verse. Je m'asseyais sur toutes les pierres que je rencontrais ; puis je me remettais à grimper, quelquefois avec les mains.

Si vous me permettez de parler ainsi, j'aurais au besoin grimpé avec les dents pour suivre la voie que la Providence m'avait tracée. Mon pauvre conducteur était réduit à me rendre le service qu'on rend à une mauvaise rosse qu'on soulève et qu'on pousse en avant ; mais il fut relevé dans cet office charitable par un jeune homme qui descendit de la montagne. Plusieurs chrétiens gardaient les bestiaux sur les hauteurs. En voyant mon train, ils devinèrent bien ce que c'était, car j'étais attendu, et ils furent bientôt auprès de nous. Comme je n'avais pu rien manger de tout le jour, ils s'imaginèrent de me faire prendre quelque chose ; mais le peu que je m'efforçai d'avaler, je le rejetai presque aussitôt. Je me sentais un peu plus fortifié par ce qu'ils me disaient que, dans l'enceinte des montagnes où nous étions, il n'y avait que des chrétiens et qu'il en était à peu près de même dans les environs.

Enfin je doublai le sommet de la terrible montagne, et sur le revers je trouvai, cachée dans un bosquet de bambous, notre résidence, où M. Rameaux et un confrère chinois me reçurent à bras ouverts. Avec eux j'eus bientôt oublié mes fatigues. M. Baldus vint à son tour respirer l'air de communauté dans notre chartreuse, où nous étions réunis une vingtaine de personnes, missionnaires, catéchistes, étudiants. etc. »

13. Mais ce séjour au milieu de ses confrères, dont la compagnie lui était aussi agréable qu'utile, ne fut pas de longue durée. Il dut les quitter vers le milieu de juillet, et cinq jours après il arrivait vers minuit à la résidence de Nan-Yang-Fou, qui lui avait été assignée, dans la maison même où M. Clet avait été arrêté.

CHAPITRE VI
SES MISSIONS DANS LE HO-NAN ET DANS LE HOU-PÉ
(1836-1839)

1. Ses dispositions à son arrivée dans le Ho-Nan.
2. Grave maladie qu'il y fait ; ses premières missions : fatigues et succès.
3. Souvenirs du vénérable Clet ; vacances.
4. Il quitte la Mission du Ho-Nan pour celle du Hou-Pé.
5. Ses nouvelles occupations.
6. Une journée de dimanche ou de fête.
7. Bon emploi de son temps.
8. Privations et fatigues que Dieu bénit.
9. Épreuve intérieure bien cruelle.
10. Apparition de Nôtre-Seigneur qui l'en délivre.

1. Seize mois s'étaient écoulés depuis son départ de France, et il avait parcouru environ huit mille lieues.

« J'ai assez couru, écrivait-il à son oncle, le 10 août, pour désirer n'avoir pas d'autre grand voyage à faire que celui qui ne se fait ni par eau, ni par terre. Mais en attendant, je ne saurais éviter les longues promenades dans l'intérieur de cette vaste Chine. Il le faut bien ; si je suis venu de si loin, c'est sans doute pour courir encore dans cette arène. Dieu veuille que j'y coure de manière à obtenir l'incorruptible couronne : *Sic currite ut comprehendatis !* » (I Cor., ix, 24.)
Ce dernier souhait devait être exaucé, et le vaillant athlète de Jésus-Christ allait en peu de temps fournir une longue et glorieuse carrière. Ne pouvant encore dans cette voie marcher assez vite au gré de ses désirs, il enviait le bonheur de ses confrères qu'une plus grande connaissance de la langue et des usages du pays mettait mieux à même de procurer la gloire de Dieu et le salut des âmes : « Je voudrais bien pourtant, écrivait-il le 18 août 1836, glaner quelques petits épis pour les placer à côté des grandes gerbes de mes confrères dans l'aire du père de famille. »

2. Un instant l'on put croire que Dieu, se contentant de sa bonne volonté, voulait déjà le récompenser. Une grave maladie le conduisit aux portes du tombeau, et l'on jugea à propos de lui administrer les derniers sacrements. Il échappa cependant au danger, par une permission providentielle, et trois mois après il était presque rétabli. Il se remit alors à l'étude de la langue chinoise, et bien que n'ayant pas encore recouvré toutes ses forces, il entreprit avec un prêtre chinois sa première mission.

Elle réussit fort bien : les chrétiens qu'il évangélisa, ne pouvant résister aux efforts de son zèle, sortirent des mauvaises dispositions dans lesquelles ils vivaient depuis longtemps et firent tous leur devoir. Encouragé par ces premiers succès, il se lança alors tout à fait dans la carrière évangélique, où ses travaux furent très fructueux.

Mais ce n'était qu'au prix de bien des fatigues qu'il obtenait ces heureux résultats. On en jugera par l'extrait suivant d'une lettre qu'il écrivait au directeur du Séminaire interne de la Congrégation, le 25 septembre 1837 : « Aussitôt que j'eus recouvré mes forces, j'entrepris avec un jeune confrère chinois l'administration de nos chrétiens du Ho-Nan. Pour en visiter environ quinze cents distribués en une vingtaine de chrétientés, il nous a fallu faire plus de trois cents lieues, et traverser la province dans toute sa largeur. Cette tournée a duré six mois.

Pour que vous puissiez mieux vous en faire une idée, je vais la refaire avec vous. Supposons le lieu de notre résidence et notre point de départ dans le diocèse de Cahors ; faisons là d'abord quelques missions. Ensuite allons en faire d'autres dans les diocèses d'Albi, du Puy, d'Autun, d'Orléans, de Versailles, d'Amiens ; c'est à peu près le tableau de la position et des distances respectives des districts que nous avons parcourus.

« Comme vous pensez bien, cela ne s'est pas fait sans quelques fatigues. Nous avons voyagé quelquefois à pied, le plus souvent sur des chars non suspendus, par des chemins qui ne sont entretenus ni par le gouvernement, ni par les particuliers : ordinairement partant de nuit de chez les chrétiens, et arrivant chez eux de nuit, ayant la barbe toute blanchie par le givre et les matinées d'hiver, le visage hâlé, les oreilles, le cou et le front pelés par les chaleurs d'été. Je ne veux pas vous présenter le tableau de la plupart des auberges de Chine, lequel ne pourrait être complet sans être dégoûtant. Je dirai seulement que, si l'on est avide de privations et de mortifications, il y a là de quoi faire une sainte fortune. Du reste, quoique le meilleur lit qu'on y trouve soit une natte étendue par terre ou sur un petit tréteau, on aime bien à y prendre son somme et à s'y reposer des fatigues du jour.

« Arrivés dans les auberges, nous avons été quelquefois importunés, tantôt par un homme de la police qui venait nous faire subir un interrogatoire et inscrire nos noms, tantôt par des gens de tribunal qui nous forçaient de leur céder notre logement et d'aller chercher hospitalité ailleurs. Avoir à soutenir le personnage de concitoyen dans tous les voyages n'est pas la plus petite des incommodités pour le missionnaire européen. Pour ne pas se trahir, il se tient lui-même sur la réserve, laissant parler et agir les chrétiens qui l'accompagnent, et qui, malgré les précautions que leur prudence ou leur timidité leur fait prendre, éprouvent parfois d'assez grandes inquiétudes. Mais le missionnaire sent au dedans de lui-même une latitude et une liberté de cœur qui l'élèvent au-dessus de tout et le remplissent de joie au milieu des dangers. »

3. Ce qui le soutenait aussi, c'était le souvenir de M. Clet, ce glorieux martyr avec lequel la divine Providence lui avait donné déjà tant de traits de ressemblance, et dont il enviait le trépas. « Comme dans mes voyages, dit-il encore dans la même lettre, j'ai plusieurs fois suivi ou croisé les routes que ce vénérable confrère avait parcourues, lorsque, chargé de chaînes pour Notre Seigneur, il était conduit devant les divers tribunaux de cette province et du Hou-Kouang, je vous assure que ce n'est pas sans émotion que j'en entendais rappeler le souvenir par ceux qui m'accompagnaient. Pour mon compte, je me félicite de travailler dans cette portion de la vigne du Seigneur, qu'il a cultivée lui-même avec tant de zèle et de succès. Son souvenir, que l'on conserve si précieusement, ne sert pas peu à m'animer à marcher sur ses traces et à continuer le bien qu'il a commencé.

Voilà, pour cette année, nos vacances finies, si l'on peut appeler vacances un temps passé à étudier, à confesser, à prêcher, à faire la classe à de futurs séminaristes, et au milieu d'une foule d'enfants qui viennent ici tous les jours apprendre le catéchisme, les prières, etc. Nous allons commencer notre retraite annuelle, et puis nous remettre en campagne. Dieu veuille bénir nos petits travaux, sanctifier et féconder nos peines ! Les peines ne manquent pas aux missionnaires, mais ces peines sont si précieuses aux yeux de la foi, qu'elles méritent bien qu'on aille les chercher au bout du monde. »

4. Deux ans ne s'étaient pas écoulés au milieu de ces travaux apostoliques dans la province du Ho-Nan, quand l'obéissance obligea M. Perboyre de la quitter pour aller en féconder une autre de ses sueurs. M. Rameaux, voulant procurer un précieux renfort à la Mission du Hou-Pé dont il était supérieur, l'appela à exercer son zèle sur un nouveau terrain.

5. Des fatigues non moins grandes, quoique d'un genre différent, attendaient M. Perboyre dans son nouveau poste. Sans doute il n'avait plus à faire de longs et pénibles voyages, mais le ministère auquel il était appliqué le soumettait à toutes sortes de privations et de souffrances.

« Au mois de janvier dernier, écrivait-il à son cousin le 12 septembre 1838, j'ai été rappelé dans le Hou-Pé par M. Rameaux, supérieur de cette mission. Le district que j'ai occupé depuis, et d'où je ne suis sorti que pour aller visiter deux petites chrétientés un peu éloignées, est situé au milieu des montagnes. Il embrasse une étendue de deux à trois lieues de long sur un peu moins de large. Les chrétiens qui le composent, et au milieu desquels il se trouve très peu de païens, sont au moins d'environ deux mille, distribués en une quinzaine de chrétientés, mais tellement dispersés qu'il n'y a rien parmi eux qui ressemble même à un petit village. Au centre de ce district nous avons une résidence que la mission possède. Là le Missionnaire est comme un curé au milieu d'une grande paroisse, continuellement en rapport avec les chrétiens de tout le district. Il est souvent appelé de nuit et de jour pour l'administration des malades, secours que les chrétiens chinois sont très empressés de se procurer à la moindre apparence de danger. Il y a sans cesse, et surtout à l'approche des dimanches et des fêtes, une telle affluence de gens qui demandent à se confesser, que trois prêtres habituellement résidant ici auraient peine à satisfaire au désir de tous.

6. « Mais c'est surtout le dimanche et les jours de fête que le troupeau se presse autour du pasteur. Depuis le commencement jusqu'à la fin du jour notre église se trouve remplie de monde. D'abord on récite en commun la prière du matin, les prières de la fête et une partie du catéchisme ; puis on entend la messe, la prédication et le catéchisme qui se fait pour les enfants. Dans l'après-midi ont lieu la récitation du Rosaire, l'exercice du Chemin de la Croix et une conférence dans laquelle plusieurs personnes prennent la parole suivant la méthode simple et familière de saint Vincent de Paul. Ajoutez à cela les confessions, baptêmes, confirmations, mariages, l'admission dans diverses confréries, l'expédition de dispenses, l'examen des difficultés qui se présentent dans les chrétientés, interrogations sur la doctrine, instructions et exhortations privées, avis et corrections, quelquefois même l'office de juge de paix qu'il n'est pas toujours possible de décliner, et vous aurez une petite idée des occupations du Missionnaire en ces jours de dimanche et de fête. »

7. Et dans une autre lettre à l'un de ses confrères, M. Aladel, datée du 10 août de l'année suivante 1839, il ajoutait : « C'est dans ces montagnes que je suis fixé depuis près de deux ans, et que je vais continuer à exercer le saint ministère, dont les occupations ne me laissent pour ainsi dire le temps de regarder ni devant ni derrière. Depuis la Nativité de la Sainte-Vierge de l'année dernière jusqu'à la Pentecôte de cette année, j'ai fait dix-sept missions ou visites de chrétientés ; et je ne puis dire que depuis lors j'aie joui d'un seul moment de vacances. Il m'est absolument impossible d'en prendre, parce que nous nous trouvons au milieu d'un grand nombre de chrétiens qui, pour la plupart, aiment à se confesser souvent. Si, par exemple, à cette fête de l'Assomption, on pouvait en confesser mille et plus, ils seraient là tout disposés. La fête passée, je vais faire ma retraite et me remettre en campagne pour missionner une bonne partie de l'année. »

8. Aux fatigues du saint ministère se joignaient les privations d'une vie pauvre et mortifiée. N'ayant pour demeure que des maisons obscures et malsaines, sans cheminées et presque sans fenêtre, où l'on ne pouvait faire de feu sans être aussitôt entouré d'une épaisse fumée, sa nourriture n'était pour l'ordinaire qu'un peu de riz et des herbes cuites à l'eau sans aucun assaisonnement et il n'avait d'autre couche que la terre nue ou quelque planche couverte d'une natte. De plus, les chaleurs excessives de ces contrées et souvent les tourments de la faim et de la soif se joignaient, pour augmenter ses souffrances, à la faiblesse de son tempérament et à plusieurs infirmités qu'il supportait avec une patience admirable. Et comme si tout cela n'eût pas suffi à satisfaire son amour pour la croix, il s'imposait encore de sévères pénitences, se déchirait par de sanglantes disciplines, portait autour de ses reins une chaîne de fer et sur son corps un rude cilice. Enfin, en contact habituel avec des chrétiens pauvres et peu soigneux de la propreté, il partageait avec eux la vermine dont ils étaient couverts ; et, à l'exemple de plusieurs saints, par esprit de pénitence, il se laissait en quelque sorte dévorer tout vivant, ne faisant rien pour se préserver ou se débarrasser d'un tel supplice.

Aussi Dieu bénissait-il visiblement son ministère, lui donnant grâce pour instruire les ignorants, convertir les pécheurs et les apostats, retremper dans la ferveur les âmes tièdes et rendre chacun assez fort pour confesser au besoin sa foi devant les tribunaux au milieu des plus grandes tortures.

9. Lui-même semblait se préparer, par une lecture assidue des Actes des Martyrs, aux glorieuses luttes qu'il devait bientôt soutenir. Mais Notre-Seigneur, qui trouvait sans doute dans cette sainte âme une si agréable demeure, voulut rendre cette préparation plus entière et plus parfaite en purifiant davantage la victime et la faisant passer par le creuset d'une épreuve bien cruelle.

Avant de lui faire endurer les souffrances de sa passion dans Jérusalem et sur le Calvaire, il voulait lui faire partager les angoisses de sa douloureuse agonie au jardin des Oliviers.

Comme autrefois saint François de Sales lorsqu'il faisait ses études à Paris, M. Perboyre fut en butte pendant plusieurs mois à une violente tentation de désespoir. Persuadé que son nom était rayé du livre de vie et qu'il était destiné à brûler éternellement dans l'enfer, il lui semblait n'avoir désormais rien à attendre de la miséricorde divine. Il ne voyait plus en Dieu, qu'un juge sévère, justement irrité contre lui par suite de ses innombrables péchés et de l'abus qu'il avait fait de tant de grâces. Il avait beau prier, Dieu semblait rejeter sa prière et le repousser lui-même avec colère et mépris. Son crucifix, au pied duquel il goûtait autrefois tant de consolation, son crucifix était devenu muet ; ou plutôt de ses plaies sacrées, comme d'autant de bouches, semblaient ne sortir que des reproches et des arrêts de condamnation. Il ne trouvait de soulagement à sa peine, ni près du Tabernacle, ni dans la célébration du saint Sacrifice, pendant laquelle il s'imaginait renouveler le crime de Judas.
Sa santé même ne tarda pas à en ressentir le fâcheux contrecoup : le sommeil fuyait ses paupières et toute nourriture lui était devenue insipide. Chaque jour on le voyait pâlir davantage et se

dessécher comme une plante brûlée par les ardeurs du soleil ; et il aurait infailliblement succombé, si Dieu n'eût mis un terme à cette épreuve.

10. Mais Notre-Seigneur eut pitié de son fidèle serviteur et daigna lui apparaître attaché à la croix, jetant sur lui un regard rempli d'une bonté ineffable, et lui disant affectueusement : « Que crains-tu ? Ne suis-je pas mort pour toi ? Mets ta main dans mon sacré côté et ne redoute plus d'être damné. » La vision disparut alors, laissant dans l'âme du saint missionnaire une paix délicieuse, que rien désormais ne devait plus troubler. Chose remarquable, l'effrayante maigreur que lui avait causée cette épreuve disparut en même temps, et dès le lendemain on n'en voyait plus aucune trace.

« C'est lui-même, disait plus tard Mgr Baldus, qui m'a raconté ce fait, dans une conversation que j'avais avec lui dans notre résidence de Kou-Tchen-Kieng, et je remarquai qu'il mettait cet événement sur le compte d'une tierce personne. Pour ne pas lui laisser croire que j'étais dupe de sa pieuse supercherie, je lui dis sur le champ : « Je sais bien de qui vous parlez ; c'est à vous que cela est arrivé. » Son embarras, ses réponses évasives, furent pour moi une démonstration qui valait un aveu complet. »

Cette vision fut comme l'apparition de l'ange à Notre-Seigneur dans la grotte de l'agonie : *apparuit autem illi angelus confortans eum* (Luc., XXII, 43). Elle le fortifia et le prépara aux derniers et terribles combats qui allaient mettre si glorieusement fin à sa course apostolique.

CHAPITRE VII

SON ARRESTATION. — INTÉRROGATOIRES QU'IL SUBIT JUSQU'À SON DÉPART POUR OU-TCHANG-FOU.

1. Persécution dans le Hou-Pé.
2. Pillage et incendie de la résidence des Missionnaires.
3. Fuite du vénérable serviteur de Dieu.
4. Trahi par un des siens, il est arrêté et maltraité.
5. Interrogatoire qu'il subit à Kouang-In-Tam.
6. Départ pour Kou-Tchen-Kieng ; acte de bienfaisance d'un païen.
7. À Kou-Tchen-Kieng, il est traduit devant le mandarin militaire.
8. Il comparait ensuite devant le mandarin civil.
9. Conduit à Siang-Yang-Fou, il est traduit devant le gouverneur de la ville.
10. Puis devant un mandarin de premier ordre, enfin devant le tribunal fiscal, où on le soumet à une indigne et bien douloureuse épreuve.

1. Quand le serviteur de Dieu pénétra en Chine, il existait une loi, portée en 1794 par l'empereur Kieng-Lung, qui proscrivait la religion chrétienne et condamnait tous ceux qui en feraient profession à la peine de mort, s'ils étaient Européens, et seulement à l'exil, s'ils étaient Chinois. L'application de cette loi avait déjà valu à l'Église de Chine plusieurs persécutions, dont la plus violente, après celle de 1805, eut lieu en 1820, et procura au vénérable Clet la palme du martyre.

Depuis longtemps cependant, les chrétiens, et en particulier ceux du Hou-Pé, jouissaient d'une assez grande tranquillité, quand tout à coup la persécution de nouveau s'alluma. Elle commença dans la ville de Nan-Kiang, où l'on se saisit d'abord de quelques chrétiens.

Parmi ceux-ci se trouvait un jeune homme, fils du catéchiste

Peng-Tim-Siang, qui, effrayé par les menaces des satellites et persuadé par leurs caresses, trahit misérablement ses frères, indiqua leurs noms, leurs demeures et les lieux où ils se réunissaient avec les missionnaires.

Des ordres furent aussitôt donnés au mandarin de Kou-Tchen-Kieng pour se saisir des uns et des autres. Une troupe de soldats, conduite par deux commissaires du vice-roi de Ou-Tchang-Fou, deux mandarins militaires et un autre petit mandarin civil, fut dirigée vers la résidence des missionnaires à Tcha-Yuen-Keou, petit village du département de Kou-Tchen-Kieng, près du marché de Kouang-In-Tam. M. Perboyre s'y trouvait avec son confrère M. Baldus, un missionnaire de la Propagande, de passage dans le Hou-Pé, le P. Joseph Rizzolati, capucin italien, et un prêtre chinois, M. Ouan, qui s'étaient réunis pour célébrer ensemble, avec l'octave de la Nativité, la fête du Saint-Nom de Marie. On était, en effet, au dimanche 15 septembre 1839, et les chrétiens de ce pays étaient venus entendre la sainte messe et assister aux autres exercices religieux qui remplissaient la journée du dimanche. La dernière messe venait de finir, et quelques fidèles étaient encore à l'église avec MM. Perboyre et Baldus et le P. Rizzolati. Tout à coup, un chrétien chinois, nommé Tom-Ta-Youn, vient en toute hâte annoncer que la persécution a éclaté, et que les soldats marchant sur l'église, sous la conduite des mandarins, ne sont plus qu'à une petite distance, ajoutant qu'il n'y a pas de temps à perdre, et que chacun doit, par une prompte fuite, pourvoir à sa sûreté.

2. M. Baldus et le P. Rizzolati ne tardent pas à suivre ce conseil. Mais l'intrépide serviteur de Dieu ne peut se résoudre à abandonner le troupeau qui lui est si cher ; il veut se persuader et persuader aux autres que le danger n'est pas imminent. Cependant, l'on entend déjà les soldats qui approchent, et tout le monde fuit, excepté lui, qui ne songe enfin à se dérober au danger que quand toute illusion devient impossible et qu'il voit clairement ne pouvoir s'exposer davantage sans témérité. Il recueille alors, comme il peut, les choses sacrées qu'il veut soustraire à la profanation, et sort par une porte secrète, au moment où les satellites envahissent l'église. Furieux de voir qu'ils ont laissé échapper leur proie, ils se saisissent de ce qu'ils trouvent de plus précieux dans l'église et dans la maison des missionnaires ; puis ils brûlent les papiers et les livres avec si peu de précaution que tout devient bientôt la proie des flammes, et que même un mandarin n'y échappe qu'avec peine.

3. Cependant le vénérable serviteur de Dieu avait réussi à se cacher dans une forêt de bambous peu éloignée de l'église. La nuit étant venue, il quitta sa retraite pour se rendre dans la maison du catéchiste Ly-Tsou-Hoa et y prendre quelque nourriture dont il avait grand besoin, après les fatigues et les émotions de la journée. Celui-ci lui coupa la barbe, afin qu'on pût moins facilement le reconnaître pour un Européen, et le conduisit, à trois cents pas de là, passer la nuit chez son cousin, père du catéchiste Ly-Tsou-Kouei.

Mais, pour ne point compromettre ses hôtes, le lendemain 16 septembre avant l'aurore, le vénérable fugitif abandonna son nouvel asile pour se cacher dans une forêt voisine, accompagné de son serviteur Thomas Sin-Ly-Siam, d'un autre chrétien Ouan-Kouan-King et de Ly-Tsé-Mim, père du catéchiste Ly-Tsou-Hoa.

4. Cette retraite était sûre et l'aurait certainement dérobé à toutes les recherches, si, pour le rendre sans doute plus conforme à son divin modèle, la Providence n'eût permis qu'il fût, lui aussi, trahi par un des siens.

Le néophyte Kioung-Lao-San, nouveau Judas, par crainte ou par avarice, découvrit aux soldats, à prix d'argent, le lieu où il était caché. Ceux-ci aussitôt entourent la forêt, et, semblables à des bêtes féroces, la parcourent dans tous les sens pour découvrir leur proie. Deux d'entre eux tombent enfin sur le serviteur de Dieu et ses trois compagnons, qui, se voyant supérieurs en nombre, songent d'abord, la fuite étant impossible, à repousser les agresseurs par la force. Thomas Sin-Ly-Siam le propose aussitôt à son maître ; mais celui-ci, se souvenant que Jésus, au jardin de Gethsémani, ne voulut pas permettre à saint Pierre de se servir de son épée, défendit aussi à son brave et dévoué serviteur d'user de violence.

Thomas obéit, et, à l'exception de Ly-Tsé-Mim, qui parvint à s'enfuir, tous les autres chrétiens cachés dans cette forêt tombèrent au pouvoir de leurs ennemis.

Ceux-ci, qui n'avaient point tardé à se rallier tous autour du saint Missionnaire, se jettent sur lui avec fureur, le saisissent par la queue de ses cheveux (Les Chinois, comme on le sait, sont dans l'usage de laisser pousser leurs cheveux qu'ils attachent et laissent retomber par derrière en forme de queue) et le traînent sur le sommet de la montagne. Là, ils le dépouillent de tous ses vêtements, ne lui laissant en échange que quelques méchants haillons, lui lient les mains derrière le dos, lui assènent trois coups de sabre sur les épaules, et le conduisent, chargé de chaînes, au marché de Kouang-In-Tam. Le serviteur de Dieu supporte patiemment et avec courage tous ces mauvais traitements, et ne laisse échapper ni une plainte ni un cri de douleur.

5. Arrivé à Kouang-In-Tam, il comparaît devant le mandarin civil Liou, de la ville de Kou-Tchen-Kieng, qui pour lors s'y trouvait attendant le prisonnier. « C'était pitié de le voir, dit un témoin oculaire, n'ayant d'autre vêtement qu'une chemise et un caleçon malpropres et en lambeaux, une chaîne au cou et les mains liées derrière le, dos, entouré de satellites qui lui tiraient les oreilles et la queue de ses cheveux pour lui faire regarder le mandarin devant lequel il était à genoux. »

Celui-ci lui ayant demandé s'il était Européen et chef de la fausse secte des chrétiens, il répondit aussitôt, sans craindre les nouveaux tourments ni la mort même que pouvait lui attirer sa réponse : « Je suis Européen et missionnaire catholique. » Le mandarin, plein décoléré, le fit alors séparer de ses compagnons de captivité, charger de nouvelles chaînes et transporter, pieds et mains liés, chez un païen nommé Haou, que sa cruauté proverbiale avait fait surnommer San-Pao-Tsou, c'est-à-dire tigre au troisième degré, et dans la boutique duquel il devait passer la nuit. Huit hommes choisis parmi les plus riches de l'endroit, et par là-même moins susceptibles d'être gagnés à prix d'argent pour laisser évader le captif, furent chargés de veiller près de lui et de le garder avec soin jusqu'au lendemain.

6. De grand matin, le mardi 17 septembre, ordre est donné aux soldats de conduire leur prisonnier à la ville de Kou-Tchen-Kieng, fort distante de Kouang-In-Tam.

Mais le vénérable serviteur de Dieu, brisé par les cruels traitements qu'on lui avait fait subir, épuisé de faim et de fatigue, était incapable de faire à pied ce trajet. Déjà cependant le douloureux cortège était en marche, et le vaillant athlète de Jésus-Christ, arrêté sur la place publique et entouré d'une foule haineuse, essuyait toute sorte d'injures et d'outrages, lorsqu'un païen nommé Lieu-Kioun-Lin, syndic de l'endroit, se sent à cette vue ému de compassion. Il s'approche, demande et obtient la permission de faire transporter le prisonnier sur une litière dont il paye les porteurs, et l'accompagne lui-même jusqu'à la ville. Cette bonne action ne resta pas sans récompense. Le vénérable serviteur de Dieu, profondément touché, remercia d'abord affectueusement son bienfaiteur ; mais là ne devait point se borner sa reconnaissance. Lorsqu'il eut cueilli la palme du martyre, comme il sera raconté dans la suite, il apparut à ce charitable païen et lui obtint, peu de temps avant sa mort, la grâce du saint baptême.

7. Arrivé à Kou-Tchen-Kieng, où de plus grands tourments l'attendaient, le serviteur de Dieu comparut d'abord devant un mandarin militaire, qui lui demanda qui il était et quel motif l'avait poussé à pénétrer dans l'empire chinois. « Je suis Européen, répondit-il, venu ici pour propager la religion catholique et exhorter les hommes à fuir le mal et à faire le bien. » Le mandarin, peu touché de cette solennelle profession de foi, répliqua que c'était faux et qu'il n'avait d'autre but que de tromper les citoyens du Céleste Empire. Mais le serviteur de Dieu ne répondit à cette injure que par le silence. Il ne daigna pas répondre davantage à la proposition qui lui fut faite de renier sa foi, se contentant d'indiquer par un signe négatif de la tête, et l'horreur qu'elle lui inspirait, et l'accueil qu'il lui faisait. Le mandarin, irrité de son silence, le fit souffleter par les satellites, frapper d'une centaine de coups de bambou et jeter en prison. Mais là aucun repos ne fut laissé à ce pauvre corps déjà si tourmenté et si affaibli, et on l'affligea de nouvelles souffrances, que le généreux confesseur supporta avec une douceur et une patience admirables.

8. Le lendemain, conduit au tribunal du mandarin civil, il fut soumis à un nouvel interrogatoire. Parmi les effets enlevés aux missionnaires se trouvaient les divers objets destinés au culte sacré. Le mandarin les fit apporter au tribunal, et, prenant successivement le calice, le missel, les ornements sacrés et tout ce qui sert au Saint-Sacrifice de la Messe, il demanda au serviteur de Dieu quel usage on en faisait. Celui-ci répondit qu'on s'en servait pour offrir un sacrifice en l'honneur de Dieu.

Et comme on lui demandait s'il était Européen et chef d'une secte fausse et impie : « Je suis Européen, dit-il, et missionnaire, non d'une secte fausse et impie, mais de la seule religion véritable. » Le mandarin, montrant alors la boîte aux saintes huiles, lui demanda si elle ne contenait point l'eau qu'il avait exprimée des yeux arrachés aux malades (On sait que c'est là un des préjugés les plus accrédités contre les chrétiens parmi les païens chinois.) : « Jamais, répondit-il, je n'ai commis un pareil crime. »
En même temps que M. Perboyre, le mandarin avait fait comparaître devant lui une vierge chrétienne, nommée Anna Kao,

prise dans la même persécution. À son occasion il insulta grossièrement le serviteur de Dieu, qui, à ses ignobles questions, se contenta de répondre que les missionnaires et les vierges chrétiennes vouaient et gardaient la chasteté ; qu'ils se livraient séparément à leurs occupations respectives, et que les vierges n'étaient point employées au service des missionnaires, ceux-ci se faisant servir par des hommes qui les accompagnaient dans leurs voyages.

Enfin, le mandarin tenta de lui faire renier sa foi en mettant à terre un crucifix et lui ordonnant de le fouler aux pieds. Mais le vaillant confesseur répondit : « Jusqu'à la mort je refuserai de renier ma foi et de fouler aux pieds le crucifix. » Et comme le mandarin ajoutait : « Si tu n'abjures, je te mettrai à mort, » il répondit : « Fort bien, je serai heureux de mourir pour ma foi. »

Aussitôt il reçut sur les joues, par l'ordre du mandarin, quarante coups d'une forte lanière de cuir, et son visage en fut horriblement meurtri et défiguré. On le reconduisit alors en prison, où de nouveau il fut livré aux satellites.

C'était la troisième fois que le serviteur de Dieu confessait généreusement la foi devant ses juges, sans que les cruels supplices auxquels il était soumis pussent lui arracher un seul mot, un seul signe susceptible d'être pris pour une apostasie. Ne semblerait-il pas que Dieu content de tels gages d'amour s'apprêtait déjà à les récompenser, et que le généreux confesseur touchait à cette mort bienheureuse, objet de ses plus ardents désirs, de son attente calme et joyeuse ? Non, de plus grands combats devaient encore ici-bas être son partage, parce que là-haut une plus belle couronne lui était réservée.

9. Après plusieurs interrogatoires subis devant les mandarins civils et militaires de Kou-Tchen-Kieng, et accompagnés des plus cruels traitements, le serviteur de Dieu fut conduit par les soldats à Siang-Yang-Fou, ville de premier ordre située à une distance de cent quarante lieues. Le voyage se fit par eau sur le fleuve Han-Kong, et fut pour le vénérable serviteur de Dieu l'occasion de nouvelles souffrances. Jeté dans une barque, pieds et mains liés, et séparé des autres prisonniers chrétiens, tandis qu'à ceux-ci on donnait la nourriture et la boisson dont ils avaient besoin, l'une et l'autre lui furent constamment refusées durant toute la durée de ce long trajet.

Arrivé enfin à Siang-Yang-Fou, il demeura plusieurs jours enfermé dans une horrible prison, où ne lui furent épargnés ni injures, ni mauvais traitements. Au jour fixé, il fut traduit d'abord devant le tribunal du gouverneur de la ville, qui lui fit subir un nouvel interrogatoire, lui posa les mêmes questions relatives à sa qualité d'Européen et de missionnaire catholique, et au motif qui l'avait poussé à venir en Chine, et en reçut les mêmes réponses. Le mandarin alors lui proposa de fouler le crucifix déposé à ses pieds, mais le serviteur de Dieu répondit simplement et avec fermeté : « Jamais je ne le ferai. » Voyant que ses menaces demeuraient inutiles, le gouverneur crut pouvoir plus sûrement arriver à ses fins par des raisonnements tels que les font parfois entendre en Europe les prétendus savants de l'école moderne : « Que pourras-tu gagner, dit-il, en adorant ton Dieu ? — Le salut de mon âme, répondit le confesseur ; le ciel, où j'espère monter après ma mort. — Insensé, reprit le mandarin, l'as-tu jamais vu le paradis ? »

Puis se tournant vers les autres chrétiens captifs : « Je vais vous enseigner ce qu'est le paradis et ce qu'est l'enfer. Être comblé dans cette vie de richesses et d'honneurs, voilà le paradis ; être au contraire, comme vous aujourd'hui, condamné à mener une vie pauvre, souffrante et misérable, voilà l'enfer. » Sur cette parole vraiment digne d'Épicure, il leva la séance et fit reconduire le vénérable serviteur de Dieu dans sa prison.

10. Dix jours après il fut conduit devant un mandarin de premier ordre de la même ville, qui le traita avec assez de modération et se contenta de lui demander depuis quand il était arrivé en Chine ; question insidieuse, à laquelle M. Perboyre sut habilement répondre, de manière à ne compromettre aucunement les intérêts de la Religion.

Mais au tribunal fiscal, devant lequel, suivant les lois du pays, il dut ensuite comparaître, l'attendait une tempête plus furieuse encore que celles qu'il avait essuyées jusque-là : il allait y être cruellement torturé, et dans son corps et dans son âme, et dans sa foi de chrétien et dans sa dignité d'homme. Tao-Taï, président de ce tribunal et juge suprême de la cité, n'écoutant que sa cruauté, le fit souvent souffleter au moyen d'une forte lanière de cuir ; puis il ordonna qu'on le suspendît à une poutre par les deux pouces fortement liés ensemble.

Enfin il le contraignit à demeurer près de quatre heures, au prix des plus cruelles souffrances, à genoux, les jambes nues, sur des chaînes de fer. Le vénérable serviteur de Dieu supporta ces affreuses tortures, non seulement avec constance, mais le visage serein, et sans faire entendre la moindre plainte.

Le tyran cependant réservait à son âme des tourments bien plus cruels que ceux dont il avait affligé son corps.

Il commença par essayer de lui faire abjurer sa foi en l'obligeant à fouler la croix aux pieds. Mais n'y pouvant réussir, il attaqua son honneur par une indigne calomnie, que Dieu ne permit sans doute que pour rendre plus grande la gloire de son serviteur : il l'accusa d'un commerce infâme avec la vierge Anna Kao, qui subissait en ce moment le même interrogatoire et partageait le même supplice. Feignant de ne point croire aux dénégations dignes mais énergiques du chaste missionnaire, le mandarin le soumit à un examen plus pénible que la mort.

Son innocence cependant en sortit victorieuse, et il fut reconnu, à la honte de ses juges, qu'il avait conservé intacte la couronne des vierges. Mais la douleur que ressentit à cette occasion son âme si délicate fut si violente, qu'il demeura presque sans connaissance, et que sa vie même sembla être en danger.

Le farouche tyran, craignant alors de voir sa proie lui échapper, fut contraint de faire trêve à ses cruautés.

Un mois s'était écoulé au milieu de ces divers interrogatoires, qui avaient si bien mis en lumière l'héroïque patience du serviteur de Dieu, lorsqu'on jugea bon de l'envoyer à Ou-Tchang-Fou, métropole de la province du Hou-Pé, pour y entendre le jugement qui devait être porté sur son compte en dernier ressort.

CHAPITRE VIII

CE QU'IL SOUFFRE À OU-TCHANG-FOU

1. Il est conduit à Ou-Tchang-Fou.
2. Horrible prison dans laquelle il est jeté.
3. Il subit deux interrogatoires au tribunal des crimes.
4. Il comparait ensuite devant le président du tribunal civil.
5. Indignes traitements qu'il reçoit de la part de chrétiens apostats.
6. Sa prière dans la prison.
7. Cruauté du vice-roi de Ou-Tchang-Fou.
8. Le serviteur de Dieu est soumis par lui à d'horribles tortures, qu'il supporte avec une patience héroïque.
9. Après un mois d'intervalle, nouveaux interrogatoires, nouveaux supplices.
10. Touchant témoignage d'amour envers le crucifix.
11. Il refuse d'adorer une idole.
12. Scène de dérision dont il est l'objet.
13. Sa patience inaltérable au milieu des supplices le fait accuser de magie.
14. Dernier interrogatoire, ou le vice-roi épuise contre lui toute sa rage.
15. État auquel est réduit le généreux confesseur quand on le reporte dans sa prison.

1. Le voyage de Siang-Yang-Fou à Ou-Tchang-Fou fut long et pénible pour M. Perboyre et ses compagnons de captivité, la vierge Anna Kao et une dizaine d'autres, qui, grâce aux exemples et aux exhortations du serviteur de Dieu, avaient courageusement persévéré dans la confession de leur foi. Celui-ci, qui Savait parmi eux d'autre privilège que celui de recevoir de plus mauvais traitements, se distinguait aussi par une plus inaltérable constance, une patience plus héroïque. Il fut jeté dans une barque, les fers au cou, aux mains et aux pieds, ayant, par-devant, les bras attachés perpendiculairement à une barre de fer fixée à un collier du même métal, ce qui gênait tous ses mouvements. De plus, durant tout le trajet, aucune insulte, aucune cruauté ne lui fut épargnée ; et cependant toutes ces souffrances pouvaient être considérées comme légères auprès de celles qui l'attendaient au terme du voyage.

Arrivés à Ou-Tchang-Fou, les prisonniers furent présentés à un petit mandarin, qui prit leurs noms ; puis on les conduisit dans ces affreuses prisons où sont jetés les plus grands scélérats.

2. On se ferait difficilement une idée de tout ce que dut souffrir le serviteur de Dieu dans cet horrible séjour.

Là se trouvait réuni tout ce qui peut rendre une prison insupportable et lasser la patience la plus héroïque. La cupidité insatiable des geôliers les poussait à torturer les prisonniers avec des raffinements de barbarie, pour en obtenir de l'argent, ou pour contraindre les parents et les amis à contenter leur avarice. La nourriture était insuffisante et l'air imprégné de miasmes fétides.

Comme les détenus ne pouvaient jamais sortir un seul instant sous aucun prétexte, la prison devenait un véritable fumier, dont il fallait nuit et jour respirer l'infection. De cette corruption naissait une quantité incalculable d'insectes dégoûtants et de vermine immonde, qui dévoraient tout vivants les malheureux prisonniers et souillaient leurs vêtements. La nuit, pour rendre toute tentative d'évasion impossible, on leur enfermait un pied dans une espèce d'étau en bois fixé dans la muraille. Une mesure aussi inhumaine rendait bien plus dures encore les rigueurs de la captivité. Non seulement, en effet, la circulation du sang était ainsi gênée dans le membre devenu immobile et plongé dans un pénible engourdissement, mais encore le pauvre patient, privé de la liberté de ses mouvements, se trouvait par là même dans une situation des plus gênantes. Les suites de ce traitement furent telles pour M. Perboyre qu'une partie de son pied tomba en pourriture, et qu'un de ses orteils se desséctha entièrement. La patience inaltérable, avec laquelle il supporta ce supplice comme tous les autres, excita l'admiration et lui concilia l'affection de ses gardiens eux-mêmes, qui voulurent l'en dispenser. Mais, s'étant aperçu que c'était, pour les prisonniers dont il partageait le sort, une occasion de murmures et de propos inconvenants, le vénérable serviteur de Dieu demanda et obtint d'être traité comme les autres. Il reprit donc ses entraves qu'il endura joyeusement jusqu'à la mort, c'est-à-dire pendant les huit ou neuf mois qu'il passa dans cette espèce d'enfer. Mais ce que le vénérable serviteur de Dieu y trouvait de plus pénible, c'était la société de cette multitude de scélérats familiarisés avec tous les crimes, qui ne gardaient aucune retenue, ni dans leurs paroles, ni dans leurs actes ; dont la bouche ne s'ouvrait que pour vomir les propos les plus obscènes, ou des malédictions, des imprécations et des blasphèmes. C'était là, pour son âme religieuse, un supplice bien plus intolérable que tous ceux dont son corps était victime.

3. Il ne sortait de cet horrible séjour que pour paraître devant ses juges qui, dans la seule ville de Ou-Tchang-Fou, lui firent subir plus de vingt interrogatoires. Il comparut d'abord devant le tribunal des crimes. Après diverses questions semblables à celles qu'on lui avait déjà posées précédemment et auxquelles il fit les mêmes réponses, il reçut du mandarin l'ordre d'abjurer sa foi. Et comme il s'y refusait énergiquement, il fut mis à genoux, plusieurs heures durant, les jambes nues sur des chaînes de fer et des fragments de pots cassés. Pendant qu'il était dans cette position, vint à passer près de lui un autre confesseur de la foi, Stanislas Tem-Ting-Fou, traduit devant le même tribunal, et qui lui demanda l'absolution sacramentelle. M. Perboyre la lui donna aussitôt devant toute l'assemblée en traçant sur lui le signe de la croix, remplissant ainsi l'office de juge de miséricorde en face des magistrats iniques qui le traitaient avec tant de barbarie. Trois jours après, Stanislas mourait dans sa prison par suite des mauvais traitements endurés pour l'amour de Jésus-Christ. Ce ne fut point la seule fois qu'il fut donné au serviteur de Dieu d'exercer, dans des circonstances analogues, son ministère de paix et de réconciliation.

Peu de temps après ce premier interrogatoire, il comparut une seconde fois devant le même mandarin, qui insista de nouveau pour savoir quel motif l'avait amené en Chine, et qui traita de folies ses réponses pleines de sagesse.

4. On le conduisit alors devant le président du tribunal civil, qui lui posa encore les mêmes questions et donna ainsi au serviteur de Dieu une nouvelle occasion de confesser sa foi ; ce qu'il fit avec fermeté, refusant également de dénoncer les chrétiens et les prêtres dont on cherchait à connaître les noms et la demeure. Le mandarin le fit alors mettre à genoux, les jambes nues sur des chaînes de fer, les mains élevées et chargées d'une forte pièce de bois qu'il lui fallut soutenir ainsi depuis neuf heures du matin jusqu'au soir. Des satellites avaient ordre de le frapper rudement toutes les fois que, vaincu par la fatigue ou la souffrance, il laisserait fléchir ses bras, ou tomber cette pièce de bois. Cette nouvelle torture si longue et si horrible ne put cependant abattre le courage du généreux confesseur, qui la supporta avec la même patience et la même égalité d'âme.

5. Dans un nouvel interrogatoire, le même mandarin lui reprocha d'avoir trompé le peuple par ses supercheries et d'avoir ainsi attiré sur les chrétiens actuellement traduits à son tribunal tous les maux dont ils étaient accablés. Affectant alors envers ceux-ci une fausse pitié, il leur ordonna de renoncer à ces tromperies dont ils étaient victimes, et de châtier celui qui les avait ainsi induits en erreur, en le frappant et le maudissant, lui arrachant les cheveux et lui crachant au visage. Plusieurs de ces chrétiens se refusèrent à une pareille infamie et confessèrent généreusement leur foi.

Mais les autres, au nombre de cinq, eurent la lâcheté d'apostasier et d'obéir au tyran. Ces outrages, d'autant plus sensibles au serviteur de Dieu qu'ils lui étaient infligés par ses enfants et ses frères dans la foi, il les supporta cependant avec la même patience et la même douceur, sans adresser à personne aucun reproche, sans faire entendre la moindre plainte.

6. Rentré dans sa prison, il ne manquait jamais de remercier Dieu avec effusion des grâces qu'il venait de lui accorder, le conjurant de pardonner à ses bourreaux et de soutenir jusqu'au bout son courage. La prière était ainsi pour lui ce qu'est, pour une fleur, une douce et fraîche rosée qui relève sa tige languissante : il y puisait toujours une nouvelle force, qui le rendait capable de soutenir de nouveaux combats.

7. Cette force surnaturelle allait lui être bien nécessaire au tribunal du vice-roi, devant lequel il n'avait pas encore comparu, mais qui devait mettre sa patience à de rudes épreuves et lui préparer ainsi de bien beaux triomphes. Cet homme s'était fait dans tout l'Empire la réputation d'une cruauté féroce. À la vue des criminels qu'on lui amenait, il entrait dans des transports de fureur et les traitait avec une barbarie à peine croyable. Parfois même, emporté par la rage et oubliant ce qu'il devait à son rang et à sa dignité, il s'élançait de son siège, se précipitait sur les accusés, et de ses propres mains leur arrachait les yeux. Mais lorsqu'il avait affaire à des chrétiens, sa fureur ne connaissait plus de bornes ; il leur portait une haine infernale et avait juré de détruire leur religion dans toute la province.

8. Le serviteur de Dieu parut donc devant cet homme farouche, déclara qu'il était prêtre de la religion chrétienne et confessa de nouveau sa foi avec une dignité ferme et calme. Le vice-roi se fit alors apporter une image de la sainte Vierge très bien peinte, qui avait été enlevée aux missionnaires dans le pillage de leur résidence.

Puis il accusa le serviteur de Dieu d'avoir extrait les couleurs, dont on s'était servi pour peindre ce tableau, des yeux qu'il avait arrachés aux malades, et, pour le punir d'avoir répondu qu'il ne s'était jamais rendu coupable de pareil crime, il le fit demeurer pendant plusieurs heures suspendu par les cheveux.

Il serait impossible de décrire tous les raffinements de barbarie inventés par ce monstre pour lasser la patience du saint Missionnaire, le forcer à renier sa foi et lui faire dénoncer les prêtres et les chrétiens qu'il connaissait.

Dans une de ces horribles séances, on l'attacha par les mains à une espèce de croix, à laquelle il demeura suspendu depuis neuf heures du matin jusqu'au soir. Tantôt on le liait à une grande machine, qui l'élevait en l'air au moyen de cordes et de poulies et le laissait ensuite retomber à terre de tout son poids, de sorte que tout son corps en était comme brisé et ses membres disloqués.

Tantôt, pendant qu'il était à genoux sur des chaînes de fer et presque suspendu à un poteau par les cheveux, les bras en croix violemment tendus par une corde et liés à une pièce de bois, on plaçait sur ses mollets un soliveau aux extrémités duquel deux hommes se balançaient, ce qui causait au patient les plus affreuses tortures.

Afin de varier les épreuves, parfois on le faisait asseoir sur un siège assez élevé pour que ses pieds ne pussent toucher terre, et auquel on le fixait avec des cordes violemment serrées autour des cuisses ; puis on suspendait à ses pieds des pierres d'un poids énorme, ce qui lui occasionnait dans les genoux des douleurs intolérables. D'autres fois, au contraire, le siège sur lequel on le fixait de la même manière lui permettait de poser ses pieds à terre ; mais alors on lui faisait passer avec effort sous la plante des pieds de grosses pierres, qui lui causaient des douleurs non moins atroces. Dans une autre circonstance on grava sur son front, au moyen d'un fer rouge, les quatre caractères suivants : Sie-Kiao-Ho-Tchoun, qui signifient propagateur d'une secte abominable.

Après chacun de ces douloureux interrogatoires, le serviteur de Dieu était tellement affaibli dans son corps qu'il ne pouvait plus ni marcher ni se tenir debout, et qu'on était obligé de se servir d'une civière pour le porter dans sa prison. Mais au milieu de tant de supplices, il ne perdait rien de son calme ni de sa sérénité.

Non seulement on ne l'entendit jamais proférer une plainte ni pousser un cri de douleur, mais on voyait encore briller sur son visage la joie toute surnaturelle dont son âme était pleine.

Cependant, voyant l'épuisement de sa victime, le vice roi lui accorda une trêve d'un mois environ pour lui laisser reprendre quelques forces et pouvoir ensuite exercer sur lui plus longtemps sa rage insatiable.

9. Au bout de ce temps, le serviteur de Dieu comparut de nouveau devant son persécuteur, qui, l'ayant mis à la question, lui ordonna de dire quelle route il avait suivi pour pénétrer dans l'intérieur de la Chine, dans quelles maisons il s'était arrêté et quels étaient ceux qui avaient favorisé son entrée. Mais, ne pouvant obtenir un seul mot de réponse du charitable et prudent Missionnaire, il lui fit donner, d'une épaisse férule en cuir, quinze coups sur le visage. Puis il lui demanda par quel breuvage mystérieux il avait rendu insensibles à tous les tourments les chrétiens, que rien jusque-là n'avait pu déterminer à renier leur foi. Et comme le serviteur de Dieu répondit simplement qu'il ne leur avait donné aucun breuvage, dix nouveaux coups de la même férule sur la figure furent le prix de sa réponse.

Lui ayant ensuite demandé si la vierge Anna Kao n'était pas employée à son service, sur sa réponse négative, il le fit mettre à genoux sur des chaînes de fer, les mains attachées à un poteau, tandis qu'un des satellites, le saisissant par la queue de ses cheveux, l'agitait et le soulevait violemment. Au bout d'une heure de ce supplice, il lui présenta la boîte aux saintes huiles en lui disant :
« — N'est-ce pas là le breuvage dont vous vous servez pour fasciner les chrétiens et les empêcher de renoncer à leur religion ?
— Ceci n'est pas un breuvage, » répondit le confesseur ; et quarante coups de bambou sur les cuisses suivirent cette réponse.

10. Plusieurs fois, durant cet interrogatoire, le vice roi le somma de déclarer les noms et la demeure des prêtres, des catéchistes et des chrétiens ; et toujours il garda un profond silence. On le souffleta, on l'outragea indignement pour le forcer à parler ; on le mit à la torture, on le flagella de la manière la plus cruelle, mais rien ne put lui faire ouvrir la bouche. Un mandarin, cependant, lui ayant demandé s'il était chrétien, il répondit aussitôt : « Oui, je suis chrétien, je m'en fais gloire et honneur. » Ce mandarin alors fait apporter et placer devant lui un crucifix et lui dit : « Si tu veux fouler aux pieds ce Dieu que tu adores, je te rendrai la liberté. » À cette proposition impie, le confesseur s'écrie, les yeux remplis de larmes : « Eh ! comment pourrais-je faire cette injure à mon Dieu, mon Créateur et mon Sauveur ? » Et, se baissant péniblement, car son corps était tout meurtri, il saisit la sainte image, l'arrose de ses larmes, la presse sur son cœur, la colle à ses lèvres et la couvre des baisers les plus tendres et les plus affectueux. À cette vue un des satellites, inspiré par l'enfer, s'élance sur le serviteur de Dieu, lui arrache l'image sacrée du Sauveur et la souille d'une manière indigne.

Cette horrible profanation brise le cœur du chaste Missionnaire qui pousse un cri de douleur, montrant ainsi qu'il était plus sensible à une injure faite à son Dieu qu'à ses propres tourments. Cent dix coups de pant-sé (le pant-sé est un instrument de supplice usité en Chine et qui consiste en un long et gros bâton de bambou. Le patient est couché par terre sur la face, et on le frappe sur les reins avec ce bâton) furent la récompense de son admirable profession de foi.

11. Un autre mandarin, lui témoignant de la compassion, l'engagea doucement, en promettant de le sauver, à marcher seulement sur des croix que l'on avait fait peindre sur le parquet. « Je ne puis pas, » répondit simplement et avec fermeté le serviteur de Dieu. Et comme les satellites, sur l'ordre qu'ils en avaient reçu, le saisissaient pour le forcer à marcher sur ces croix, il s'écria à haute voix : « Je suis chrétien ; ce n'est pas moi, mais vous qui profanez ce signe auguste de notre rédemption. »

Le juge impie fit alors apporter une idole et promit au confesseur de lui rendre la liberté s'il voulait l'adorer.

Le généreux athlète répondit avec fermeté : « Vous pouvez, si vous voulez, me faire couper la tête, mais je ne consentirai jamais à adorer cette idole. »

12. À l'impiété et à la cruauté le mandarin voulut joindre la moquerie. Ayant fait apporter les ornements sacrés enlevés aux missionnaires, lors du pillage de leur résidence, il ordonna à M. Perboyre de s'en revêtir.

Celui-ci d'abord garda le silence et sembla réfléchir profondément ; puis, regardant le mandarin avec calme, il lui dit qu'il allait obéir. Sans doute, il venait de penser aux scènes de dérision auxquelles Notre-Seigneur avait bien voulu se prêter chez Hérode et au prétoire de Pilate, et il était heureux de boire après lui au calice des mêmes humiliations. À peine fut-il revêtu des ornements sacerdotaux, qu'il se fit aussitôt dans le tribunal une grande clameur. Juges et satellites, tous s'écrièrent : « Voilà le dieu Fô ! voilà le Fô vivant ! »

13. Quand, à l'exemple de son Maître, le serviteur de Dieu eut ainsi été rassasié d'opprobres, revenant aux saintes huiles et aux calomnies déjà si souvent répétées à ce sujet, le mandarin voulut l'obliger à s'avouer coupable des crimes qu'on lui imputait si faussement. Et comme il s'y refusait, il reçut encore quarante coups de bambou. Brisé par ce barbare traitement, les yeux éteints et fermés, comme il ne pouvait ni se lever, ni se tenir à genoux, les satellites, le saisissant par les cheveux, le relevèrent plusieurs fois, le laissant ensuite retomber à terre ; puis ils lui ouvrirent les yeux afin de le forcer à regarder le vice-roi, qui, de nouveau, lui demanda à combien de personnes il avait arraché les yeux. Il répondit encore qu'il n'était pas coupable de ce crime, et aussitôt il reçut dix nouveaux coups de bâton qu'il supporta avec une patience toujours aussi admirable. Le vice-roi, étonné et ne pouvant comprendre qu'un homme endurât tant de souffrances avec un si grand calme, commença à soupçonner qu'il avait quelque secret pour se rendre insensible. Dix autres coups n'ayant pu altérer la tranquillité du patient, il lui posa de nouvelles questions qui demeurèrent sans réponse, soit que le serviteur de Dieu ne pût parler, soit qu'il regardât comme inutile de réfuter si souvent les mêmes calomnies. Irrité de son silence, le vice-roi ordonna à ses satellites de lui donner encore quinze coups de bâton ; et comme sa victime demeurait toujours muette, il lui dit : « Quoi ! je te fais frapper, et tu ne réponds pas ? » Ce silence héroïque le confirma dans la pensée qu'il avait sur lui quelque objet dont la vertu secrète enlevait le sentiment de la souffrance, et, pour le découvrir, il le fit dépouiller de tous ses vêtements. Un bandage, que, par suite d'une infirmité, le serviteur de Dieu était obligé de porter depuis plusieurs années, parut au tyran être le magique talisman qu'il cherchait. Aussitôt, malgré les protestations du serviteur de Dieu et l'évidence de son infirmité, il lui fit sans pitié arracher son appareil, et, pour détruire le prétendu charme, il usa d'un spécifique fort accrédité dans les superstitions chinoises : il fit égorger un chien dont il força le confesseur à boire le sang tout fumant, après qu'on lui en eût frotté la tête. Enfin, comme pour apposer sa signature à tant de cruautés, il fit imprimer sur les jambes du patient son sceau de mandarin.

14. Après un si long et si terrible interrogatoire, on rapporta dans sa prison le serviteur de Dieu, qui paraissait n'avoir plus qu'un souffle de vie. Cependant, dès le lendemain, on le ramena au tribunal pour lui faire subir des épreuves encore plus cruelles. Le vice-roi, furieux de n'avoir pu le réduire la veille, lui pose de nouveau les mêmes questions, en assurant qu'il le forcera bien à avouer tous ses crimes. Le serviteur de Dieu répond qu'il n'a rien à ajouter à ce qu'il a déjà dit. Aussitôt, sur un signe du mandarin, on le dépouille, on le fait coucher par terre et on lui applique sur le dos dix coups de bâton. Le mandarin répète ensuite ses calomnies contre le saint Missionnaire et lui adresse une foule de questions insidieuses qui demeurent sans réponse. Il lui fait alors donner dix nouveaux coups, en disant qu'il désirait en vain mourir promptement ; qu'il saurait bien le torturer encore fort longtemps, chaque jour, par de nouveaux supplices, et qu'il n'aurait la mort qu'après avoir épuisé les souffrances des plus atroces tourments.

Cela dit, il ordonne de le suspendre au chevalet, sur lequel les bourreaux le torturent pendant une heure. On l'en dépose, presque mort, aux pieds du vice-roi, qui l'insulte et lui demande ironiquement s'il se trouve bien, pendant que les satellites lui ouvrent les yeux pour l'obliger à regarder son persécuteur.

Cependant le tyran n'est point satisfait. Il veut à tout prix triompher de la constance du martyr, et le presse vivement de donner une réponse satisfaisante aux questions qu'il lui a posées, et de s'avouer coupable des crimes qu'on lui impute. Mais il ne peut obtenir de réponse.

Exaspéré de ce silence, il fait cruellement accabler de coups le saint Missionnaire, dont ni le bâton ni la férule ne peuvent vaincre l'héroïque fermeté. On raconte qu'à la vue de cette constance invincible le vice-roi, ne se possédant plus de rage, et croyant que les bourreaux ne frappaient pas avec assez de force, s'élança de son siège, et, s'armant lui-même de l'instrument meurtrier, déchargea sur sa victime des coups si terribles et si multipliés que les spectateurs regardèrent sa mort comme infaillible et imminente. Cet acte de férocité indigna les païens eux-mêmes : tous, mandarins et satellites, protestèrent contre une pareille cruauté envers un homme qu'on n'avait pu convaincre d'aucun crime, et dont ils ne pouvaient s'empêcher d'admirer la patience et la douceur.

15. On reporta alors dans sa prison, presque expirant, le saint confesseur, qui, de l'aveu des satellites, avait reçu ce jour-là plus de deux cents coups. Les gardiens, en le recevant, voyant dans quel état il était, se sentirent émus de compassion ; et, pour que ses habits tout trempés de sang ne se collassent point aux chairs meurtries, ils s'empressèrent de les lui ôter et de les laver. Le catéchiste André Fong, qui le vit dans sa prison lorsqu'on le dépouillait de ses vêtements, a déclaré que son visage était enflé d'une manière prodigieuse ; que ses chairs étaient tellement meurtries et labourées par les coups, que des morceaux pendaient çà et là, et que d'énormes lambeaux en avaient été enlevés ; qu'enfin ses membres ne formaient plus qu'une plaie, et que, semblable à notre divin Sauveur dans sa passion, il n'avait plus même l'apparence d'un homme. Mais, dans un corps ainsi broyé et mis en pièces, l'âme du saint confesseur, soutenue par la vertu divine, supportait toutes ces souffrances avec une admirable sérénité, et son regard, rayonnant à travers les meurtrissures de son visage, montrait combien il s'estimait heureux d'avoir été jugé digne de souffrir quelque chose pour le nom de Jésus.

Aussi, quand le catéchiste Fong rentra dans la prison, il trouva le serviteur de Dieu à genoux et en prière.

CHAPITRE IX

MORT DU VÉNÉRABLE SERVITEUR DE DIEU
(11 SEPTEMBRE 1840)

1. Energique résistance qu'il oppose aux derniers efforts tentés par le vice-roi pour le faire apostasier.
2. Il attend huit mois dans sa prison que sa sentence de mort soit ratifiée par l'empereur.
3. Il peut se confesser et donner de ses nouvelles à ses confrères.
4. Adoucissements apportés aux rigueurs de sa captivité.
5. Il ne peut recevoir la Sainte-Communion.
6. Admiration qu'il inspire aux criminels qui partagent sa prison.
7. Sainte joie que lui causent ses souffrances.
8. La ratification impériale à peine arrivée, il est sur-le-champ conduit au supplice.
9. Ses derniers moments ; son glorieux martyre.
10. Son corps devient aussitôt un objet d'étonnement et d'admiration.
11. Pieuse supercherie dont on use pour obtenir ses restes précieux et leur rendre les derniers devoirs.
12. Il est enseveli auprès du vénérable Clet.

1. On était arrivé au milieu du mois de janvier 1840, et les juges du vénérable confesseur, vaincus par son invincible patience, résolurent de cesser une lutte qui était si peu à leur avantage.

Le vice-roi, cependant, avant de prononcer la sentence, voulut tenter un nouvel effort pour faire apostasier le serviteur de Dieu et les autres chrétiens qui, à son exemple, avaient généreusement persévéré dans leur confession de foi. « Nous ayant fait amener devant son tribunal, dit l'un d'entre eux, il nous tint ce langage : « Votre sentence va être prononcée. Toi, Tong-Ouen-Sio (nom chinois de M. Perboyre), tu dois être étranglé ; et vous, qui n'avez cessé de résister aux ordres de vos supérieurs et n'avez point voulu apostasier, vous allez être envoyés en exil. Je veux

cependant encore essayer de vous sauver : reniez votre foi, et aussitôt vous serez libres, sinon, vous aurez le châtiment que vous méritez. » Le vénérable serviteur de Dieu répondit le premier : « Plutôt mourir que de renier la foi. »
Et nous fîmes tous la même réponse. Le vice-roi irrité de notre constance ajouta : « Vous ne voulez donc point renoncer à vos erreurs ? Eh bien ! signez votre propre condamnation, en traçant de votre main, sur cette feuille, le signe de la croix. » Aussitôt le vénérable serviteur de Dieu, prenant le pinceau chinois qu'on lui présentait, peignit une croix sur cette feuille, et nous en fîmes tous autant. »

2. Cependant, comme une sentence capitale ne pouvait recevoir son exécution qu'après avoir été ratifiée par l'empereur, M. Perboyre dut attendre encore huit mois les ordres de Péking. On a peine à comprendre comment il put survivre si longtemps à tant de supplices, le corps déchiré, les chairs en lambeaux, les os mis à découvert, dans l'antre immonde qui lui servait de prison et où, incapable de s'asseoir ou de se tenir debout, il devait presque toujours demeurer couché.

Cependant la consigne sévère, qui avait jusque-là rigoureusement interdit au serviteur de Dieu toute communication avec le dehors, fut un peu relâchée, et quelques chrétiens purent arriver jusqu'à lui. M. Perboyre en profita pour demander à l'un de ses premiers visiteurs, qu'on lui amenât un prêtre, de qui il pût recevoir les secours de la religion. Cette consolation lui fut accordée, et l'un de ses confrères chinois, M. Yang, pu pénétrer dans sa prison. Mais en y entrant, quel spectacle s'offrit à ses regards ! À la vue du généreux confesseur gisant à terre à demi-mort, les membres déchirés et couverts de plaies livides, il ne put retenir ses larmes, et ce n'est qu'à grand'peine qu'il lui fut enfin possible de maîtriser son émotion et de prononcer quelques paroles.

3. Le serviteur de Dieu profita de cette courte entrevue pour se confesser et pour donner de ses nouvelles à ses confrères, dans une petite lettre écrite en latin et tachée du sang qui coulait de ses mains. Voici ce qu'il leur écrivait : « Les circonstances du lieu et du temps ne me permettent pas de vous donner de longs détails sur ma position : vous les connaîtrez abondamment par d'autres voies. Lorsque je fus arrivé à Kou-Tchen-Kieng, j'y fus traité avec assez d'humanité pendant tout le temps que j'y restai, malgré que j'y eusse subi deux interrogatoires, à l'un desquels je fus obligé de rester, pendant toute une demi-journée, les genoux nus sur des chaînes de fer, et suspendu à la machine *hant-sé* (On appelle ainsi une machine placée au-dessus de la tête du patient, et à laquelle sont attachés les deux pouces réunis des deux mains et la queue des cheveux de la tête. Ainsi suspendu, et ayant les genoux nus sur des chaines de fer, il lui est impossible de faire le moindre mouvement sans éprouver de cruelles souffrances).

À Ou-Tchang-Fou, j'ai subi plus de vingt interrogatoires, et dans presque tous, j'ai souffert diverses tortures, parce que je ne voulais pas dire ce que les mandarins voulaient savoir (Ce que les mandarins voulaient savoir, c'étaient les noms et la demeure des chrétiens, des catéchistes et des missionnaires) Si je l'eusse dit, certainement il se serait allumé aussitôt une persécution générale dans tout l'empire.

Cependant, ce que j'ai souffert à Sang-Yang-Fou était directement pour la cause de la religion. À Ou-Tchang-Fou, j'ai reçu cent dix coups de pant-sé, parce que je n'ai pas voulu fouler aux pieds la croix. Plus tard, vous apprendrez d'autres circonstances. De vingt chrétiens environ qui furent pris et traduits avec moi, les deux tiers ont apostasié publiquement. »

4. À partir de cette époque, le confesseur de la foi fut souvent visité par les chrétiens, et particulièrement par le catéchiste André Fong, qui lui rendit de nombreux services. Il fut même soigné avec beaucoup de dévouement par un médecin païen qui, frappé de sa patience et de sa douceur, lui témoignait beaucoup d'intérêt. Il put aussi recevoir des habits, une couverture et un matelas, ce qui adoucit un peu les rigueurs de sa captivité.

5. Il était cependant une nourriture après laquelle il soupirait avec d'autant plus d'ardeur qu'il en était privé depuis plusieurs mois : c'était la divine Eucharistie. Mais ce pain céleste ne pouvait arriver jusqu'à lui sans être exposé à des profanations ; car, dans la crainte qu'on ne l'empoisonnât pour le soustraire à l'exécution qui l'attendait, ses gardiens avaient ordre de goûter tout ce qu'on lui apporterait. Il lui fallut donc renoncer à cette consolation, et cette privation ne fut pas la moindre de toutes celles qu'il eut à endurer dans sa prison.

6. Ses compagnons de captivité, infâmes scélérats, dont les cœurs endurcis par le crime étaient peu accessibles aux sentiments nobles et généreux, ne purent cependant échapper au charme qu'exerçait, sur tous ceux qui rapprochaient, le serviteur de Dieu. Chaque jour témoins d'une si sainte vie, et en particulier de sa parfaite modestie, ils ne purent s'empêcher d'admirer tant de vertus.

Éprouvant pour lui des sentiments d'estime et de respect, qui pour la première fois peut-être trouvaient accès dans leur âme, ils le plaignaient tout haut et ne craignaient pas de dire qu'il méritait une condition meilleure.

7. Quant à lui, bien loin de considérer son état comme digne de compassion, il ne pouvait assez se féliciter de son bonheur, et les souffrances qui remplissaient ses jours et ses nuits avaient pour lui un charme secret ; car il savait qu'elles le rendaient de plus en plus conforme à son divin modèle. Et s'il désirait encore quelque chose, c'était, comme le grand Apôtre, de voir enfin briser les liens qui le retenaient ici-bas loin de l'objet de tout son amour, *desiderium habens dissolvi et esse cum Christo*. (Phil., 1, 23.)

8. Cependant le moment approchait où ce désir allait être réalisé. Le 11 septembre 1840, un courrier impérial apporta l'édit qui ratifiait la sentence de mort, et qui, suivant l'usage établi en Chine, devait sur-le-champ recevoir son exécution. Aussitôt donc, et sans que le jugement eût été rendu public, on enleva de sa prison, comme à l'improviste, le serviteur de Dieu pour le mener au supplice. C'était un Vendredi ; et, par une disposition providentielle, qui devait lui donner un nouveau trait de ressemblance avec son divin Maître, on voulut rendre son exécution plus ignominieuse en le conduisant à la mort avec cinq malfaiteurs : *et cumsceleratis feputatus est* (Is., LIII, 12).

Le jugement néanmoins, on ne sait trop pourquoi, n'avait pas été rendu public, ce qui explique comment les chrétiens, n'en étant pas instruits, n'assistèrent pas au supplice. Il n'y en eut qu'un seul qui se trouva par hasard sur le passage du cortège, et qui fut témoin du martyre. C'est à lui que l'on doit les détails qui suivent.

Le vénérable serviteur de Dieu marchait nu-pieds et n'ayant d'autre vêtement qu'un caleçon recouvert de la robe rouge des condamnés. Ses mains étaient liées derrière le dos et tenaient une longue perche, au bout de laquelle flottait un drapeau portant écrite la sentence de mort prononcée contre lui : *et imposuerunt super caput ejus causant ipsius scriptam* (Matth., xxvii, 3j). Mais, chose étonnante, il avait recouvré toutes ses forces, ses plaies ne paraissaient plus, et sa chair était devenue pure et nette comme celle d'un enfant. Son visage, brillant d'une beauté et d'un éclat tout surnaturels, respirait une sainte joie, et ses lèvres à demi-voix murmuraient des prières.

Il est d'usage en Chine de mener les criminels au supplice avec précipitation et au pas de course. Chacun des condamnés est accompagné de deux satellites qui l'emportent plutôt qu'ils ne le conduisent. Cette marche accélérée, jointe au roulement des cymbales, donne aux exécutions capitales un caractère de terreur qui frappe les Chinois d'épouvante. C'est de la sorte que le saint confesseur parvint au lieu où il devait consommer son sacrifice. Les païens, avertis par le bruit des cymbales, y étaient accourus en foule ; mais, sachant la patience et la douceur que le serviteur de Dieu avait montrées dans son horrible prison et au milieu des tortures devant les tribunaux, ils murmuraient de ce qu'on allait mettre à mort un homme égal aux dieux, disaient-ils, par sa bonté.

9. En attendant que le moment de son supplice arrivât, il se mit à genoux pour prier, et les païens furent émus en voyant son attitude calme et recueillie. Le chrétien qui se trouvait là, obligé de mettre les mains devant son visage pour cacher ses larmes, les entendit s'écrier : « Voilà l'Européen qui se met à genoux et qui prie. »

Enfin, lorsque les cinq criminels qui l'avaient accompagné eurent été décapités, ce fut le tour du serviteur de Dieu, dont le supplice devait être plus long et plus douloureux. Le bourreau commença par le dépouiller de la robe rouge qu'on lui avait mise, ne lui laissant que son caleçon ; puis il l'attacha au gibet qui avait la forme d'une croix. Ses deux mains, ramenées sur le dos, furent liées à la pièce transversale, et ses deux pieds repliés par derrière lui donnaient l'attitude d'un homme à genoux, à cinq ou six pouces au-dessus de terre. L'exécuteur lui mit alors au cou la corde qui devait l'étrangler, et un bâton, qui en tenait les extrémités, lui servit à produire la fatale torsion. Mais, comme pour mieux faire sentir à sa victime les horreurs de la mort, en lui donnant le temps de se reconnaître, il tordit la corde deux fois, avant de donner enfin à la troisième la pression décisive. Le corps paraissant pourtant conserver encore quelque reste de vie, un satellite se chargea de le lui arracher, en lui portant, avec le pied, un rude coup dans le bas ventre. Cette circonstance rappelle involontairement la lance du soldat qui ouvrit le côté du Sauveur, et rend plus frappante encore la ressemblance que l'on a déjà remarquée entre la Passion du Maître et celle de son fidèle disciple. Comme Jésus-Christ, trahi par un des siens, traîné de tribunal en tribunal, et soumis à toutes sortes de souffrances et d'humiliations, sans laisser jamais échapper aucune plainte, M. Perboyre est injustement condamné à mort, conduit au supplice avec d'infâmes scélérats, traité plus cruellement qu'eux, et enfin attaché un vendredi à une croix, sur laquelle il rend à Dieu sa belle âme. Oh ! nous n'en doutons point, généreux athlète, saint martyr, qui avez si courageusement confessé Jésus-Christ au milieu des supplices, et répandu votre sang pour son amour, vous n'avez partagé ici-bas sa vie souffrante et humiliée, que pour partager ensuite dans le ciel son glorieux triomphe, *si compatimur, ut et conglorificemur !* (Rom., VIII, 17).

10. Cette conviction s'imposait alors déjà à tous ceux qui l'avaient connu durant sa vie, qui avaient été témoins de sa constance au milieu des tourments, et qui virent les choses extraordinaires par lesquelles il plut à Dieu de glorifier son serviteur, dès qu'il eut rendu le dernier soupir. Son corps, en effet, devint aussitôt un objet d'étonnement et d'admiration. Loin de présenter l'aspect horrible qu'offrent les cadavres des suppliciés lorsqu'ils ont subi ce genre de mort, il resplendissait d'une beauté extraordinaire et bien supérieure à celle qu'il avait de son vivant. Son visage n'était point livide, mais frais et vermeil, ses yeux, au lieu de sortir de leur orbite d'une manière effrayante, étaient modestement baissés. La langue ne sortait pas hors de la bouche qui était fermée, et dont les lèvres semblaient sourire. Enfin, ses membres ne portaient plus aucune trace des cruels traitements qu'on lui avait fait subir. Bien plus, sa tête était entourée d'une lumineuse auréole, dont l'éclat resplendissant fut aperçu par un grand nombre de témoins.

Un païen fut tellement frappé de faits si merveilleux, qu'aussitôt il se convertit au christianisme.

11. Ce prodige put d'autant plus facilement être constaté que, d'après les ordres du vice-roi, le saint corps dut rester jusqu'au lendemain exposé sur le gibet. Les chrétiens profitèrent de cet intervalle pour racheter des satellites les vêtements du martyr, et surtout sa précieuse dépouille. Pour obtenir celle-ci, sans compromettre personne, il fallut recourir à une pieuse supercherie, à laquelle ceux qui étaient chargés de l'ensevelir, gagnés à prix d'argent, consentirent à se prêter. Chargés du riche fardeau dont il connaissaient si peu le prix, en se rendant au lieu désigné pour la sépulture, ils passèrent par un chemin écarté et s'arrêtèrent, sous quelque prétexte, devant une maison qui leur avait été indiquée.

Là, ils trouvèrent un cercueil rempli de terre, qu'ils s'empressèrent d'emporter, laissant en échange celui qui contenait les restes du vénérable serviteur de Dieu. Les chrétiens aussitôt lavèrent avec respect et amour ces membres qui avaient tant souffert pour Jésus-Christ, et les revêtirent de riches et magnifiques vêtements, qu'ils avaient passé toute la nuit précédente à confectionner.

12. Puis, ayant rendu au saint corps les derniers devoirs, ils l'ensevelirent honorablement sur le versant de la montagne Rouge, à côté d'un frère d'armes qui l'avait précédé, à vingt ans de distance, dans la glorieuse carrière du martyre. On se souvient comment, à son premier passage à Ou-Tchang-Fou, lorsqu'il se rendit à sa mission du Ho-Nan, M. Perboyre aurait voulu pouvoir visiter et saluer cette tombe. La Providence alors ne le lui permit point, se réservant d'unir après la mort, dans le ciel, les âmes des deux martyrs, et sur la terre, dans un même tombeau, leurs glorieuses dépouilles. C'est ainsi que la mort réunit en effet les deux vénérables serviteurs de Dieu, Jean-François-Régis Clet et Jean-Gabriel Perboyre, qui avaient eu dans leur vie tant de traits de ressemblance, et que leurs vertus avaient rendus si aimables à Dieu, aux anges et aux hommes : *Amabiles in vitâ suâ, in morte quoque non sunt divisi.* (II Reg., I, 23).

Un pèlerin qui, un an après, avait le bonheur de prier sur cette tombe, écrivait : « On ne voit pas de marbre ciselé sur la terre qui recouvre les ossements des deux glorieux enfants de saint Vincent de Paul ; mais Dieu semble s'être chargé lui-même des frais du mausolée.

Des plantes rampantes et épineuses, assez semblables par la forme à l'acacia d'Europe, croissent naturellement sur les deux tombes. Au-dessus de ce tapis de ver- dure, surgissent à profusion des mimosas remarquables de fraîcheur et d'élégance. En voyant toutes ces brillantes corolles s'échapper à travers un épais tissu d'épines, on pense involontairement à la gloire dont sont couronnées dans le ciel les souffrances des martyrs. »

CHAPITRE X

VÉNÉRATION DONT M. PERBOYRE EST L'OBJET APRES SA MORT, ET FAITS EXTRAORDINAIRES QUI SEMBLENT L'AUTORISER (1840-1885)

1. Vénération inspirée par M. Perboyre déjà de son vivant, et qui devint après sa mort comme un véritable culte.
2. Apparition d'une croix lumineuse.
3. Le serviteur de Dieu apparaît lui-même à un païen qui se convertit.
4. Guérison extraordinaire de la sœur Antoinette Vincent, à Constantinople.
5. Autre guérison non moins extraordinaire de la sœur Marguerite Bouyssié, à la Maison-Mère des Filles de la Charité, à Paris.
6. Châtiment dont la justice de Dieu frappe les persécuteurs de M. Perboyre.
7. Translation de ses précieuses dépouilles dans la Maison-Mère de la Congrégation de la Mission, à Paris.
8. Espérance d'une prochaine béatification.

1. De son vivant déjà, et avant même d'avoir souffert tant de tourments pour le nom de Jésus-Christ, M. Perboyre inspirait à tous ceux qui l'approchaient une véritable vénération. L'on a même souvent entendu dire au P. Rizzolati, ce missionnaire capucin qui se trouvait de passage à la résidence de Tcha-Yuen-Keou lorsque éclata la persécution, et qui devint depuis vicaire apostolique du Hou-kouang : « Quand même M. Perboyre n'eût point remporté la palme du martyre, ses vertus héroïques lui auraient mérité de monter sur les autels. »

Mais lorsqu'il eut si courageusement confessé sa foi et qu'une mort si précieuse aux yeux du Seigneur eut couronné ses glorieux combats, cette vénération se changea en une espèce de culte. Dieu lui-même sembla du reste l'autoriser par des faits extraordinaires, qu'il ne nous appartient point de caractériser, mais qui paraissent porter tous les signes d'une intervention surnaturelle. Leur nombre est fort considérable, et nous devrons nous contenter d'en rapporter ici seulement quelques-uns.

2. C'est d'abord l'apparition d'une croix lumineuse qu'un missionnaire de Chine raconte en ces termes : « Quand M. Perboyre fut martyrisé, une croix grande, lumineuse et très régulièrement dessinée apparut dans les cieux. Elle fut aperçue par un grand nombre de fidèles habitant diverses chrétientés très distantes les unes des autres. Beaucoup de païens furent aussi témoins de ce prodige, et quelques-uns s'écrièrent : « Voilà le signe qu'adorent les chrétiens, je renonce aux idoles, je veux servir le Maître du Ciel. » Ils ont en effet embrassé le christianisme, et Mgr Clauzetto leur a administré le baptême. Quand Monseigneur apprit les faits que je viens de rapporter, il n'y ajouta pas d'abord grande foi. Mais depuis, frappé du nombre, de l'importance des témoignages, il a fait une enquête dans les formes, d'où il constate : qu'une croix grande, lumineuse et bien formée a apparu dans les cieux ; qu'elle a été vue à la même époque, de même forme, de même grandeur, et sur le même point du ciel, par un grand nombre de témoins chrétiens et païens ; que ces témoins habitaient des districts très éloignés les uns des autres, et qu'ils n'avaient pu avoir ensemble aucune communication. Monseigneur a de plus interrogé les chrétiens qui avaient connu M. Perboyre, et tous ont déclaré qu'ils l'avaient toujours regardé comme un grand saint. »

3. Le serviteur de Dieu apparut lui-même après sa mort à diverses personnes dont le témoignage ne peut être révoqué en doute. Une fois même il se montra à un païen : à ce païen bienfaisant nommé Lieu-Kioun-Lin, qui, l'on s'en souvient, l'avait à ses frais fait porter en litière, du marché de Kouang-In-Tam à la ville de Kou-Tchen-Kieng. Voici comment il sut lui payer avec usure sa dette de reconnaissance : Lieu-Kioun-Lin, étant tombé malade quelques années après la mort du serviteur de Dieu, se vit bientôt conduit aux portes du tombeau.

Pendant qu'on désespérait de sa vie, et que lui-même était tout absorbé par les pensées les plus désolantes, M. Perboyre lui apparut au haut d'une échelle de couleur rouge, en ayant tout auprès une autre de couleur blanche, par laquelle il invitait le malade à venir le rejoindre. Il lui disait : « Vous souffrez beaucoup, n'est-ce pas, là où vous êtes ? Eh bien ! venez où je suis, en montant par cette échelle blanche, et vous serez heureux. » Le malade alors essaya de monter ; mais comme le démon, sous la forme d'un monstre horrible, s'efforçait de l'en empêcher, il prononça le saint nom de Jésus, dont il connaissait par les chrétiens toute la vertu, et aussitôt la vision disparut. Se rappelant alors toutes les circonstances de l'apparition, ainsi que les exhortations réitérées par lesquelles, de son vivant, le vénérable serviteur de Dieu s'était efforcé d'ouvrir ses yeux à la lumière, il déclara devant tous les siens, et à leur grande surprise, qu'il voulait se faire chrétien. Puis il fit venir un catéchiste qui, le trouvant suffisamment instruit, lui donna le baptême ; et quelques jours après il rendait pieusement à Dieu son âme régénérée.

4. Voici, dans un autre ordre de choses, un fait non moins extraordinaire, une guérison que plusieurs médecins ont déclarée miraculeuse.

Il y avait à Constantinople, dans une maison de Filles de la Charité, une sœur nommée Antoinette Vincent, qui était appliquée à faire la classe aux enfants. Tout le monde l'aimait, tant pour sa bonté et sa douceur à toute épreuve qu'à cause du dévouement sans bornes avec lequel elle s'acquittait de son emploi. Aussi ce fut une douleur universelle quand on apprit qu'elle était tombée malade.

L'indisposition dont elle souffrait était déjà de date assez ancienne. Une douleur aiguë par intervalles se faisait sentir au côté, et ne semblait disparaître à certains moments que pour reparaître peu de temps après avec plus de violence. Neuf ans s'étaient écoulés dans ces alternatives quand, au mois de décembre 1841, les douleurs devinrent plus fortes et plus constantes, sans laisser à la patiente un instant de répit. La sœur, pleine de courage et de vertu, continua encore trois semaines entières à faire sa classe, au milieu des plus affreuses souffrances. Mais, vaincue enfin par le mal, elle dut se résigner à se mettre au lit, et ce fut seulement alors que l'on découvrit le véritable caractère de la maladie. C'était un abcès intérieur qui, après plusieurs années d'une formation lente et progressive, venait de se percer, et, par la gangrène qui dès lors était inévitable, mettait dans un danger imminent les jours de la malade. C'est ce que constatèrent les médecins, suivant le témoignage de sa Supérieure : « La sœur Antoinette, dit-elle, ayant été condamnée par plusieurs médecins, nous en appelâmes d'autres qui décidèrent, en ma présence et à l'unanimité, que l'abcès qui s'était formé au côté gauche avait ulcéré la rate et occasionné un tel désordre dans la région du cœur, que son existence ne pouvait se prolonger que de quelques jours. Ils ne voulurent même pas apposer leur signature à la consultation, disant que ce serait signer un extrait mortuaire. » L'un d'eux eut le courage vraiment chrétien d'avertir la malade et dit en lui montrant le crucifix : « Voilà Celui qui seul, à défaut de la science impuissante, peut vous rendre la santé. » La sœur Antoinette reçut alors dans d'admirables dispositions les derniers sacrements et l'indulgence de la bonne mort, et l'on s'attendait à chaque instant à lui voir rendre le dernier soupir.

Cependant on n'avait pas attendu la parole du médecin pour recourir aux moyens surnaturels, et déjà deux neuvaines de prières au vénérable Jean-Gabriel Perboyre avaient été commencées à deux jours d'intervalle, l'une par les sœurs de la malade, et l'autre par les enfants auxquelles elle faisait la classe. Celles-ci y mettaient une si grande ferveur que, joignant le sacrifice à la prière, elles allaient jusqu'à se priver des petites douceurs auxquelles on tient tant à cet âge, pour pouvoir acheter les cierges de la neuvaine.

On était au vendredi soir 21 janvier 1842, cinquième jour de la neuvaine des sœurs et troisième de celle des enfants ; et la malade baissait de plus en plus. Le râle qui venait de commencer, la couleur terreuse de son visage, l'odeur de cadavre que déjà elle exhalait, tout annonçait qu'elle n'avait plus que quelques heures à vivre, quand tout à coup elle s'endormit profondément d'un sommeil doux et paisible qui dura trois heures.

À son réveil, il était minuit : se sentant soulagée et fortifiée, elle s'assit sur son lit, et palpa son côté, où elle ne ressentait plus aucune douleur. Elle essaya alors de prendre de la nourriture, du bouillon, du raisin, des quartiers d'orange, qui se trouvaient à sa portée : tout lui paraissait d'un goût excellent. Elle se doutait bien que quelque chose d'extraordinaire s'était opéré en elle ; mais, craignant d'être le jouet de son imagination, elle n'osait y croire, encore moins le dire. Elle s'était du reste si bien faite à l'idée de la mort, l'avait acceptée si généreusement et même avec tant de joie, qu'il lui en coûtait de voir se prolonger son exil, et qu'elle préférait se croire victime d'une illusion.

Les témoins de cette scène n'osaient non plus croire à une guérison : « Nous nous aperçûmes bien, dit sa Supérieure, que sa respiration et tous les traits de son visage avaient repris leur état naturel ; les marques de gangrène ne paraissaient plus, et l'odeur infecte qu'elle répandait avait disparu. Mais nous n'osions nous fier à ces symptômes consolants, beaucoup de malades ayant de ces faux mieux avant de mourir. »

Bientôt cependant aucun doute ne fut plus possible.

Le matin étant venu, elle voulut se lever ; en ayant obtenu la permission, elle s'habilla toute seule, fit son lit, monta sans aucun appui les trois étages qui la séparaient de la chapelle, et après avoir remercié Notre-Seigneur de ce qu'il avait bien voulu faire pour elle, elle alla visiter une de ses compagnes malade. La Supérieure, les sœurs, les enfants, tout le monde était dans l'admiration. Le médecin de la maison n'était pas moins surpris, mais avant de se prononcer sur un fait si étrange il voulut examiner la malade.

Ayant donc palpé le siège du mal, il déclara qu'il ne restait plus à la vérité qu'une partie de la rate, mais que la plaie était entièrement cicatrisée et la guérison parfaite, ce qui ne pouvait s'expliquer que par un miracle.

Les autres médecins consultants, parmi lesquels se trouvait un juif, furent tous du même avis ; l'un d'eux même refusa de toucher ses honoraires, disant qu'il se reprocherait comme une injustice de se faire payer pour une œuvre dont Dieu seul était l'auteur.

5. Une autre Fille de la Charité fut, à Paris, vers la même époque, l'objet d'une guérison tout aussi remarquable. Elle se nommait Marguerite Bouyssié et était, en 1841, âgée de vingt et un ans. « D'une santé faible, dit le médecin de la Maison-Mère, qui la soigna, le docteur J. Ratheau, d'un tempérament lymphatique, ayant eu plusieurs maladies et surtout une assez grave à l'hôpital où elle faisait son postulat pour être Fille de la Charité, elle fut prise, le 2 avril, d'une pleuro-pneumonie très forte. Malgré les saignées, soit générales, soit locales, et les boissons adoucissantes, le mal s'aggrava tellement qu'on fut obligé de l'administrer. Cependant, petit à petit, les accidents diminuèrent d'intensité, et elle revint à une quasi convalescence ; alors on lui conseilla l'air de la campagne, qui ne lui fit aucun bien ».

C'est à cette époque, c'est-à-dire dans les premiers jours d'août, qu'elle quitta l'hôpital où elle postulait pour aller à la Maison-Mère faire son noviciat. C'est alors aussi que le docteur Ratheau commença à lui donner des soins.

« Le diagnostic, dit-il, fut facile à établir. Nous vîmes que nous avions affaire à une pleuro-pneumonie mal jugée par un engorgement du poumon et par un épanchement de pus qui occupait près des trois quarts de la cavité de la plèvre gauche, et sur un sujet dont la poitrine était mauvaise et même menacée de tubercules au sommet des poumons, s'il n'en existait pas déjà.

Ajoutons à cela l'état général de la malade, et notre pronostic ne put être que fâcheux.

« Cependant nous conseillâmes tous les moyens employés par l'art : exutoires sur le côté malade, diurétiques calmants, action générale sur la peau par les bains. Aucun moyen intérieur ni extérieur ne fut supporté ; par conséquent aucun effet ne fut produit. La malade s'affaiblissait de jour en jour ; on se décida à lui faire prendre l'air de la campagne à quelques lieues de Paris ; j'y consentis. Elle partit le 16 août, mais son état s'aggrava encore : les vomissements redoublèrent.

« On la ramena à Paris quatre jours après son départ, ne voulant pas, disait-elle, mourir autre part que dans sa maison. Les symptômes continuèrent ainsi jusqu'au 22 août, jour où elle désira faire une neuvaine pour invoquer l'entremise d'un nouveau confesseur de la foi martyrisé en Chine (M. Jean-Gabriel Perboyre).

« Jusqu'au 25, les douleurs allèrent en augmentant ; le 25 même, au matin, elles furent portées à un très haut degré. Ayant voulu se lever pour qu'on pût faire son lit, elle ne put rester que quelques minutes ; la suffocation était imminente. Aussitôt qu'elle fut recouchée, elle s'assoupit ; instantanément la peau se couvrit d'une sueur froide, puis brusquement elle sortit de cet état en disant : « Je suis guérie, donnez-moi à manger ; j'ai bien faim. » Il était midi moins un quart. On crut au délire ; mais voyant son bien-être réel, ses compagnes lui donnèrent un potage, une côtelette avec un gros morceau de pain ; et cela ne suffisant pas encore pour satisfaire la faim qui la dévorait, elles y ajoutèrent trois pommes de terre cuites sous la cendre. Tout cela se digéra parfaitement.

« Elle se leva immédiatement après, ayant recouvré toutes ses forces, assista à la récréation avec ses compagnes, soupa avec elles et dormit d'un très bon sommeil. Le lendemain elle travailla toute la journée à étendre du linge et, la nuit suivante, elle veilla les malades. »

Quelques jours après d'abord, et ensuite le 4 octobre suivant, voulant bien s'assurer de la réalité de cette guérison, le docteur Ratheau soumit la sœur Bouyssié à un examen des plus minutieux, et il put constater que tous les organes, qui avaient été si gravement compromis, se trouvaient alors parfaitement sains et ne conservaient pas la moindre trace d'affection morbide.

Aussi écrivait-il à la date du 5 octobre 1841 : « Je le demande à tout médecin probe et consciencieux : est-ce là la terminaison naturelle d'une maladie de cette nature ? Sans doute quelques-uns en guérissent ; mais nous savons aussi ce qu'il nous en coûte de soins, et après quelles convalescences interminables, qui bien souvent se terminent par la mort ; combien de médecins n'en font pas tous les jours la triste expérience ! Nous connaissons toute la longueur des convalescences dans ces maladies ; et ici où est la convalescence ? Nous ne voyons que le passage brusque de la maladie la plus grave à la santé la plus parfaite.

« De tous ces faits, nous devons tirer la conclusion suivante : Cette guérison doit être considérée comme l'effet d'une cause non naturelle, et, pour parler plus clairement, comme l'effet d'un miracle. »

6. À ces conversions ou guérisons extraordinaires, au moyen desquelles il a plu à la miséricorde divine de manifester la puissance de son serviteur, on pourrait joindre les coups dont la justice de Dieu a frappé ses injustes persécuteurs, et par lesquels il a, dès ici-bas, vengé son innocence. Le mandarin de Kou-Tchen-Kieng, qui l'avait fait arrêter, fut peu de temps après destitué de sa charge et se pendit de désespoir. Le vice-roi de Ou-Tchang-Fou, véritable bête fauve, qui avait épuisé contre ce doux et tendre agneau les traits les plus cruels d'une rage féroce et barbare, fut bientôt aussi condamné à l'exil par l'empereur pour ses cruautés ; et le peuple trouvant le châtiment trop léger aurait voulu le mettre en pièces. C'est ainsi qu'autrefois Hérode mourut honteusement et cruellement dévoré par les vers, et que Pilate, exilé dans les Gaules par le gouvernement romain, finit aussi, dit-on, par se donner la mort.

7. N'avions-nous pas raison de dire que Dieu lui-même a semblé autoriser, par des miracles de miséricorde ou de justice, l'espèce de culte dont le vénérable serviteur de Dieu, Jean-Gabriel Perboyre, a été l'objet après sa mort ?

Aussi n'est-il pas étonnant que la Maison-Mère de la famille religieuse à laquelle il appartient, et qui se fait gloire de le compter parmi ses enfants, ait tenu à posséder ses précieuses dépouilles. Dès 1858 elles furent exhumées par les soins de Mgr Spelta, vicaire apostolique du Hou-Pé, reconnues par Mr Delaplace, vicaire apostolique du Tché-Kiang, et enlevées à cette terre chinoise si inhospitalière, pour être rendues à la France, sa chère patrie. Voici comment M. Etienne, qui gouvernait alors la double famille de saint Vincent de Paul, lui fait connaître cette translation dans une circulaire datée de Paris, le 1er janvier 1861 : « Dès l'ouverture de cette année 1860, le 6 janvier, la bonté divine a voulu réaliser notre vœu le plus cher et notre plus douce espérance. Ce jour, anniversaire de la naissance de notre vénérable martyr, M. Jean-Gabriel Perboyre, fut celui où nous eûmes le bonheur de voir entrer dans notre Maison-Mère son précieux corps, apporté de Chine par notre confrère Mgr Danicourt, vicaire apostolique de la province du Kiang-Si. Il serait difficile de rendre l'émotion de tous les cœurs au moment où nous nous vîmes possesseur d'un si riche trésor.
À genoux autour de ce cercueil qui respirait la sainteté, avec quelle affectueuse vénération nous aimions à le couvrir de nos hommages ! Il nous semblait que du haut du ciel il souriait à notre

bonheur et répondait à notre accueil si pieusement fraternel. Quelle joie pour tous de voir revenu au milieu de nous, entouré de l'auréole de l'apostolat et du martyre, celui que, vingt-cinq ans auparavant, nous avions vu sortir de cette même Maison-Mère pour se diriger à travers les mers vers des plages lointaines, porter la bonne nouvelle du salut, parcourir une carrière de travaux, de privations et de souffrances pour le nom de Jésus-Christ, et sceller de son sang sa foi et son amour pour les âmes !... Ancien directeur du séminaire interne, après avoir montré aux générations nouvelles, par ses exemples et ses enseignements, ce que doit être le vrai missionnaire, il revenait leur apprendre comment il doit savoir souffrir et mourir pour la gloire de Dieu et le salut de ses frères.

« Ce fut le 25 janvier, jour mémorable de la fondation de la Compagnie, que S. E. Mgr Morlot, archevêque de Paris, voulut bien désigner pour procéder à la reconnaissance canonique du corps de notre vénérable martyr, selon des instructions ad hoc venues de Rome. Il eut la bonté de présider lui-même cette touchante cérémonie.,.. Après que l'identité du corps eut été canoniquement reconnue, il fut transporté dans notre chapelle et descendu dans un caveau préparé pour le recevoir. C'est là qu'il devra demeurer jusqu'à ce qu'il plaise à la bonté divine de nous permettre de le placer sur les autels, et de lui faire partager les honneurs et la gloire du corps de saint Vincent. »

8. Cette espérance du digne Supérieur général semble aujourd'hui à la veille d'être réalisée. Avant même la mort du vénérable serviteur de Dieu, ayant appris sa captivité et quelques-unes des souffrances qu'il y endurait, le pape Grégoire XVI recommanda de recueillir avec soin tout ce qui pourrait servir un jour au procès de sa béatification, témoignant l'intention, si le martyre était consommé, de favoriser l'introduction de la cause dans le plus bref délai. Le Souverain-Pontife n'oublia point sa promesse, et deux ans après la mort du serviteur de Dieu, en 1843, les premiers témoignages ayant été recueillis, il signa le décret qui introduisait la cause de béatification. Ce fut là le premier acte officiel du Saint-Siège, et dès lors M. Perbovre put être qualifié de vénérable.

Depuis, la distance des lieux, la condition des témoins dont il fallait recevoir les dépositions, la perte de pièces importantes qu'il a fallu reconstituer, bien qu'ensuite elles aient été retrouvées, enfin les formalités multiples qui entourent ces procédures et la sage lenteur que la cour de Rome met toujours en ces sortes d'affaires, ont empêché jusqu'ici la réalisation d'un vœu si cher aux enfants de saint Vincent de Paul. Un travail tout récent, dans lequel l'avocat de la cause, M. Ferdinand Morani, résume fort bien les informations canoniques déjà faites précédemment sur le martyre du serviteur de Dieu et les miracles obtenus par son intercession, va être bientôt présenté à la Sacrée Congrégation des Rites.

Les preuves qu'y développe le savant avocat, revisées par Sa Grandeur le vice-promoteur de la foi et déjà rendues publiques, paraissent si fortes et si solides, que personne à Rome ne doute du prochain succès de la cause. Dieu veuille réaliser ces espérances et nous donner ainsi, pour soutenir et affermir nos pas dans le chemin de la vertu, un nouveau modèle à imiter, un saint de plus à invoquer ! »

Montauban... les photos du lieu de la formation

La ville de Montauban a installé des services municipaux dans le Couvent des Carmes. Le cloitre semble être resté comme l'a connu JGP, même si le jardin fut aménagé.

Des aphorismes, des dogmes, qui finissaient forcément par entrer dans les têtes d'enfants malléables venus des campagnes...

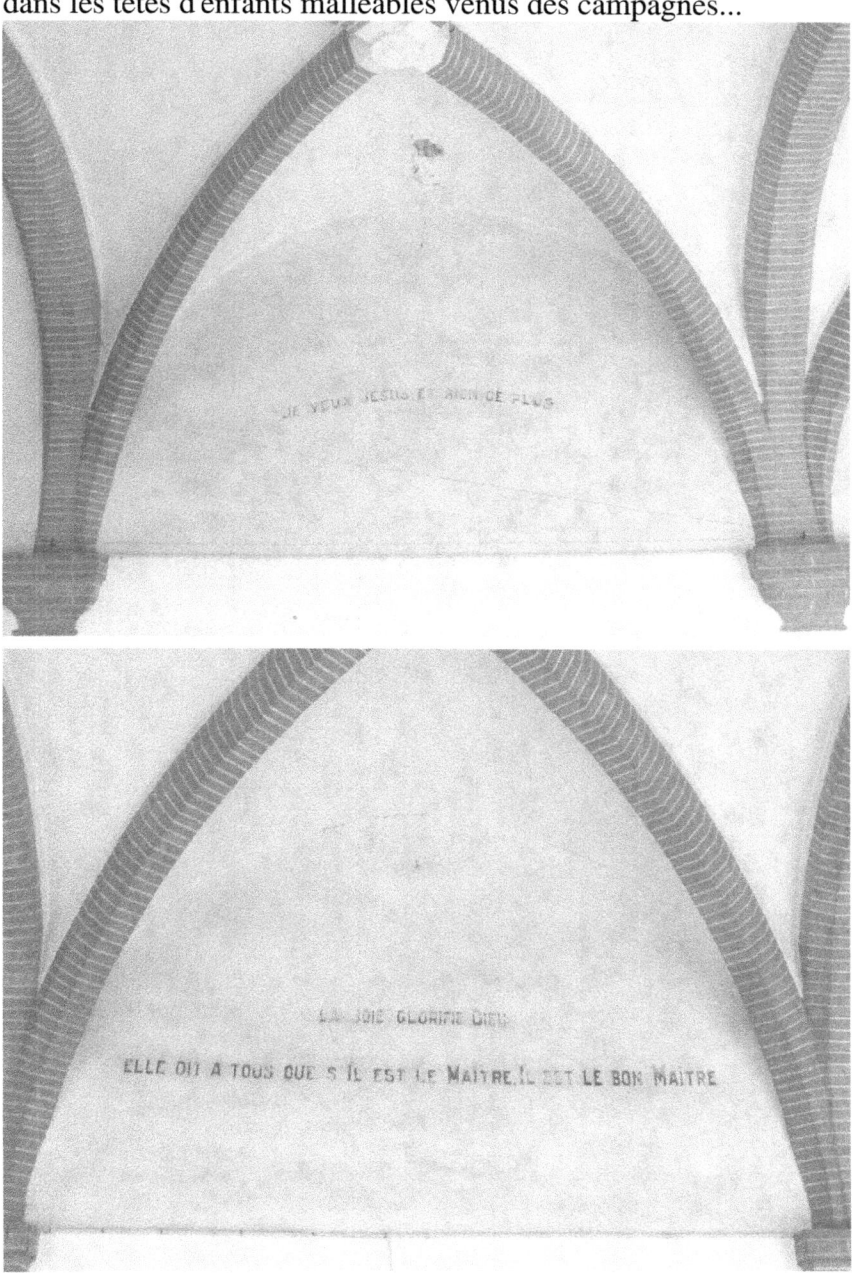

Des rosiers. Dont le "Jolie môme." Expression sûrement peu entendue par notre Saint lotois.

À 15 ans, on descend l'escalier en se laissant glisser sur la rampe ?
A-t-il osé, l'enfant sage ? Non ma fille, je ne t'y emmènerai pas !

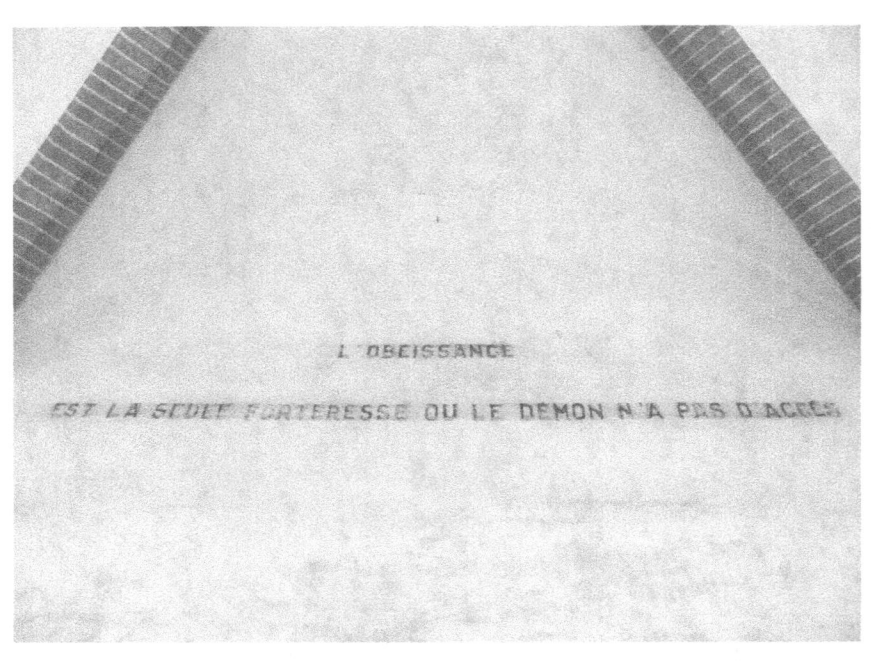

Le choc des époques...

Une statue devant laquelle JGP devait s'arrêter très respectueusement... Où est-elle ?

Que pouvaient penser des enfants partis de Montgesty en 1817 et arrivés devant ces grands bâtiments ?

Juste à côté de l'ancien couvent, désormais, un bâtiment de l'église réformée de France.

Et à quelques dizaines de mètres, l'église St Étienne de Sapiac... dont il est certain que JGP n'a jamais vu ce vitrail (vue de l'extérieur)...

Mais il a connu cette église, reconstruite de 1686 à 1687, sans sa façade ni son clocher, élevés en 1854.

En l'église St Étienne de Sapiac, le portrait du Bienheureux, signé Joseph Broué, peintre-verrier de Montauban.

Pour les sceptiques qui ne croient pas que ce qu'ils voient mais uniquement ce que leurs services spécialisés découvrent, et surtout refuseront les allégations d'un photographe même pas écrivain pour Malvy Martin et Gérard Amigues (et vis versa) :
Comme les sceptiques pourraient contester l'identification, avec ce vitrail signé, de celui du portrait en l'église St-Urcisse de Cahors, je les invite à se rendre à Bouloc, où ils découvriront un Saint Caprais (un Saint du diocèse d'Agen, du cinquième siècle), réalisé par Joseph Broué, qu'ils pourront rapprocher de celui accompagnant notre Saint lotois dans l'église cadurcienne négligée...

Dans cette même église, un tableau :

Gabriel Perboyre, ou l'aventureux pèlerinage

Publié par l'éditeur Barbou frères (Limoges) en 1853.

Un document "engagé", du côté de la religion, avec en précision "BIBLIOTHÈQUE CHRÉTIENNE ET MORALE, Approuvée PAR MONSEIGNEUR L'ÉVÊQUE DE LIMOGES."

C'était au temps où de l'étranger (ou d'autres régions françaises !) des exemplaires pirates se vendaient sans droits d'auteur. Ainsi l'exemplaire consulté portait la mention « *Tout exemplaire qui ne sera pas revêtu de notre griffe sera réputé contrefait et poursuivi conformément aux lois.* »

Gabriel Perboyre vu par les officiels religieux en 1853. Oui, il est intéressant de signaler que c'est sous le nom "Gabriel Perboyre" et non "Jean-Gabriel Perboyre" que fut publié ce texte.

Ce livre ne nous apprend pas grand chose sur notre lotois... il s'agit plus du récit d'un aventureux pèlerinage, celui du père Laribe, envoyé par le souverain pontife dans le *Hou-Pé*, en Chine, sur les traces de Perboyre... dont il finira par visiter la "tombe."
Notre lotois repose toujours dans ce pays où il est fut crucifié le 11 septembre 1940.
« *Il fallait s'éloigner promptement ; mais, avant de partir, ne verrait-il pas du moins le tombeau du confesseur de la foi ? Il lui en eût trop coûté, après un si long voyage, de s'en retourner sans avoir rendu visite aux restes de Monseigneur Perboyre, qui reposaient à deux lieux d'Ou-Tchang-Sên, du côté de la seconde porte orientale.* »
Dans les situations les plus délicates, le missionnaire Laribe prie, s'adresse aux saints... « *et surtout au glorieux martyr Gabriel Perboyre.* »

De nombreuses fautes furent corrigées comme « *encore être en face de la flotille pour s'apercevoir qu'elle fasse le moindre mouvement »* : ; « *l'embarcation parvint sens autre accident à Pu-Hô »* ; « ces miliers d'embarcations », « la mauvais nuit qui s'approche », « monseigeur Rameaux », « le monograme du Sauveur »...

Après ce "récit de voyage" quelques textes à première vue sans rapport avec Jean-Gabriel Perboyre mais qui témoignent de "la littérature religieuse" de l'époque, et peuvent apporter des indications sur le contexte dans lequel a grandi l'enfant de Montgesty, dont les parents pourraient ressembler à ceux de « LA FOI TERRIBLEMENT ÉPROUVÉE, ET HEUREUSEMENT CONSOLÉE. »

Gabriel Perboyre, ou l'aventureux pèlerinage

LIBRAIRIE DE BARBOU FRERES À LIMOGES.
BIBLIOTHEQUE
PUBLIÉE AVEC APPROBATION
de Monseigneur l'Évèque de Limoges ;
REVUE
Par une Société d'Ecclésiastiques.

Format In-18.
Chaque volume est orné d'une jolie vignette sur acier.

À Mercuès

CHAPITRE PREMIER

Toujours plein de sollicitude pour l'Église militante, dont il est le chef, et désireux de connaître tout ce qui relève sa gloire, le souverain pontife avait demandé des détails sur la vie apostolique du glorieux martyr M. Perboyre, immolé pour la foi dans la Chine : Monseigneur Rameaux, après avoir connu la volonté du Saint-Père, ordonna à l'un de ses prêtres de partir immédiatement pour le Hou-Pé, où le saint missionnaire avait terminé sa laborieuse carrière. Cette injonction de son évêque, qui arrachait M. Laribe à ses disciples dans un moment où ils avaient à souffrir une rude persécution de la part des païens, le jeta d'abord dans une profonde tristesse ; mais, réfléchissant ensuite que sa présence au plus fort de la crise était pour eux un embarras, et que son arrestation mettait le comble à leur malheur, il adora les desseins de la divine Providence, et disposa tout pour son départ.

Il quitta donc sa chrétienté de *Pê-Men* ou de la *Porte du Nord*, pour traverser, en plein jour, toute la ville, et aller se cacher dans le faubourg *Mân-M'en* ou de *la Porte du Midi*, dont les fidèles étaient déjà venus en cérémonie lui offrir une retraite. Là il s'occupa à chercher une barque qui pût le porter au plus vite et sûrement à Lin-Kiâng-Fou, éloigné d'une quarantaine de lieues, pour visiter Monseigneur Rameaux, et se munir, avant son départ, de sa bénédiction.

Le lendemain, malgré la nouvelle qui lui fut apportée que l'ordre n'avait pu être rétabli à *Kieou-Tou* par les cinq gendarmes qui y avaient été envoyés sur la plainte de nos néophytes, que les païens persécutaient et menaçaient même d'exterminer entièrement, il dut se résigner à se mettre en route. Il monta sur la barque destinée pour le voyage aune heure bien avancée de la nuit, et tout absorbé par les tristes réflexions que lui inspirait un avenir si incertain.

Cependant la barque, démarrée avant le jour, arriva près de la malheureuse chrétienté de *Kieou-Tou*, dans laquelle le missionnaire voyageur se trouvait il n'y avait pas encore deux jours. Il envoya aux informations un de ses compagnons de voyage, qui revint aussitôt avec un néophyte de l'endroit pour lui annoncer que le mandarin qui avait reçu les plaintes de la chrétienté, irrité de ce que les infidèles n'avaient pas tenu compte des ordres qu'il avait donnés, avait envoyé, la veille, d'autres *Tsay-gin* en plus grand nombre ; mais que, pour toute réponse à cette nouvelle sommation, une vingtaine d'entre eux étaient allés à leur tour, pendant la nuit, porter contre les chrétiens une dénonciation en forme.

C'est ainsi qu'en proie à une nouvelle anxiété, et craignant à chaque instant de rencontrer quelque espion, M. Laribe continua de descendre un fleuve que longe, pendant une heure et demie environ, la route qui conduit de *Kieou-Tou* à *Kien-Tchang-Fou*. Il voyait déjà monter et descendre les différents courriers que les chrétiens et les païens envoyaient au chef-lieu et renvoyaient au village pour donner et rapporter les nouvelles de l'affaire compliquée qui divisait les chrétiens et les païens. Ce fut seulement après avoir dépassé de quelques lieues cette route que les rameurs le crurent hors de danger.

Alors, le cœur péniblement serré, et les larmes aux yeux, il recommanda à la tendresse du divin Pasteur ces ouailles confiées pendant si longtemps à ses soins, ce troupeau qu'il quittait sans presque espérer de le revoir, et dont il laissait une partie exposée à la rapacité de loups furieux ; il le mit aussi sous la protection toute-puissante de Marie immaculée ; et, le laissant à la garde de saint Vincent de Paul, qu'il lui avait donné pour patron, il lui adressa une dernière fois de tristes adieux.

La barque prise à *Kiën-Khang* porta très heureusement le missionnaire et sa petite escorte à *Lin-Kiâng-Fou*, auprès de Monseigneur Rameaux. Ce prélat fut vivement affecté dès qu'il apprit la nouvelle persécution. Cependant, comme il était

important que M. Laribe continuât le voyage qu'il avait entrepris, après avoir essayé vainement de le retenir quelques jours, il le laissa continuer son voyage.
Les alarmes et les dangers ne se firent pas longtemps attendre ; en deux jours', la petite troupe était arrivé à *Nan-Thâng-Seng*, capitale de la province. Les fidèles n'en eurent pas plus tôt connaissance qu'ils accoururent, munis des plus sinistres renseignements, pour la détourner de passer par *Ou-Tching*, chrétienté qui se trouvait naturellement sue la route. Un Judas, bien connu pour tel, y ourdissait, disait-on, une persécution générale pour tout le *Kiang-Si*. Que faire ? Monseigneur Rameaux, qui n'en avait pas encore été prévenu, avait recommandé à son prêtre de visiter cette localité, à cause de quelques infirmes qui réclamait les secours de la religion.
M. Laribe pensa que la charité, d'accord avec ses instructions, devait l'emporter sur la prudence, et, après avoir rassuré de son mieux les chrétiens, il poursuivit son itinéraire.

Avant de débarquer à *Ou-Tching*, qui est l'endroit le plus commerçant du *Kiang-Si*, le missionnaire fit demander en secret au premier catéchiste dans quel état se trouvaient ses malades.
Ce brave homme vint au plus tôt le chercher en lui assurant qu'il n'avait rien à craindre.
« Le Judas dont on avait parlé, dit-il, est un pauvre homme, baptisé, il est vrai, dans son enfance, parce qu'il est né de parents chrétiens, mais qui, une fois parvenu à l'âge de raison, n'a jamais voulu prier ; il n'a probablement jamais vu de prêtres ; ainsi par lui-même est-il dans l'impossibilité de faire des révélations. »
Cependant, comme la suite le montra, il ne manquait pas d'émissaires pour le mettre au courant.
Pendant la nuit que M. Laribe passa à terre, il entendit quelques confessions, et administra deux malades, dont l'un mourut trois jours après. Lorsque ensuite il s'agit de dire la messe, quoiqu'il ne fût pas encore jour, les avis se partagèrent sur les dangers que les chrétiens pouvaient courir pendant le saint sacrifice. Le missionnaire le célébra pourtant, à la pluralité des voix, puis il

courut se reposer dans sa nacelle. Comme il allait immédiatement entrer dans le grand lac de *Pô-Yâng-Hoû*, immense réservoir formé de toutes les rivières du *Kiang-Si*, il dut abandonner sa première nacelle pour lui substituer une autre barque plus capable de résister aux flots et de braver l'orage.

La province du *Kiang-Si*, prise dans son ensemble, représente assez au naturel une feuille d'arbre : le pétiole, ou la tige, en est inclinée vers le nord ; à l'orient, à l'occident et au midi, des montagnes élevées en dessinent le contour. De ces hauteurs partent, comme un réseau de veines régulières, toutes les eaux dont le pays est arrosé. Leur pente les entraîne vers une grande rivière qui traverse la contrée d'un bout à l'autre, comme l'artère principale, à laquelle toutes finissent par se rattacher ; elles vont ensuite, un peu au-dessous de la capitale, se jeter dans le vaste bassin du lac dont nous avons parlé plus haut, et ce lac, à son tour, se décharge dans le fameux *Kiang*.

C'est là que s'offre le spectacle magnifique des énormes radeaux des marchands de bois de *Nan-King*, flottant sur les eaux de ce fleuve, l'un des plus beaux de la Chine. On les prendrait de loin pour des îles couronnées d'habitations. Pour mouvoir ces masses, vastes comme des villages et hautes comme des tours, il ne faut rien moins, dit-on, que l'effort de quatre-vingts à cent hommes, dont les uns, montés sur des pinasses, font l'office de remorqueurs, et les autres, chantant en chœur ; comme nos gondoliers, pirouettent en cadence autour des cabestans pour haler un cordage fixé à de grosses ancres, qu'une chaloupe va jeter les unes après les autres en avant de ces immenses radeaux. Et quoique du matin jusqu'au soir se continue un et elle manœuvre, faut-il encore être en face de la flottille pour s'apercevoir qu'elle fasse le moindre mouvement.

On dit que sur le *Pô-Yang-Hoû* les tempêtes sont très fréquentes. Il y a peu d'années, dit le missionnaire à qui nous empruntons le récit de ce voyage, le fils d'un catéchiste d'*Oû-Tching* y périt avec tout l'équipage. M. Caribe fit lui-même la rencontre d'une barque mandarine abandonnée depuis peu de jours, et dont il ne paraissait plus au-dessus de l'eau que les mâts avec une partie de la proue.

Le troisième jour de leur navigation, nos voyageurs abordèrent à un endroit malheureusement trop célèbre dans ce pays appelé *Lao-Ye-Miao*, pagode de Laoyé. La divinité qu'on y adore n'est autre qu'une tortue ; et voici, d'après une fable populaire, l'origine de ce culte monstrueux. Un empereur, qu'on croit le fondateur de la dynastie Ming-Tchâo, et qui dut le trône à la révolte, livra, sur ce lac, contre son maître, une bataille décisive : or, pendant le combat, le gouvernail du navire qu'il montait ayant été emporté, il trouva, après la victoire, une tortue accrochée à la poupe avec ses dents, laquelle aurait ainsi tenu lieu de timonier. Vraiment un mérite de ce genre méritait bien un autel chez les Chinois, qui en ont élevé pour beaucoup moins. Aussi s'empressa-t-on d'installer la vilaine bête dans sa pagode, où elle s'est rendue si redoutable qu'il n'y a point de chef d'embarcation assez hardi pour doubler cette île sans aller lui présenter quelque offrande. On la régale ordinairement du sang d'un coq : c'est, du reste, une assez pauvre libation.

Quand le capitaine et les passagers chinois eurent sacrifié à la déesse, on leva l'ancre par un vent favorable, pour longer la plus stérile et la plus haute montagne du *Kiang-Si*. Majestueusement assise au pied du lac, elle n'est guère habitée que par des bonzes, dont les pagodes, au nombre de près de deux cents, éparses çà et là et acculées contre des rochers à pic, font de loin un très bel effet. Il n'est guère de site plus pittoresque que celui de ce lieu consacré à un culte ridicule, où accourent les pèlerins de toutes les provinces environnantes.

Comme la barque allait entrer dans le *Kiang*, couvert de nacelles qui font par eau le commerce de six à sept départements, il fallait que les passagers se présentassent à une douane qui doit accumuler en peu de temps bien des millions pour le fisc, à en juger par la multitude de bâtiments de toute dimensions soumis chaque jour à son contrôle. [On pourrait se croire à Rocamadour !] La taxe, dit-on, se perçoit sans égard ni pour la qualité ni pour la quantité des marchandises ; la longueur et la largeur des bateaux en sont l'unique règle. Après cette première ligne, qui passe pour très sévère, il en est encore une peut-être

plus difficile à éviter : c'est celle des pauvres, qui, sans avoir même l'apparence de la misère, viennent, par bandes innombrables, dépouiller publiquement les passagers. Leur audace est telle qu'en plein jour et en face du palais mandarinal, ils s'en prennent aux effets qu'on a sous la main, et même aux habits dont on est revêtu, pour peu qu'ils ne soient pas
contents de la somme qu'ils ont extorquée.

Les voiles ayant été hissées de nouveau, l'embarcation parvint sans autre accident à *Pu-Hô*, ville située au confluent de huit rivières. Le pilote, qui avait là sa famille, voulut y séjourner une semaine, pour célébrer avec les siens une fête en l'honneur d'une divinité chinoise qu'on appelle vulgairement *Ching-Mou*, la sainte Mère, et même quelquefois *Thiên-Hêou*, Reine du Ciel. On en distingue ordinairement deux, l'une indigène, de la province de *Lou-Kien*, et l'autre étrangère, qui aurait été apportée des îles de l'Océanie.

« Si vous êtes surpris, dit M. Laribe, dans la relation de son voyage, de trouver ces expressions sur les lèvres des Chinois, je l'ai été bien davantage en voyant, dans un livre de notre capitaine sur la création du monde, une estampe représentant un vieillard à une seule tête, mais à trois visages, avec cette inscription au bas : *Ytchy-san, san-ytchy, une substance-trois, trois-une substance.* »
Que peut signifier une semblable idole, si l'idée d'un Dieu créateur en trois personnes n'en est pas la base : *trinus et unus ?* C'est sans doute un emprunt fait à nos livres saints ; car il paraît hors de doute que les Chinois les ont connus à diverses époques.
D'abord on croit généralement que saint Thomas lui-même les a évangélisés. Les païens adorent cet apôtre, sous le nom de *Tha-Mè*, et, parmi les deux compagnons qu'ils lui donnent, se trouve toujours un nègre, qui l'avait probablement suivi de l'Inde. Ils disent formellement que c'est un *si-koûe-gin, un homme de l'Occident*, par rapport à eux. Ils ajoutent qu'ayant appris que sa mère était mourante, il n'avait fait que poser quelques bambous sur la superficie des eaux, et qu'ainsi il s'était comme envolé au-delà des mers.

En second lieu, il est constant que dans la province de *Hô-Nan*, il existe, au milieu d'un temple d'idoles, une pierre sculptée, d'une époque très ancienne, contenant des traits caractéristiques de l'Histoire Sainte, tels que ceux de la création et de la rédemption. Des recherches faites dans un but religieux, il y a, nous pensons, un peu plus de deux cent cinquante ans, ont encore amené bien d'autres découvertes touchant les monuments nationaux, qui prouvent que, plusieurs siècles auparavant, la foi chrétienne était connue et suivie par une partie de la population, dans ces nombreux royaumes ou états dont la réunion a constitué depuis l'immense empire de la Chine.

« Dans le *Kiang-Si*, par exemple, dit encore M. Laribe, nos devanciers n'ont-ils pas déterré une grande croix en fer qui portait la date la plus ancienne ? et moi-même, il y a peu d'années, n'ai-je pas vu de mes yeux, dans une espèce d'oratoire de notre capitale, une grande statue de femme dont les pieds s'appuyaient sur la tête d'un gros serpent, tandis qu'elle tenait un tout petit enfant entre ses bras ? Derrière cette statue s'en trouvait une autre d'égale grandeur, figurant un vénérable vieillard dans l'admiration, et tout autour une dizaine de statuettes ayant assez l'air de simples bergers qui, le genou en terre, présentent à la femme et à l'enfant diverses offrandes : les uns, chose étonnante, font le modeste hommage de deux colombes, les autres d'un agneau. N'est-ce pas là une véritable nativité ? Les Chinois disent que la déesse *Kuan-Yn* ou *Ching-Mou* est vierge, quoiqu'ils placent presque toujours un enfant dans ses bras, et un oiseau blanc au-dessus de sa statue, avec l'inscription suivante, que j'ai lue : *Liou-ché-tche-mou, mère libératrice du monde*. N'est-ce pas la sainte Vierge avec le Saint-Esprit sous la forme d'une colombe ! Le malheur n'est qu'au lieu de se rattacher à nous par ces traditions éparses, qui attestent le passage de l'Évangile dans ces contrées lointaines, les Chinois dénaturent ces emprunts faits à la vérité par des interprétations ridicules ou monstrueuses. Quelquefois je fais malgré moi sur ce sujet des réflexions bien amères, et je crois y trouver les raisons pour lesquelles, quoiqu'on déploie sur tous les points de la Chine l'activité du zèle apostolique, on n'opère pas néanmoins de nombreuses conversions : c'est que nous n'avons plus à faire à de simples infidèles, mais, en quelque sorte à des apostats. Le soleil du christianisme a plusieurs fois déjà éclairé de ses rayons cette terre ingrate, et autant de fois les yeux se sont volontairement fermée à sa bienfaisante et divine lumière ; faut-il ensuite s'étonner qu'ajoutant ainsi nuages à nuages, ingratitudes à ingratitudes, ces peuples aient laissé passer pour eux, selon la menace de l'Apôtre, le temps de la grâce et du salut ? »

Les huit jours que le missionnaire perdit à *Pu-Ho* lui parurent bien longs, et ne furent pas sans quelque danger. Cependant sa confiance en Dieu était sans bornes. Il aimait à penser que ce retard était un effet des desseins paternels de sa divine providence envers lui, qui le délivrerait peut-être d'obstacles plus sérieux qui seraient survenus au *Hou-Pè*, s'il y fût arrivé plus tôt. En effet, si le trajet avait été plus rapide, il aurait été, selon toute apparence, englobé dans la persécution qui éclata à *Ham-Keou* dix jours avant son arrivée ; peut-être n'y aurait-il trouvé personne qui voulût le recevoir.
Enfin la fête de la déesse terminée, on se mit en voyage. Mais avec quelle lenteur il fallut, remonter le cours du Kiang ! Si le missionnaire n'eût été embarrassé par leurs effets, il eût mieux valu pour lui d'aller à pied. Ce n'est pas qu'on soit arrêté par la rapidité du fleuve : il promène presque toujours tranquillement ses eaux. Malgré cela, en l'absence de tout obstacle, on ne fait guère que se traîner à force de bras le long de la rive.
La ligne des barques remorquées les unes à la suite des autres est interminable ; le Kiang en est abordé dans toute sa longueur : jamais les Européens, dit le missionnaire qui a parcouru ces lieux, ne pourront se faire une juste idée du commerce intérieur de la Chine. Or, dans cette multitude de bâtiments qui suivent à la file, il est de rigueur de conserver son rang contre ceux qui veulent l'usurper, sous peine, une fois hors ligne, de ne pouvoir pas y rentrer avant un mois et plus. De là des conflits sans cesse renaissants, des imprécations à faire frémir, et des menaces d'en

venir aux coups d'avirons : bruyante et continuelle cohue, qui tout en retardant néanmoins la manœuvre, l'interrompt néanmoins rarement ; car ces combats se bornent presque toujours à des injures, et, de toutes ces perches levées les unes contre les autres, à peine en voit-on quelques-unes s'abattre sur les têtes qu'elles menacent.

L'un des bords du Kiang devient-il impraticable au halage, et faut-il atteindre le bord opposé, ces barques mettront plusieurs heures à effectuer le passage, et leurs moyens de résister au courant sont si faibles qu'elles n'y arriveront que trois ou quatre stades au-dessus du point de départ. C'est ainsi que quatre ou cinq fois le jour il faut alternativement visiter les deux rives. Si le vent devient favorable, ces milliers d'embarcations prennent bien tant soit peu le large ; mais la confusion et les cris ne cessent point pour cela, parce que, semblables à une troupe de canards, ce que fait une barque, l'autre l'imite aussitôt, et elles sont ainsi continuellement menacées d'avaries en s'entre-choquant.

Parmi les matelots de la barque qui portait le missionnaire s'en trouvait un plus grand et plus fort, mais surtout plus fanfaron que les autres, qui croyait donner une plus haute idée de sa bravoure en renchérissant encore sur l'insolence de ses camarades. Il avait servi précédemment dans la marine impériale, et il venait d'échapper depuis peu, disait-il, à l'incendie de plus de trois cents navires, que les *Koug-koug-tse* (diables rouges), les Anglais, avaient brûlés près de la ville de *Tsin-Kiang-Fou*, dans le *Kiang-Nan*.

Comme les deux guides du Père le faisaient passer pour un mandarin, tous ses gens s'attendaient à recevoir de lui une plus forte étrenne. Pour mieux la mériter sans doute, ils ne cessaient, notre fanfaron surtout, d'insulter du matin au soir ceux-là même qui ne mettaient aucun obstacle à sa marche. Après qu'une si indigne conduite eut attiré aux gens de la barque maintes reparties des plus désagréables, elle finit par leur faire donner une leçon dont le missionnaire se serait bien passé, quoique tout l'équipage en eut grand besoin. Voici comment.

Le troisième jour après que la barque fut sortie de *Pa-Holo*, une bourrasque l'avait emportée loin des autres. Malgré, tous les efforts qu'on fit pour la rapprocher, de nouveaux tourbillons de vent la tinrent à distance, et par-là exposèrent les passagers à devenir la proie des barbares qui infestent le Kiang. À la faveur d'une belle lune, nos gens ramèrent longtemps de toutes leurs forces ; mais la fatigue finit par les vaincre, et, tout en avouant que l'endroit n'était guère tenable, ils résolurent de jeter l'ancre pour prendre un peu de repos.

Ils étaient à peine endormis qu'on entendit de loin venir une barque. Peu à peu le bruit des rames se rapprochait. Enfin une secousse avertit que déjà l'agrafe avait été jeté sur le bâbord. Notre fier matelot, qui, comme nous l'avons dit, était si plein de son mérite, et si âpre à l'injure, crut le moment arrivé de faire ses preuves, et pensant pouvoir avoir affaire à des corsaires que le bruit allait mettre en fuite, il enchérit sur tout ce qu'il avait jusqu'alors proféré d'épithètes flétrissantes et de défis insultants. Les provocations continuant de part et d'autre, les agresseurs s'écrièrent pour dernière réponse : « Au pillage ! au pillage ! »

Et quatre à cinq d'entre eux montèrent à l'instant sur la barque rivale.

Le pilote, au désespoir, courut aussitôt appeler le missionnaire. Celui-ci était loin de dormir pendant un tel vacarme : il se rendit sur le pont, et trouva tous les gens de la barque à genoux, demandant, sans pouvoir l'obtenir, pardon pour les injures adressées aux prétendus brigands.

« Puisqu'on nous prend pour des voleurs, répétaient ceux-ci, eh bien ! nous volerons ; il nous faut du pillage. »

En attendant, sans oser pourtant trop s'avancer, ils trépignaient si fort sur le faible tillac qu'à chaque instant il semblait devoir s'enfoncer. Le missionnaire, voyant que sa présence et celle de ses deux guides avaient rétabli le calme, en conçut un heureux augure, et se décida à tirer tout le parti qu'il pourrait du personnage qu'on lui faisait jouer. Affectant donc une fierté toute mandarine, il dit à ces étrangers :

« Voulez-vous qu'on vous ait fait un outrage ? soit ; mais ne savez-vous pas dans quels parages nous sommes ? L'heure à laquelle vous venez n'excuse-t-elle pas une méprise ? D'ailleurs on vous demande pardon de ces injures : que vous faut-il de plus pour être satisfaits ? Puisque vous n'avez rien de commun avec les corsaires, ne les imitez pas par un acte de brigandage. »

Pendant ce discours, ils étaient constamment restés immobiles. Ils regardèrent quelques instants d'un air effaré celui qui leur avait parlé, puis, tout en murmurant entre leurs dents des mots inintelligibles, ils finirent par se retirer en emportant, sans qu'on s'en aperçût, différents agrès de la barque.
Le lendemain, notre fier matelot resta bien humilié de cette aventure ; mais ce fut l'affaire d'un jour. Un peu plus loin reparurent les agresseurs de la nuit : on reconnut alors que c'étaient des soldats qui s'en retournaient par eau dans leur famille.

L'accident de la nuit avait abattu nos voyageurs ; ils furent égayés, le lendemain, par une rencontre plus heureuse. D'innombrables marsouins s'en vinrent folâtrer à l'entour des barques : ils se jouaient plus gaîment dans les eaux que de jeunes taureaux ne bondissent dans la prairie. Ce spectacle n'est pas rare dans ces parages : au lieu d'épouvanter ces bêtes, le brait de l'équipage ne fait que les enhardir dans leurs ébats ; ils en mettent plus d'ardeur et de grâce à plonger dans les flots, puis à reparaître, pour se dérober encore aux regards des passagers, qui sourient à leurs évolutions.
L'apparition des marsouins est généralement regardée comme pronostic de tempête. En effet l'atmosphère ne tarda pas à se charger, le vent souffla avec tant de force que plusieurs barques n'osèrent déployer les voiles ; mais notre pilote, plus courageux, en profita pour atteindre heureusement le port où il devait déposer sa cargaison de papier.

Le lendemain, 28 octobre, après avoir opéré son déchargement, il voulut continuer sa route, quoique le vent fût encore plus violent que la veille ; il se flattait d'arriver ce jour-là même à *Han-Kéou*, terme du voyage du missionnaire, et dont on était à plus de trente lieues. Voilà donc notre équipage emporté de nouveau au gré du vent et à pleines voiles.

Pendant plusieurs heures, la barque cingla à merveille : on aurait dit un brick français ; encore lui aurait-on peut-être disputé le pas. Le malheur fut qu'après avoir fait plus de vingt lieues, le vent, toujours déchaîné, cessa d'être constant ; il venait par bouffées sur l'esquif, et le prenait en travers. D'un autre côté, les vagues grossissaient à vue d'œil ; la barque, privée de son lest, menaçait de chavirer, et, en ce cas, c'en eût été fait des passagers, qui se trouvaient alors au milieu du lit du Kiang, que les Chinois disent presque sans fond.

Le pilote, alarmé, se hâta de serrer les voiles, et se dirigea vers la côte ; mais il était trop tard : la proue n'eut pas plus tôt regardé la rive où il tendait qu'un coup de vent furieux y jeta la barque avec la rapidité de l'éclair. En un instant le gouvernail s'enfonce dans la vase et y reste immobile ; les voiles, tourmentées par l'orage, qui s'irrite de leur résistance, se déchirent ou emportent le sommet des mâts, qui se brisent comme autant de roseaux. Un horrible cliquetis de vergues rompues se fait entendre sur les têtes, pendant que sous les pieds craquent les ais disloqués du navire, qui sombre enfin et pose tous ceux qu'il porte dans le fameux Kiang.

Après avoir reçu, sans savoir comment, deux contusions au bras et à la jambe droite, dont les suites se firent sentir plus d'un mois, le missionnaire se trouva alors comme au sortir d'un sommeil brusquement interrompu ; et, planté sur les débris de la barque, quoiqu'il eût de l'eau jusqu'au-dessus de la ceinture, il considérait, pour ainsi dire, sans surprise et sans émotion les effets des passagers surnageant pêle-mêle autour du navire échoué.

Un de ses guides le tira de cette stupeur léthargique en lui criant : *Jésus ! Marie !* En même temps il tendait la main au Père, qui la saisit pour le rassurer. Les matelots, ne sachant où donner de la tête, se bornaient à faire un grand tapage.

« Sauvez, avant tout, les personnes ! » leur cria-t-on.

Ils détachèrent aussitôt la chaloupe, qui, seule, était demeurée intacte, et l'amenèrent. Chacun y monta chargé d'une partie de ses effets. Craignant ensuite qu'elle ne coulât à fond, on s'empressa, les uns à force de rames, les autres avec des perches, de la conduire à terre, où, malgré sa prétendue dignité de mandarin, le missionnaire, qui retrouvait partout sa charité, aida de son mieux au sauvetage, piaffant dans la boue jusqu'aux genoux.
Mais, au milieu de ce rude travail, quel spectacle déplorable pour un Européen naufragé s'offre aux yeux du missionnaire ! Le Kiang s'était couvert de canots qui se dirigeaient vers la chaloupe, et les matelots, en les apercevant, s'écrièrent tous : *Poû-hao ! poû-hao ! nous sommes perdus ! nous sommes perdus !* Le bon prêtre, qui croyait d'abord que c'étaient autant de sauveurs qui volaient à leur secours, fut bientôt guéri d'une si grande simplicité. En un instant tous ces pirates ont cerné les naufragés, et il est dès lors impossible de rien retirer du navire. Le cri de pillage se fait entendre, et devient le signal d'une attaque. Le nom de mandarin attribué au missionnaire aurait dû glacer et terrifier ces brigands ; on eut beau le faire sonner bien haut, il ne fut pas seulement entendu au milieu d'un si horrible brouhaha.
Un combat s'engagea entre les pauvres matelots et les forbans, qui, croissant toujours en nombre, se trouvèrent à la fin peut-être plus de deux cents. La lutte cessait-elle avec les gens de la barque, ils se battaient entre eux, les plus forts voulant se faire la part du lion. Ce qui était le plus déplorable, c'étaient de voir quatre on cinq chaloupes montées uniquement par des femmes, vraies harpies, qui surpassaient peut-être les hommes en ardeur pour le pillage.
Pendant cette scène révoltante, des barques marchandes de toute grandeur montaient et descendaient le fleuve. Les naufragés avaient beau leur tendre les bras en signe de détresse, au lieu de se approcher deux, elles faisaient, au contraire, un long détour, et le

pilote ou le timonier, après leur avoir fait de la main plusieurs signes négatifs, continuait tranquillement sa route : ils craignaient eux-mêmes de s'exposer au pillage.

Quand il ne resta plus rien à prendre, une partie des maraudeurs se retira avec son butin ; alors les matelots, enhardis par le petit nombre de ceux qui restaient, revinrent à la charge avec fureur, et cherchèrent à mettre en pièces les bateaux des retardataires. Craignant que ces misérables, irrités par cette attaque, ne voulussent prendre leur revanche et recommencer les luttes, le missionnaire, partout ange de paix, courut mettre le hola, en disant aux gens de son équipage que, pour compenser, autant que possible, leurs pertes, ils devaient traîner ces canots à terre, au lieu de les détruire.

Aussitôt ils s'élancent sur le plus proche, et le tirent à force de bras bien avant sur le rivage. Ceux qui le montaient étaient loin de s'attendre à ce que l'affaire prît une telle tournure ; les voilà qui se jettent pêle-mêle dans le Kiang pour gagner d'autres barques ; mais les assaillants, animés par le succès, se saisissent de deux fuyards, et les amènent par leurs longues queues au prétendu mandarin ; puis ils retournent encore donner la chasse au traînards, en sorte que tous se dispersèrent sans qu'il en restât un seul, à l'exception de nos deux prisonniers.

Agenouillés dans la boue devant le missionnaire, qu'ils appelaient le grand Lao-ye, ou Seigneur, ces deux misérables lui faisaient mille protestations et révérences, en le suppliant avec des hurlements affreux de leur accorder la liberté. On leur répondit d'abord qu'ils allaient payer pour tous leurs complices, et que, pour faire un exemple dont ces détestables parages avaient besoin, la corde les attendait à Ou-Tchang-Fou, où on allait les conduire. À la fin cependant, comme la nuit approchait, on les relâcha, après leur avoir fait promettre de revenir tirer de là les naufragés, et tout en gardant le canot pour caution de leur parole.

Après le départ des brigands, comme le missionnaire demandait au capitaine ce qu'il comptait faire des effets qui avaient été sauvés : « Hélas ! répondit-il en poussant un profond soupir, cette nuit même, on nous les enlèvera. »

De leur côté, les matelots se préparaient à une défense acharnée. « Vie pour vie, disaient-ils, nous vendrons du moins la nôtre bien cher ; nous repousserons l'attaque, tant qu'une goutte de sang coulera dans nos veines. »
Pour le missionnaire, prévoyant qu'en cas d'assaut, le nombre et le courage, seraient insuffisants pour défendre les naufragés, il délibéra en lui-même s'il ne serait pas expédient d'abandonner les bagages et de s'enfuir à travers champs sous la garde de la Providence. Il s'en ouvrit à ses fidèles conducteurs.
« Père, c'est impossible, » lui dit l'un d'entre eux qui avait fait l'office d'éclaireur, en allant, au moment du pillage, chercher de tous les côtés du secours ; « nous sommes ici dans un îlot, entre le lit principal du Kiang et un bras considérable du fleuve. Faute d'issue, il faut se résoudre à y passer la mauvaise nuit qui s'approche. »

En effet, le jour était sur son déclin, le vent soufflait toujours avec plus de violence, et une grosse pluie commençait à tomber du ciel, dont l'aspect sombre et menaçant présageait une furieuse tempête. Où trouver un abri ? On eut recours au bateau pris aux pirates, et qui n'avait, pour protéger contre le mauvais temps, qu'un très petit couvert ou treillis de bambous sur le milieu. Après avoir amoncelé à l'entour tous les effets, on se blottit dedans au nombre de dix, pêle-mêle, accroupis les uns sur les autres. Pour comprendre ce qu'ils eurent à souffrir durant cette nuit, il ne faut que lire ce qu'en écrivait depuis le missionnaire à l'un de ses frères.

« Que cette nuit fut longue ! disait-il, dans quels angoisses nous l'avons passée ! Harassés de fatigue, et n'ayant pas même un peu de place pour nous étendre ; succombant au sommeil, et n'osant nous y livrer qu'à demi, parce que nous regardions comme inévitable un nouvel assaut ; péniblement coudoyés et heurtés les uns par les autres, nous dûmes rester assis sur nos talons, et encore fallait-il être continuellement aux aguets. Un peu après minuit, voilà que j'entends comme la voix d'une personne encore dans le lointain.

« Écoutez, m'écriai-je, les brigands reparaissent. »

Après que chacun eut prêté une oreille attentive, je passai pour avoir donné une fausse alarme. Mais l'événement vint bientôt après prouver le contraire : nous étions à jaser comme des pies, tandis que des inconnus s'approchaient, sans lumière et sans le moindre bruit, du gîte où nous étions retranchés.

Lorsque enfin nous nous en aperçûmes, Dieu sait le violent *Qui vive !* que leur adressèrent nos matelots. Ils y répondirent d'abord d'un ton assez mesuré, en nous demandant pourquoi nous nous étions emparés du bateau.

C'est, repartîmes-nous, parce que ceux à qui il appartient ne sont que des pillards. Au reste, après l'avoir retenu pour passer la nuit, notre intention était de le leur restituer demain.

Après quelques autres pourparlers auxquels nos gens ne mêlèrent que deux ou trois apostrophes d'une rage bien prononcée, et que mon guide *Tchang-Siang-Koung* sut parfaitement adoucir, en donnant le titre de Lao-yê-gin, vieillard-grand-homme, au plus âgé de la troupe, ces inconnus ajoutèrent :

« *Lao-yê* souffre trop dans cette position, nous l'engageons à nous suivre.

— Et ses gens, répondis-je, qui les emmènera ?

— Nous viendrons les chercher au jour.

— Ainsi seul, où allez-vous me conduire ?

— Dans la pagode du village. »

Il est à remarquer que, par une superstition des plus inhumaines, les Chinois sont persuadés qu'il suffit d'être malheureux pour être coupable ; en nous recueillant dans leurs maisons, ils auraient craint d'attirer sur eux une partie des maux qu'ils voyaient peser sur nous, et dont ils nous croyaient poursuivis par une justice céleste. Nous étions à leurs yeux des *fangên, malfaiteurs*, et des victimes du *Thienming, destin du ciel.*

Je finis, par leur dire que, puisqu'ils venaient me sauver seul, je remettrais au lendemain l'acceptation de leurs bons offices, et ils se retirèrent en répétant que la position était trop douloureuse pour un *Lao-Yê*. Quelle était leur véritable intention ? Nous n'avons pu le savoir. Quant à moi, j'étais assez tenté de les suivre ; mais pourtant, me disais-je, si, à quelques pas d'ici, ils me précipitaient dans le Kiang, pour se débarrasser de la crainte que plus tard je ne dénonce au vice-roi leur brigandage, après s'être défaits de moi, ne prendraient-ils pas au même piège mes compagnons d'infortune ? »

D'après ce récit, l'on voit que la situation des naufragés était critique. Le reste de la nuit se passa dans de cruelles appréhensions ; cependant personne ne reparut, et le jour, en ramenant la lumière, leur rendit l'espérance. Les matelots reprirent la vie qu'ils semblaient avoir perdue. Plus heureux que le capitaine, qui n'avait pu sauver une seule pique, le missionnaire portait sur lui quelques pièces d'argent ; il les montra aux marins, et, comme par une sorte d'enchantement, de morts qu'ils étaient auparavant, les voilà ressuscites.

« *Poupaleo* ! s'écrièrent-ils, *plus rien à craindre ! tiens-y ! tiens-y ! le ciel est poumons ! le ciel est pour nous !* » ce qu'ils entendent du firmament, sans s'élever jusqu'à l'idée de l'Être suprême qui en est l'auteur.
À l'instant, et malgré une pluie d'orage qui n'avait guère cessé de la nuit, quelques matelots s'en allèrent à la recherche d'un moyen de salut ; les uns se placèrent en observation sur le rivage, afin d'adresser des signaux de détresse au premier navire qui s'offrirait à leur vue ; vaine attente ! il ne s'en présenta pas un seul durant

toute la journée. Les autres, qui s'étaient dirigés vers le bras secondaire du *Kiang*, aperçurent bien un certain nombre de barques amarrées à l'autre rive, mais ils eurent beau supplier ceux qui les montaient, et faire luire les *taëls* à leurs yeux, pas un mouvement ne se fit en leur faveur ; ils crurent seulement entendre qu'on leur disait pour toute réponse :
« Nous tenons plus à notre vie qu'à votre argent ; attendez que le vent cesse, nous irons à votre secours dès que nous le pourrons sans danger. »

Ce péril qu'ils n'osaient affronter ni par cupidité ni par compassion, nos gens se décidèrent à le braver sur leur faible chaloupe, qu'ils s'étaient jusque-là ménagée comme une dernière planche de salut. La nacelle mise à l'eau, trois ou quatre coups de vague suffirent pour la leur enlever ; heureusement aucun d'eux ne fut emporté avec elle. En la voyant poussée au large par les flots, le capitaine jeta un cri de désespoir.
« Cette fois, nous sommes perdus ! » dit-il.
Et il se mit à verser un torrent de larmes.
« Pour moi, dit ici le missionnaire narrateur, au milieu de tant de revers, j'avais encore la force de retenir mes pleurs. Je m'abandonnais, à la vérité, aux plus affligeantes réflexions ; mais il me restait une secrète espérance : je pensais qu'après tant d'épreuves, le Seigneur ferait éclater sur nous sa providence.

« Priez, disais-je à mes deux chrétiens, priez Dieu qu'il nous envoie enfin quelque ange libérateur. »

Quelques heures après l'enlèvement de la chaloupe, le capitaine prit le parti d'aller lui-même à la découverte. Peine perdue : le résultat de son excursion, comme celui des précédentes, fut qu'il n'y avait point de secours possible tant que durerait la tempête. À son retour, la consternation devint générale, et elle fut à son comble : on croyait être arrivé au dernier moment de la vie.

CHAPITRE II

Le jour touchait à sa fin, le vent et la pluie continuaient avec la même violence. Il semblait aux naufragés voir le ciel et la terre, armés en même temps contre eux, conspirer ensemble à leur perte. Depuis deux jours ils n'avaient pris aucune espèce d'aliments. Leurs corps, meurtris par le naufrage, étaient encore couverts d'habits humides, et cela sans avoir pu prendre un peu de repos.
Nous avons emprunté ce tableau de la situation de nos voyageurs au missionnaire qui partagea leur infortune ; mais laissons-le ici parler lui-même : il nous dira mieux ses sentiments et ses pensées.
« Nous allons donc mourir ici de faim et de froid, me disais-je, ou plutôt les brigands qui nous ont épargnés la nuit dernière nous réservent pour celle-ci une visite dans laquelle nous serons tous égorgés.
Je n'étais pas non plus très rassuré sur le compte de nos matelots, tous païens, qui auraient bien pu se dédommager de leurs pertes à nos dépens, et se défaire de nos personnes pour mieux jouir de nos dépouilles.
Ce qui me faisait le plus de peine était de périr ainsi sur ce misérable îlot, sans aucune utilité pour la religion, après avoir si souvent et si ardemment désiré l'honneur de pouvoir un jour prêcher un mandarin dans son prétoire, et, au sortir de là, d'être envoyé au martyre.
À ce regret se mêlaient des souvenirs qui m'inspiraient de justes craintes. Je me rappelais avoir entendu dire qu'à la nomination du deuxième vicaire apostolique de la Corée, le courrier qui lui portait les insignes épiscopaux, ayant été, pendant son voyage à travers la Chine, arrêté par des voleurs, dépouillé de tout, puis garrotté à un arbre, fut ensuite rencontré dans un si pitoyable état par des satellites qui le détachèrent. C'était bien jusque-là. Mais ces libérateurs, ayant appris à quelle espèce de gens il avait eu affaire, se mirent aussitôt à leur poursuite, et avec les malfaiteurs s'emparèrent aussi des objets volés, ce qui donna sujet à une grande persécution. Je craignais également de voir se renouveler à peu près la même scène.

Comment se pourrait-il faire, me disais-je, qu'un pillage accompli en plein jour, et auquel tant de mauvais sujets ont pris part, n'éveillât pas enfin l'attention et la vigilance de l'autorité ? Peut-être mes ornements, mon crucifix et autres objets de religion sont-ils déjà entre les mains d'un magistrat ! Tout Je monde ne sait-il pas ici que les *makouay*, satellites chargés de répondre des voleurs aux mandarins, partagent le plus souvent le butin avec eux, à condition de protéger leurs nouvelles tentatives de rapines ? Comment pourrait-il donc se faire qu'en partageant nos dépouilles, ils n'aient pas reconnu que les objets enlevés appartenaient, pour la plupart, au culte des chrétiens, à cette religion des martyrs et des proscrits, contre laquelle on avait récemment publié tant d'édits dans tout le Houpé ? Quelle bonne fortune pour eux que cette découverte ! Outre qu'ils y gagnaient la prime promise aux dénonciateurs d'un prêtre, ils faisaient preuve de vigilance, et se trouvaient, par la seule arrestation d'un missionnaire, dispensés pour longtemps d'être sévères envers les malfaiteurs. Aussi ne voyais-je que la prison au sortir de notre îlot, si toutefois j'en sortais ; et, s'il fallait y mourir, je tremblais de léguer encore la persécution à une province déjà inondée du sang chrétien.

Que faire pourtant pour conjurer ce malheur ? J'avais déjà beaucoup prié, et non-seulement je ne voyais pas mes supplications suivies d'un heureux dénouement, mais chaque pas, au contraire, nous enfonçait plus avant dans l'abîme. Il me vint alors, quoique un peu tard, l'idée d'une nouvelle prière que voici : « Seigneur, ne repoussez pas mon humble demande ; par l'intercession de notre nouveau martyr, Jean-Gabriel Perboyre, venez à notre secours ! »

Je la répétai trois fois avec une ferveur dont je trouverais peu d'exemples dans ma vie ; après quoi, me persuadant que je venais d'accomplir en grande partie ce que j'avais à faire, soit pour la vie, soit pour la mort, je m'abandonnai à la divine Providence, et, comme déchargé du poids de mes inquiétudes, je succombai enfin au sommeil. »

À peine le missionnaire était-il assoupi qu'un matelot s'écria : « Voici un bateau ! voici un bateau ! » Celui qui le montait ne venait probablement que pour épier s'il restait quelque chose à prendre. À la vue des naufragés, il voulut passer outre, sous prétexte que les vagues étaient encore trop hautes pour qu'il pût aborder sans danger. Mais Dieu permit qu'à force de promesses et de prières, le nautonier qu'il leur envoyait consentît à chercher et trouvât enfin, à une centaine de pas d'eux, un endroit accostable. Quatre ou cinq des naufragés s'emparèrent à l'instant de sa nacelle pour aller à la station la plus voisine, située à peu de distances ; les autres durent se contenter de la promesse qui leur fut faite, qu'on allait, pour eux, louer au port une grande barque. Ils pouvaient d'ailleurs attendre plus patiemment le retour : la pluie avait cessé, le vent se calmait. « Notre cœur si abattu, dit le missionnaire, se trouvait à moitié relevé de son accablement, après une si cruelle angoisse, la plus vive que j'aie eu de ma vie, parce qu'elle en a été la plus longue. »

Les matelots, fidèles à leurs paroles, après avoir apaisé la faim qui les dévorait, n'eurent rien de plus pressé que d'exposer leurs malheurs au commandant du port. Il eut ou il fit semblant d'en avoir grande pitié, et dépêcha, pour délivrer ceux qui étaient restés dans l'îlot, un des six navires au service de la station.
Les huit hommes qui le montaient, quoique d'une taille et d'une force peu ordinaires, avaient grand'peine à vaincre la houle, encore soulevée par la tempête expirante. Ramant de toute la vigueur de leurs bras, et toujours en cadence pour mieux s'animer, ils amenèrent les naufragés à l'entrée de la rade, où se trouvaient environ trois cents personnes, accourues pour voir un mandarin avec la mine d'un naufragé. « De tous ces spectateurs, partagés en deux rangs, raconte le missionnaire, les uns riaient aux éclats, les autres semblaient s'apitoyer sur mon sort ; la plupart, me voyant chanceler, ou m'offraient un appui bienveillant, ou m'adressaient quelques mots de politesse. Enfin, après être tombé en défaillance dans la boue une dizaine de fois, je parvins en face de l'hôtellerie où m'attendait, avec toute son escouade, un preux caporal chinois,

que je distinguai des autres à son espèce de schako. Il me reçut en grande cérémonie. Par ses soins, un grand feu m'avait été préparé, une sorte de collation avait été servie, et je pus, en toute liberté, rompre une diète absolue de plus de deux jours, en faisant main basse sur une assiette pleine de pâtisserie, et tout en répondant à mille questions plus embarrassantes les unes que les autres. »

En attendant, on apprêtait au missionnaire-mandarin un bon souper, pour lequel le commandant et le majordome voulurent être de la partie, afin de lui continuer une courtoisie dont il se serait fort bien passé, d'autant plus qu'un de ses conducteurs avait déjà eu l'imprudence de dire que, dans le pillage, il avait perdu deux malles contenant des effets précieux.
Le caporal, voyant les spectateurs se retirer peu à peu, revint sur cet article qui avait jusqu'alors tant intrigué le missionnaire : car il appréhendait qu'on ne les eût recouvrées, et qu'à la vue de l'étrange contrebande qu'elles renfermaient, on ne se doutât de son caractère. Il s'aperçut cependant que le caporal le craignait autant qu'il le redoutait lui-même. Et, en effet, c'était une chose assez humiliante pour un homme de sa profession, payé avec ses gardes-côtes pour maintenir le bon ordre, qu'à sa barbe on fût venu impunément attaquer et dépouiller jusqu'à un mandarin ! Il commença donc par s'excuser en exposant que l'année avait été des plus malheureuses, à cause de l'inondation qui avait été élevée plus haut, et qui avait duré plus qu'à l'ordinaire.

« Ces parages, ajouta-t-il, confinant aux dépendances de trois grandes villes, pullulent de malfaiteurs de toute espèce, qui, poursuivis devant les tribunaux d'une juridiction, passent aussitôt sur le territoire des autres pour s'esquiver et gagner du temps, en sorte qu'il est impossible d'en finir avec eux. »

Ravi de lui voir prendre ainsi la défensive, le missionnaire l'eut bientôt rassuré sur les suites de sa coupable négligence, en lui répondant qu'il était lui-même parfaitement au fait de sa position, qu'il ne tenait pas à ses malles, qui réellement contenaient des objets précieux et même de l'argent ; mais qu'il en faisait volontiers le sacrifice, pourvu qu'il pût parvenir sain et sauf à Han-Keou ; qu'en supposant même que plus tard elles fussent par lui découvertes, il lui en faisait l'abandon, à condition pourtant que les ravisseurs seraient punis.

Le repas fini, les convives du missionnaire insistèrent pour lui faire passer la nuit à l'auberge, afin d'y reposer plus à son aise ; mais il s'y refusa pour se mettre à l'abri de tout leur babillage. Il retrouva au port les matelots, ses compagnons de naufrage. Comme ils étaient dépouillés de tout, ils attendaient le prétendu mandarin pour le prier de leur faire à chacun l'aumône de ce qui leur était nécessaire pour s'en retourner dans leur famille. Le Père accéda d'autant plus volontiers à leur demande qu'ils lui avaient été très fidèles. Après tous les mouvements d'une scène si étrange, pendant laquelle il avait été forcé de jouer tant de rôles bizarres, il se retira dans sa nouvelle barque, où bientôt il fut enseveli dans un sommeil profond et tranquille. On aurait pu l'écorcher (c'est sa propre expression), qu'il n'aurait rien senti.

Le lendemain, le nouvel équipage eut le bonheur d'appareiller avec un assez bon vent, et prit la direction de Han-Kioù, distant de neuf à dix lieues seulement. Avant la moitié du chemin, le vent avait d'abord cessé ; il reprit bientôt, mais contraire à la marche du navire : heureusement les matelots étaient des gens déterminés, et qui ne redoutaient pas la fatigue du voyage.

Deux des petites malles du missionnaire avaient échappé au naufrage et au désastre qui l'avait suivi ; ses compagnons de voyage avaient été assez heureux, de leur côté, pour sauver celle qui contenait leurs vêtements. C'était pour tous comme un présent du ciel dans cette circonstance. Les habits dont ils étaient couverts étaient encore humides ; d'ailleurs leur séjour dans le *Hou-Pé*, où le Père avait à prendre les informations demandées, devant durer six à sept mois, au rapport de monseigneur Rameaux lui-même, et cela pendant la saison la plus rigoureuse, cette dernière ressource leur devenait d'une nécessité indispensable.

Les yeux de nos voyageurs cherchaient la terre, quand ils

rencontrèrent enfin, sur le soir, l'imposant aspect de l'immense forêt de mâts dont les cimes innombrables commencent à s'élancer du milieu du Kiang, c'est-à-dire à deux ou trois lieues au-dessous de *Où-Tchang-Seng*, *Han-Yang-Foû* et *Han-Kéou*, trois grandes villes qui, à cause de leur proximité, ne semblent en former qu' une seule.

La nuit était déjà obscure lorsque la barque parvint à l'endroit du fleuve où il est entièrement couvert de ces navires et embarcations de toute grandeur, de toute forme, et venus de presque toutes les provinces d'un si vaste empire. Il n'est peut-être pas au monde de port aussi fréquenté que ce lieu ; du reste, il passe pour le plus commerçant du pays. Nos voyageurs entrèrent dans une des voies qui y sont ouvertes, espèce de rues bordées des deux côtés de boutiques flottantes, et enfin, vers les dix ou onze heures du soir, dégagés, non sans peine, d'un si long et si difficile labyrinthe, ils arrivèrent, sans autre perte que celle du temps, à leur débarcadère, que le missionnaire croyait à tort le terme de ses malheurs.

Tchâng-Siang-Koûng descendit aussitôt à terre pour prévenir les chrétiens de l'arrivée du Père ; celui-ci, ne le voyant pas revenir, craignit quelque mauvaise aventure, et ses soupçons furent bientôt fortifiés par l'abordage d'une barque qui vint déposer auprès de celle où il se trouvait trois hommes et une femme. Le batelier, entré dans la ville, se mit à crier aux portefaix et aux curieux qui, à cette heure, encombraient encore le quai : Ce sont des *tchê-tsay-ti* (sectaires non autorisés par la loi) dont le mandarin vient de faire la capture.

Bien que le missionnaire n'eût pas entendu nommer la religion chrétienne (*Tien-Tchu-Kiao*), il avait, malgré cela, un tel pressentiment qu'il s'agissait d'elle, qu'un premier mouvement de terreur s'empara tout d'abord de son âme.

« Eh quoi ! se dit-il aussitôt, tu regrettais de laisser ta vie dans l'îlot de *Yè-Kià-Tcheòu* : eh bien ! Dieu t'a exaucé, tu pourras la finir plus honorablement, ou dans les cachots, ou sur l'échafaud. »

Enfin pourtant arrive *Tchâng-Siang-Koûng*, après s'être bien longtemps fait attendre, et le résumé de son rapport fut que, trouvant le Père et ses compagnons avec des effets tout fangeux, il fallait un peu plus de temps pour préparer des appartements convenables. Le missionnaire s'approche secrètement de son oreille :

— Qu'est-ce qu'il y a donc ? lui dit-il.
— Persécution, répond le guide ; nous ne pouvons débarquer.
« Quel nouveau contretemps ! pensa le missionnaire. Le beau mandarin qui ne peut se déclouer de son bachot ! »
Cependant le missionnaire, qui désirait pouvoir s'entretenir librement avec ses compagnons, avait dit aux bateliers de préparer leur souper : par politesse ou pour tout autre motif, ils refusaient de s'en occuper ; à les entendre, il devait être seul l'objet de leur attention ; ils n'étaient, eux, que des gens inutiles... Toutefois ils ne lui laissaient pas ignorer qu'après la décharge de ses effets, ils devaient se rendre ailleurs pour passer la nuit, sous prétexte qu'il n'y avait pas dans cette rade de sûreté pour leur barque. Quel moyen de se tirer de là ? Les chrétiens, en accueillant le Père et ses compagnons de voyage, s'exposaient à se faire prendre avec eux ; d'un autre côté, où trouver une auberge qui consentît à les recevoir avec un si pitoyable bagage ?
Le ciel vient encore à leur secours, et d'une manière inattendue... ils aperçoivent sur le rivage un catéchiste, qui, de loin, leur adresse ces paroles :
« Venez à terre. »

Nos voyageurs se rendent avec joie à cette invitation : le catéchiste prend le missionnaire par la main, et, après avoir fait nombre de détours pour tromper les observateurs, il l'introduisit dans sa demeure.
C'était l'avant-veille de la Toussaint. Voici comment il avait appris l'arrivée du Père. Tandis qu'il allait, au sujet du missionnaire qu'on attendait, tenir conseil avec d'autres chrétiens, il avait rencontré par hasard, ou plutôt par une disposition providentielle, les quatre personnes dont nous avons parlé plus haut ; deux chrétiens et une chrétienne qu'un satellite reconduisait

chez eux après huit jours de captivité, non pas que leur affaire fût terminée, mais parce qu'ils avaient pu, avec de l'argent, trouver des cautions, en promettant de reparaître en cas d'un nouveau jugement. Instruit par eux, le courageux catéchiste avait pris aussitôt sur lui d'aller délivrer nos voyageurs. Dieu ne laissera pas son œuvre sans récompense.

C'était à Hàn-Kéou que se trouvait le missionnaire. Située vis-à-vis de *Ou-Tchang-Seng*, capitale du *Hou-Pé*, dont elle n'est séparée que par le *Kiang*, et à côté de Han-*Yâng-Foû*, qui n'en est détachée que par une rivière qui se jette dans le fleuve, cette ville est la plus commerçante de celles qui l'environnent. Au milieu du Kiang, jusque fort au-dessus de Hàn-Kéou, flotte une quatrième ville, formée d'innombrables navires. Dans l'espace de cinq à six lieues pour le moins, soit en montant, soit en descendant ce fleuve, que l'on prendrait pour un bras de mer, on ne voit que maisons sur les deux rives, et au milieu une infinité de barques de la l'orme la plus belle et en même temps la plus bizarre. Les unes sont à l'encre, les autres croisent le fleuve du matin jusqu'au soir, dans toute cette étendue.

Péking passe pour la ville la plus vaste et la plus peuplée de l'univers, en raison du territoire qu'elle occupe ; eh bien ! l'on dit que la population de ces quatre villes dont nous venons de parler, qui tout naturellement n'en font qu'une, s'élève au triple de celle de la ville impériale...

« On parle beaucoup de la magnifique situation de Constantinople, je doute fort, dit le missionnaire que nous avons déjà cité, qu'elle puisse offrir une aussi belle perspective : si elle a quelque chose de plus séduisant, elle est loin certainement d'être aussi imposante. Quoique toutes les puissances européennes fréquentent le superbe Bosphore, son commerce est assurément bien au-dessous de celui de notre Bosphore hoûpenois, aujourd'hui même que la guerre avec les Anglais lui a porté un si rude coup. »

Les dix-huit provinces de la Chine proprement dite comptent un grand nombre de villes murées, savoir : cent quatre-vingt-huit *fous* ou villes du premier ordre, deux cent trente-sept *tcheoûs* ou villes du deuxième ordre, et douze cent soixante et dix-neuf *hiens* ou villes du troisième ordre. On connaît les remparts dans cette contrée ; mais ce sont des remparts qui, à cause de leur faible élévation, pourraient être dits à la Vauban : pas une tour qui les défende, mais seulement quelques misérables bastions, quelques créneaux à barbacane, écroulés en partie ou gravement sillonnés de profondes crevasses. Près de chaque ville, à la distance de quelques *lys*, se trouve une seule tour, de forme octogone, à neuf étages, et autant d'avant-toits, où les esprits protecteurs de cet édifice fixent, dit-on, leur demeure.

Quant à l'intérieur des villes, qu'on n'y cherche pas de beaux quais, de superbes monuments, des rues élégantes et alignées au cordeau. Vues de loin, les quatre dont nous venons de parler présentent un coup d'œil imposant ; si on approche, on ne trouve sur le rivage du Kiang que d'informes talus, horriblement détériorés par les inondations ; dans les rues, que des échoppes entourées de palissades ; de pauvres ateliers minés par les eaux, ou ruinés de vétusté. Les vides laissés entre ces masures sont comblés par des immondices qui répandent à l'entour une odeur suffocante. Point de régularité dans l'alignement des maisons, point de trottoirs, point de lieux pour se mettre à l'abri de la foule qui vous presse, qui vous coudoie, qui vous dispute le passage ; on y marche pêle-mêle au milieu des boeufs, des porcs et autres animaux domestiques, se garantissant comme on peut de l'infection que répandent les ordures de toute espèce, recueillies avec soin par les Chinois, dans l'intérêt de l'agriculture, et transportées en plein jour dans de petits tonneaux découverts. Seulement, de distance en distance, la vue fatiguée rencontre quelques riches magasins, de belles et vastes maisons, d'opulentes pagodes. Les places et promenades publiques sont remplacés par des jardins, des étangs et même des champs.

Mais reprenons notre récit, et laissons un instant parler le missionnaire qui va, dans un touchant récit, nous dire le peu de fruit recueilli, dans l'intérêt de la mission qu'il avait reçue, d'un voyage si long et si pénible.

« Hélas ! écrivait notre pieux pèlerin, j'ai la douleur de vous apprendre que j'ai été loin de pouvoir atteindre le but de mon importante mission. Adorons les desseins de Dieu qui a voulu qu'elle fût traversée jusqu'à la fin. Je ne manquais pas de bons chrétiens pour me dédommager, par leur empressement, des rudes épreuves de mon voyage, mais je ne pouvais arriver dans des circonstances plus intempestives : point d'évêques, point de prêtre. Monseigneur le vicaire apostolique avait auparavant fixé sa résidence à *Out-Chang-Foû* ; mais personne ne connaissait sa retraite actuelle. Les autres prêtres étaient tous dispersés eu différents districts.

D'un autre côté, la fameuse tempête nous poursuivaient encore de ses tristes suites. Nous eûmes trois jours de pluies continuelles ; nos effets périssaient et infectaient ; enfin, après trois jours passés dans une maison qui, du temps de Monseigneur Rameaux, avait servi de chapelle, et qui, depuis cette époque, était trop bien connue des satellites, le danger que redoublait encore le concours des fidèles dans mon asile me fit songer à le quitter. Mon *siang-Koun* fut chargé de repasser le *Kiang* pour annoncer aux chrétiens de *Gut-Ckanc-Foû* que, puisqu'il m'était impossible d'agir sans Monseigneur d'Arade, et que je ne pouvais parvenir jusqu'à lui, j'allais me rembarquer pour le *Kiang-Si*.

Ces bons fidèles, qui étaient venus bien des fois m'inviter, quoique un peu froidement, par crainte de la persécution, à me rendre au milieu d'eux, accourent aussitôt pour m'annoncer que Monseigneur Rizzolati était en route, et qu'il venait même d'indiquer une entrevue auprès de leurs maisons. Le lieu était une petite chapelle formée d'un galetas, et que je trouvai bien ornée. Monseigneur le vicaire apostolique arriva effectivement, et j'appris que, pendant l'alerte qui venait d'avoir lieu, il avait choisi pour sa retraite une hôtellerie païenne, où on le prenait pour un marchand chansinois [hollandais de la Chine].

Voici l'occasion de cette alerte. Monseigneur Rizzolati avait fait acheter des matériaux en bois, briques, chaux, etc., dans l'intention de faire agrandir une chapelle construite autrefois dans une chrétienté appelée *Pékié*, distante d'une journée tout au plus d'*Ou-Tchang-Sên*, et d'y ajouter encore quelques appartements pour un petit séminaire. Ce projet coïncida malheureusement avec celui des Anglais dans la province de *Kéang-Nân*. Bien qu'éloignés de Han-Keou de quatre à cinq cents lieues, ils ne laissaient pas d'inspirer la terreur d'une prochaine invasion : on disait dans le public « que les *Koung-Kouy-Tse*, ou diables rouges, une fois entrés dans le *Kiang*, avaient affamé le Nord, et conquis le Midi ; que l'empereur *Tao-Kouan* était en fuite ; qu'un prince de l'ancienne dynastie, nommé *Tehu*, lui avait été substitué pour les provinces situées au septentrion, au-dessus du *Kiang* ; que celles du sud, au-dessous du fleuve, formaient un nouvel empire sous la domination des vainqueurs. À *Han-Kéou*, à *Ou-Tchang* et à *Hanc-Yang*, on allait jusqu'à dire que mille Anglais étaient déjà cachés dans la chrétienté de *Pékié*. »

Aussi, lorsque les infidèles virent à l'eau la petite flottille chargée des matériaux de construction que les chrétiens avaient eu l'imprudence d'expédier tout à la fois, on s'empressa de divulguer qu'on attendait à Pékié plus de dix mille Anglais, pour lesquels on voulait bâtir de dignes habitations. On n'avait pas encore commencé à déposer les matériaux sur le rivage que déjà grondait la persécution.

La nuit même qui suivit le départ de Monseigneur Rizzolati, les satellites enlevèrent de la chapelle les effets, vêtements et objets de religion qu'on y avait déposés. Un édit fut lancé par le mandarin, et six chrétiens arrêtés ; les autres avaient pris la fuite, ne laissant dans leurs maisons que les femmes et les enfants. Cet ordre se renouvela plusieurs fois dans une huitaine de jours, et autant de fois les chrétiens furent obligés de déserter.

Me trouvant donc de l'autre côté du *Kiang*, avec l'honneur de jouir, dans cette Babylone d'*Ou-Tchang-Sên*, de la présence de Monseigneur Rizzolati, nous employâmes les premiers jours aux formalités voulues pour les procédures en matière de canonisation. De sinistres nouvelles vinrent bientôt les interrompre ; les bruits de persécution se multipliaient : un chrétien, au milieu des tourments, venait d'avouer au mandarin qu'il y avait dans la province deux Européens, un *ly*, c'était l'évêque, et un *mâ*, c'était son provicaire, M. Maresca. Interrogé

encore si *Mou-Taô-Ynen*, Monseigneur Rameaux, très connu sous ce nom dans tous les tribunaux du *Hou-Pè* pendant la dernière persécution, s'y trouvait aussi, il avait répondu négativement, affirmant qu'il en était sorti, et qu'il ignorait, le lieu de sa retraite.
Un autre chrétien, baptisé depuis peu, était en prison : son père et sa mère, encore païens, menaçaient chaque jour de poursuivre en justice Monseigneur d'Arade pour l'obliger à leur faire rendre leur fils.
Ces bruits et d'autres semblables nous obligeaient à songer à nous séparer ; toutefois, pour ne pas manquer entièrement le but de mon voyage, je crus devoir supplier Mgr le vicaire apostolique de vouloir bien s'occuper, quand le temps le permettrait, des informations juridiques sur le martyre de notre cher confrère, puisque mes péchés m'enlevaient la consolation de mener à bonne fin une œuvre aussi importante. »

CHAPITRE III

La persécution obligeait le missionnaire de quitter la terre voisine du *Hou-Pè* avant d'avoir pu remplir la mission que lui avait donnée son évêque : il allait donc se rembarquer, et reprendre la route de sa chrétienté. Oh ! combien il dut être pénible à son cœur de laisser une terre arrosée du sang d'un de ses confrères sans avoir pu contribuer par lui-même aux informations qui devaient se faire sur son martyre !

Il fallait s'éloigner promptement ; mais, avant de partir, ne verrait-il pas du moins le tombeau du confesseur de la foi ? Il lui en eût trop coûté, après un si long voyage, de s'en retourner sans avoir rendu visite aux restes de Monseigneur Perboyre, qui reposaient à deux lieux d'Ou-Tchang-Sên, du côté de la seconde porte orientale.

« Un dimanche donc, veille de mon départ, dit-il, immédiatement après la messe, je m'acheminai avec un guide vers le lieu de la sépulture : elle était située dans un carré de quelques arpents seulement, penché vers le couchant, et, par conséquent, vers notre chère Europe ; quelques mottes de terre superposées à une légère élévation la protégeaient de tous côtés.

C'est dans cette modeste retraite que reposent les précieux restes de notre saint martyr, en la compagnie de neuf autres apôtres, dans l'ordre suivant. Au milieu, du côté d'en haut, sont les tombeaux réunis de trois frères de l'ordre de Saint-Ignace : l'un de ces trois frères mourut dans le *Hou-Pê*, après deux ou trois mois d'apostolat ; le second, dans la même province, d'où il fut ensuite transporté à *Oût-Chang-Fou* par le troisième, qui travaillait alors dans le territoire dont cette ville est la capitale. Au commencement des deux lignes collatérales, ce sont encore deux jésuites, aussi bien qu'au second rang de la colonne à gauche ; en tout six frères, tous Français. À côté du dernier tombeau des frères jésuites se trouve celui d'un lazariste : c'est Monseigneur Perboyre ; à droite, est celui de M. Clet ; enfin deux prêtres de l'Association de la Sainte-Famille terminent, des deux côtés, l'une et l'autre colonne.

Les sépulcres de ces bienheureux missionnaires sont ornés d'une pierre sculptée, en haut de laquelle est gravé le monogramme du Sauveur, et, au-dessous, leur nom chinois, leur nom de baptême et l'année de leur sépulture. Trois cependant, savoir : celui de Monseigneur Perboyre et ceux des deux prêtres de la Sainte-Famille, sont encore bien informes et privés de toute indication des trésors qu'ils renferment. J'ai pris des mesures pour procurer une inscription à celui de notre illustre confrère.

L'épitaphe qui a été placée sur le tombeau de M. Clet, également martyr, est ainsi conçue : *Taò-Eouang Au-Mien, y-yan soui, Kou-liou-louy-Esse, Ouey-toêng-tchio hoey-sâ-tsé-tô*, c'est-à-dire :

« La cinquième année de Tao-Kouang (empereur actuel), a été déposé ici Louis Lieoù, prêtre de la congrégation de Saint-Vincent. »

Celte cinquième année correspond à 1825, époque où le corps de notre confrère, enseveli ailleurs, fut transporté dans la terre où il repose. Les siècles antérieurs sont exprimés par ces mots : *Y-yan-soui*, qui ne sont autre chose qu'une des soixante différentes indications employées pour désigner toutes les années successives de l'empire chinois, jusqu'au commencement du règne actuel ; en sorte que le nombre de soixante une fois épuisé, le tour recommence, et ainsi de suite indéfiniment. *Lieoû* est le nom chinois de M. Clet.

Le tombeau de R. Haubin, qui finit aussi sa vie dans les fers pour la confession de la foi, se trouve à quatre ou cinq journées de distance de ce cimetière, dans les dépendances d'un *hien*, ou ville du troisième ordre. Je crois avoir entendu dire que M. Dumazel avait été inhumé sur les montagnes de *Kou-Tching-Hien*.

À notre arrivée, quelques infidèles qui habitent dans le voisinage étaient venus nous offrir leur ministère pour le cas où nous voudrions ajouter quelque ornement à des tombeaux si simples ; nous eûmes beaucoup de peine à nous débarrasser de leurs importunes instances ; la promesse de les employer plus tard put seule les faire disparaître.

Enfin il me fut donné de répandre en toute liberté mon cœur, mes prières et mes larmes sur ces tombes chéries. Mille réflexions, tour à tour consolantes et sombres, douces et terribles, traversaient successivement mon esprit. Le temps qui marchait vite en ce lieu plein d'intérêt pour un enfant de saint Vincent me força bientôt d'y mettre un terme. Je récitai neuf Gloria au tombeau de Monseigneur Perboyre, un *Te Deum* pour lui et pour M. de Clet, plusieurs *De profundis* pour tous nos autres si dignes prédécesseurs dans l'apostolat, et je leur fis enfin à tous de respectueux et douloureux adieux, en priant nos deux confrères de m'obtenir la grâce d'imiter leurs héroïques vertus.

Et maintenant, Monsieur et très cher confrère, puisque la volonté de Dieu, au lieu de me laisser parcourir les plaines et gravir les montagnes de *Hou-Pè* et du *Ho-Nàn*, me condamnait à battre simplement, pendant une quinzaine de jours, le territoire de *Han-Kéou* et de *Out-Champ-Foû*, il fallait bien s'y soumettre et s'en retourner, afin de cesser d'exposer soit Monseigneur d'Arade, soit le Père Maresca. Ce dernier, qui devait aussi prendre une part active aux procédures, et devenir mon compagnon de courses, n'était arrivé que depuis deux jours.

Toute mesure possible étant donc prise pour la réussite future de notre importante affaire, je me rembarquai pour le *Kiang-Si* et recommençai un autre voyage qui devait, comme le premier, être traversé jusqu'au terme. »

Pour diminuer les frais de naulage, le missionnaire avait permis qu'on lui retînt à *Han-Keou* une barque marchande sur laquelle se trouvait déjà un passager pékinois ; il espérait, avec ses compagnons, que, le baragouin du Nord étant assez différent de celui du midi, il n'aurait rien à craindre de son accent étranger ; par le fait, ce Pékinois était un homme de la plus aimable et de la plus sûre compagnie. Cette concession, et bien plus encore l'amour du gain, avaient porté le pilote à prendre, à l'insu du Père, un troisième passager : sa supercherie n'était pas soupçonnée ; elle ne fut pas découverte à l'embarquement.

Une fois désancrés, la faute se trouva commise, sans qu'il fût possible à nos chrétiens de la réparer. Bientôt le missionnaire aperçut un homme qui préparait un lit sur l'arrière du bâtiment : il en ressentit de la peine, et s'en plaignit aussitôt au capitaine. Celui-ci, pour toute excuse, répondit que le préposé du bureau chargé de la surveillance des barques lui avait imposé ce voyageur, sans lui laisser la liberté de le refuser.

Ce n'était là qu'une défaite ; mais que faire ? Il fallut se décider à faire le voyage avec cet homme, malgré l'inquiétude qu'il donnait.

Peu à peu l'inconnu s'introduisit dans l'intérieur de la barque, et ne fut pas longtemps sans faire penser aux voyageurs qu'ils avaient fait en lui l'acquisition d'un dangereux garnement. Cependant il se contint un peu durant les premiers jours.

À l'approche du lac *Pô-Yang*, il ne se passait presque pas de moment dans le jour que l'on ne rencontrât quelque détachement de l'escadre chinoise qui revenait de *Kiang-Nân*. Ces troupes appartenaient sans doute à l'armée de la terre, et non à la marine, car elles ne montaient que des bâtiments frétés ; chacune de ces bandes avait arboré un pavillon sur lequel on lisait l'indication des décuries, des centuries, des divisions, des légions auxquelles elles appartenaient, et le nom de la province qui les avait fourni.

Cette vaillante armée, qui n'avait pas vu l'ennemi, n'en revenait pas moins triomphante, comme si elle l'eût taillé en pièces. Son chant de triomphe commençait par ces mots.

« *Hoûng-koûy-tré*, ce drapeau déployé, les ennemis ont pris la fuite. »

« À en juger par les détachements qui passèrent comme en revue devant nous, dit le missionnaire, l'armée chinoise devait être fort considérable. On dit que cette fois-là l'empereur avait véritablement fait des levées dans tout son empire, ce qui n'empêcha pas qu'avant même que son armée ne fût rassemblée sur le théâtre de la guerre, il ne capitulât avec les Anglais, leur accordant la liberté de commerce dans cinq de ses ports, et leur promettant deux mille taëls, environ vingt-huit ou vingt-neuf millions de francs. Ce prince faible et inconséquent faisait en même temps un grand déploiement de force et un traité honteux, plutôt que de courir les chances d'une bataille.

Il paraît que la somme promise aux Anglais a mis de la gêne dans le trésor ; peut-être faut-il attribuer à cette cause une mesure que vient de prendre l'empereur. Sur une pétition adressée par les six premiers tribunaux de Pékin, il a rendu une ordonnance qui retranche jusqu'à nouvel ordre la moitié de leurs traitements à tous les mandarins de l'empire. Je tiens ce fait d'un chrétien déjà gradué qui se rend à Pékin pour obtenir quelque emploi par la voie du concours public. »

Cependant la barque qui portait le missionnaire poursuivait paisiblement et sans obstacle le cours du fleuve ; c'était pour le Père, après ses méditations et ses prières, un agréable délassement de considérer ce fameux *Kiang*, qui lui présentait un aspect bien autre que lorsqu'il le remontait. En allant au *Hou-Pè*, comme c'était le moment des inondations, il ne pouvait distinguer un fleuve dans cette mer sans rives ; actuellement le *Kiang* roulait ses eaux tranquilles entre deux bords couverts de moisson déjà verdoyantes.

Il n'est pas hors de propos de dire ici ce qui se passe dans cette contrée lorsque les inondations du fleuve sont considérables. Ceux qui habitent ses bords émigrent dans d'autres provinces, et particulièrement dans celle du *Kiang-Si*. Or voici comment se fait cette émigration.

Lorsque le débordement commence à amener la disette, les pauvres mettent à contribution les riches du chef-lieu et reçoivent du grain à titre d'emprunt. Si l'inondation ne diminue pas assez tôt pour qu'on puisse faire les récoltes successives du blé, du riz, du coton, des fèves, du maïs et de diverses plantes inconnues en France, et d'un grand usage en Chine, l'émigration est jugée indispensable et définitivement arrêtée.

Alors ces pauvres riverains se réunissent en troupes de cent ou deux cents ; chaque bande prend pour chef et pour guide un membre d'une famille riche. Celui-ci ne peut pas refuser ce singulier honneur sans s'exposer à perdre le grain qu'il a prêté, et sans voir même ses biens livrés au pillage ; s'il accepte, au contraire, il peut espérer de récupérer ses fonds, d'en retirer même un intérêt avantageux.

Les émigrants partent ainsi à la suite de leurs chefs, quelque part qu'ils se dirigent ; ils gardent une exacte discipline. Ils n'entrent pas dans les maisons pour quêter ; le long des chemins, quoique leurs regards se portent sur les passants avec une douloureuse anxiété, on ne les voit jamais leur demander la plus légère aumône. Sont-ils arrivés dans un village ou dans un marché, le chef, qui est ordinairement un bachelier, quoique en habit de mendiant, s'adresse, au nom de tous, aux anciens du village, aux notables du bourg, avec lesquels il traite seul de l'aumône qu'il demande. S'ils entrent dans une ville, le même ordre s'observe. C'est toujours le chef de la bande qui seul a le droit de porter la parole : il va d'abord au mandarin, qui, pour l'exemple et pour satisfaire à son devoir, fournit une aumône convenable ; chacun donne ensuite suivant ses dispositions et ses moyens ; il est rare qu'ils soient complètement rebutés.

Ces dispositions générales envers les émigrants les empêchent de mourir de faim, mais elles leur laissent bien des maux à souffrir : c'est à peine si les deux tiers peuvent revoir leur pays ; les autres périssent durant l'émigration par les marches excessives, l'humidité, le froid, les chaleurs, l'insalubrité des aliments, les intempérances qui succèdent à ces jeunes forcés, et surtout par la malpropreté.

Le plus souvent les bandes se subdivisent en deux sections : la première se forme d'hommes avec leurs femmes, et de jeunes gens maigres, défaits, haletants sous le poids des instruments de cuisine, du riz, de la paille, du bois, etc. ; la seconde est composée de femmes et de filles, les unes jaunes comme du safran, les autres aussi pâles que la mort. Ces infortunées ont, pour la plupart, besoin d'un bâton pour se soutenir sur leurs pieds, et cependant il leur faut encore porter sur les bras ou charger sur leurs épaules les plus jeunes des enfants ; leur cœur est déchiré par les cris de ceux qu'elles mènent à leur suite, trop lourds pour être portés, et trop faibles pour soutenir les fatigues de la marche ; aussi tombent-ils souvent de lassitude : affligeant spectacle dont notre missionnaire avait été déjà plusieurs fois témoin oculaire.

Un jour, le soleil des tropiques darde ses rayons sur la tête presque nue de tant de malheureux ; le lendemain, ils sent inondés d'un torrent de pluie. Et puis où iront-ils, où passer la nuit ? ils ne se rencontre personne qui leur offre un asile ; il n'est point d'auberge qui les reçoive : ils s'arrêtent, dans la soirée, sous quelque hangar, sous le vestibule de quelque pagode, au risque d'être étouffés par la fumée, suffoqués par la mauvaise odeur, dévorés par les insectes qu'engendre la malpropreté. Telle est leur vie de chaque jour.

Ceux dont les forces résistent à tant de souffrances trouvent, dans les secours qui, leur sont alloués, non seulement de quoi s'arracher à la faim mais encore des ressources pour acheter des grains qui doivent les nourrir jusqu'à la prochaine récolte, ensemencer leurs terres, acquitter leurs dettes, raviver le grand-père et la grand'mère laissés dans le pays inondé, si toutefois ils les trouvent encore.

« L'année dernière, dit le missionnaire après avoir raconté cette navigation, avant mon départ pour le *Hou-Pè*, une troupe de plus de cent cinquante de ces malheureux parvint à une de nos chrétientés, éloignée d'environ deux journées de celle où je faisais la mission. Un catéchisme aperçu sur une table par le chef des pauvres amena une reconnaissance entre le maître de la maison et la bande des mendiants toute composée de chrétiens ; notre catéchiste en fut averti : il reçut dans sa demeure tous ces chrétiens, qui étaient de notre ancienne mission du *Hou-Pè* ; ils prétendaient porter le même nom que notre confrère M. Ly (Joseph) ; ils se disaient même de ses parents. Après nous avoir demandé avec empressement de ses nouvelles, ils nous témoignèrent leur regret de ce qu'ils ne pouvaient lui rendre une visite. Notre cher confrère était lors occupé dans la province de *Tché-Kiâng*.

Ils racontèrent aussi à nos fidèles du *Hiang-Si* plusieurs particularités touchantes du martyre de M. Perboyre. L'entrevue, en un mot, fut très-cordiale de part et d'autre : nos chrétiens voulaient doubler leurs aumônes ; mais les pauvres émigrés s'y refusèrent, et n'acceptèrent que des rafraîchissements. »

Revenons maintenant à ce qui se passe dans la barque.

Cet homme que le capitaine avait reçu dans le navire à l'insu du missionnaire était le plus fin Argus qu'on pût rencontrer. Il se disait de la capitale du *Kiang-Si*, d'où il venait, disait-il, de conduire un mandarin à Pékin ; de Pékin, il en avait conduit un autre jusqu'au *Hou-Nân* ; actuellement il se rendait dans sa famille. Malheureusement on faisait aussi passer le Père pour un mandarin ; et, s'il était vrai qu'il eût eu des rapports si fréquents et si intimes avec ces hauts personnages, il était difficile qu'il ne pénétrât tôt ou tard le secret de sa position véritable : comment la modestie du missionnaire et la simplicité de l'apôtre pouvaient-elles ne pas contrastera ses yeux avec la jactance mandarine ? comment soutenir une conversation qu'il ramenait sans cesse sur les mandarins, qu'il se piquait de connaître presque tous, lorsque le Père ne connaissait pas même un seul mandarin du Kiang-Si, d'où l'on avait dit qu'il était lui-même ? Il laissait donc parler le conducteur de mandarins, l'approuvait des yeux, du sourire, de la tête, et, souvent se tenant au large, semblait faire le grand en se rendant rare.
Malgré sa prudence et sa réserve, le Père ne tarda pas à comprendre que cet homme, qui se donnait le nom de Lièou-Ye, l'épiait et cherchait à le deviner. Véritable Protée, il savait revêtir toutes les formes : après avoir conversé avec le missionnaire, il accostait les deux *Siang-Koung*, et leur faisait mille questions à son sujet. Ces bonnes gens n'avaient pas cru mentir en faisant passer M. Laribe pour un haut personnage ; car, si le prêtre est le lieutenant du roi du ciel, est-ce trop l'élever que de le ranger parmi les princes de la terre ? Mais la partie n'était pas égale entre eux et notre espion. Il conclut beaucoup de choses de leur embarras et peut-être de quelques contradictions inévitables.
Cependant il dissimula, et résolut de ne rien dire ouvertement, ni

de ses soupçons, ni de ses projets contre le missionnaire, jusqu'à la douane. Dans la première traversée, M. Laribe l'avait passée à *Ta-tou-khang* ; cette fois-ci à Kian-Kiang Fou. Comme on ne pouvait y arriver qu'assez avant dans la nuit, Liéou-Ye avait choisi ce temps pour lever le masque.

Quoique sur une même barque assez petite, les chrétiens avaient, dès les premiers jours, établi entre eux et les deux voyageurs une sorte de séparation avec des marchandises et des ballots ; à l'aide de cette clôture, on pouvait, de part et d'autre, dire et faire bien des choses sans être vu ni entendu. Les deux *Siang-Koung* du missionnaire ronflaient dans sa case ; pour lui, bien qu'il fût couché, il ne dormait pas encore ; il faisait quelques prières qui ne tardèrent pas à être interrompues par la conversation qui commença entre Liéou-Ye et l'autre voyageur, brave homme de Pékin d'environ trente ans.

M. Laribe ne comprenait pas d'abord les paroles de Liéou-Ye, qui parlait avec beaucoup de feu et de volubilité ; il entendait de temps en temps le Pékinois lui répondre : *Chè, chè,* c'est vrai, c'est vrai ! Un autre voyageur d'une autre barque ayant passé sur celle où se trouvait le missionnaire, comme sur un pont pour prendre terre, Liéou-Ye l'appela pour lui faire part de ses conjectures sur celui qu'on disait un haut personnage. Il énuméra devant ses deux interlocuteurs une dizaine d'indices auxquels il avait reconnu que le prétendu mandarin n'était pas Chinois ; toutes ses observations étaient vraies, et dénotaient un esprit pénétrant.

« C'est probablement un Anglais, ajoutait-il et, par conséquent, un espion. »

Il vomissait contre celui qu'il croyait un ennemi de son pays toutes sortes de malédictions, et jurait avec imprécation de dénoncer cet Européen aux mandarins dès la pointe du jour, avant la visite de la douane.

M. Laribe, en entendant ces propos, fut saisi d'une agitation involontaire et beaucoup plus pénible que la frayeur du naufrage. Le visage de Liéou-Ye, bien que spirituel, était celui d'un scélérat consommé. Nulle sûreté à lui faire une confidence, même accompagnée de piastres ; et par quel moyen se tirer de ses mains ? Tandis que, le cœur serré et respirant à peine, le missionnaire se tenait aussi sur son lit pour mieux penser à ce qu'il avait à faire, il entendit Liéou-Ye dire à ses deux compagnons :

« Il faut interroger le capitaine, et voir s'il sait d'où est cet homme. »

Réveillé d'un profond sommeil, le capitaine répondit :

« Tout ce que je sais, c'est que je l'ai pris à *Han-Keou*, où il logeait dans une grande et belle maison. »

Après avoir encore ramassé leurs conjectures jusqu'à ce que la lampe s'éteignît faute d'huile, ces terribles espions se laissèrent, à leur tour, aller au sommeil.

Quant à M. Laribe, il n'y eut pas de repos pour lui dans cette cruelle nuit. Nous ne saurions peindre le tourment qu'il endura avec d'autres couleurs que celles dont il s'est servi lui-même ; laissons-le donc ouvrir son cœur et parler avec cette simplicité et en même temps cette éloquence de langage qui lui sont si familières.

« Dussé-je, dit-il paraître bien peu préparé au martyre, je ne puis m'empêcher de vous raconter mes angoisses. Toute la nuit mon esprit fut livré aux plus sombres réflexions. Un homme passa par hasard sur le pont, au-dessus de ma petite chambre, d'où je ne l'entendis point sauter sur la barque voisine : aussitôt je m'imagine que l'interlocuteur survenu est allé donner l'alerte, et qu'à sa suite les satellites sont accourus et se sont portés sur le pont de la barque pour me saisir au réveil.
Cette pensée acheva de m'accabler : tantôt je me tenais sur mon séant, tantôt je m'agitais dans mon lit, le cœur me battait avec violence ; ma respiration était précipitée et brûlante, et je

tremblais encore qu'en haletant avec si grand bruit, je ne vinsse à réveiller mes bourreaux, et à confirmer leurs soupçons. Quel supplice que celui de la crainte ! le mal lui-même nous ferait moins souffrir.
Une pensée inquiétante vint encore augmenter mes angoisses. Je me rappelai que le vicaire apostolique du Chan-Si, ayant été reconnu, il y a quelques années, pour un Européen, passa une si cruelle nuit, bien qu'il eût donné soixante piastres pour acheter le silence, qu'il trouva le matin sa barbe blanchie. Je ne doutai point que la mienne n'eût le même sort, ce qui n'aurait pas manqué de me trahir, et je fus étonné, au retour du jour, de la trouver de la même couleur que la veille. »
Enfin le jour parut. M. Laribe ouvrit sa malle, et, en ayant retiré l'argent qui lui restait, il en fit trois parts, dont deux pour ses *Siang-Koung*, puis il les engagea à aller avec lui visiter la place de *Kian-Kian-Fou*. Il leur en coûtait de sortir si matin. « Je leur secouai la main pour les réveiller, dit le missionnaire, et leur dis à l'oreille que j'avais à leur communiquer des choses de haute importance. »
Cependant ses incommodes voisins dormaient profondément ; ils se reposaient de la peine qu'ils s'étaient donnée à le tourmenter. Les chrétiens recommandèrent leurs effets au maître de la barque, afin, dirent-ils, qu'ils ne devinssent pas la proie de faux pauvres qui pourraient les molester comme ils l'avaient fait à *Ta-Kou-Thang* ; puis ils prirent terre.
Dès que le missionnaire et ses compagnons se sentirent libres, ils commencèrent à tenir conseil sur le parti à prendre pour se soustraire au malheur dont Lieou-Ye le menaçait.
« Faut-il, disait M. Laribe, que je confie mon salut à l'agilité de mes jarrets ? dois-je faire tomber ma barbe, et changer de costume ? devons-nous nous séparer ? Si nous fuyons, sera-ce par la voie de terre ou par celle du fleuve ? faudra-t-il le descendre ou le remonter ? Laisser nos hardes ne sera pas un gros sacrifice ; mais si elles sont saisies sur la barque, elles déposeront contre nous. »

Ils étaient d'ailleurs à plus de trois journées de la plus voisine des chrétientés, et, en cas de dénonciation et de poursuite, ils auraient été saisis mille fois avant d'y être arrivés.

Plus ils délibéraient, moins ils se sentaient disposés à prendre une détermination. Déjà, avec leur mine de mourants, ils avaient fait le tour de cent échoppes, visité, sans les voir, autant de bazars, et ils se trouvaient aussi irrésolus qu'au premier instant.

« Prions Dieu, dit enfin M. Laribe ; si nous ne le pouvons de bouche, prions dans le fond de nos cœurs. Adressons-nous à tous les saints ; et surtout au glorieux martyr Gabriel Perboyre, et puis disons comme Judas Macchabée : *Que ce qui est ordonné par la volonté de Dieu dans le ciel s'accomplisse.* »

Le missionnaire ensuite envoya *Tu-Sieu-Cheng* dans la barque, comme pour y chercher un panier qui lui servît à emporter des provisions, et, dans la réalité, pour savoir ce qui s'y passait. Tout y était tranquille. Lyeou-Ye, qui n'avait pas quitté le bateau, dit en souriant qu'il y demeurerait pour le garder.

Une cruche à remplir du bon vin de *Kiang-Kiang* fournit le motif apparent d'un second voyage ; la barque avait déjà été jaugée, le nautonnier était allé au bureau pour obtenir qu'on lui délivrât l'attestation.

Quelques heures après, M. Laribe fit engager ses dangereux compagnons de voyage à prendre avec lui et ses gens, dans un restaurant, une tasse de *Camphou*. Le voyageur pékinois se rendit à l'invitation. Liéou-Ye refusa, prétendant qu'il était obligé de demeurer dans la barque pour faire sécher des linges qu'il avait trouvés humides dans sa malle. Ce fut pour les chrétiens une prévention de plus contre cet homme, qu'ils n'appelaient au restaurant qu'afin de le sonder de plus près.

Pour le Pékinois, ils lui trouvèrent son air de bonhomie ordinaire ; ce qui leur fit présumer qu'on ne songeait pas encore sérieusement à exécuter de sinistres projets. Peut-être ne se croyait-on pas assez sûr de son coup, et n'osait-on pas essayer une esclandre qu'on aurait, en cas d'erreur, payé fort cher.

Nos quatre voyageurs prirent donc le thé, puis ils battirent le pavé de quelques rues. Enfin, n'en pouvant plus de lassitude, M. Laribe dit adieu au Pékinois, et lui ayant donné un *siang-koung* pour l'accompagner, il prit l'autre avec lui pour regagner la barque.

Il y trouva encore Liéou-Ye, occupé à déployer ses effets, et aperçut, non sans quelque effroi, au fond d'une de ses malles, plusieurs contours d'une grosse chaîne en fer : depuis lors la véritable profession de cet Protée parut plus que jamais une énigme inexplicable ; il ne douta plus que cet homme ne jouât un rôle, et qu'il ne se donnât pas pour ce qu'il n'était pas. La pensée vint même à M. Laribe qu'il avait emprunté sa chaîne à *Kian-Kiang* pour son usage ; mais on eut lieu de penser, plus tard, qu'il l'apportait de plus loin.

Le missionnaire, après lui avoir adressé quelques paroles polies, allait prier Dieu et se reposer, lorsque Tu-*Sien-Cheng* vint l'avertir que, l'usage étant de régaler les matelots d'une barque passée à la douane, Liéou-Ye avait fait préparer un gala, auquel il l'invitait.

« Nouveau piège, se dirent-ils, nouvelle séance d'observation ! »

Cependant on ne pouvait refuser. M. Laribe fit répondre qu'il acceptait, à condition qu'il supporterait la moitié des frais du repas. Le Pékinois et *Tchang-Siang-Koung*, après s'être longtemps fait attendre, arrivèrent ; on se mit à table ; le régal se prolongea jusqu'à la nuit. M. Laribe fut toujours traité en grand personnage, et le terrible Liéou-Ye voulut même quelquefois lui servir à boire, ce qui est la fonction la plus basse parmi les convives chinois. Point de couteaux, point de cuillères, point de fourchettes. Sans doute Liéou-Ye attendait l'homme qu'il voulait connaître à la manière dont il ferait jouer les *kouày-tsé*, c'est-à-dire les deux bâtonnets, qui, comme on le sait, remplacent chez les Chinois nos services d'Europe.

Mais le missionnaire pouvait subir cette épreuve sous les yeux de Lieou-Ye ; dix ans d'habitation dans le noble *Tchoûng-Koûe* l'avait rendu habile à faire usage des bâtonnets. Il craignait moins cet exercice que celui des contes à débiter. L'intrigant chinois en raconta un grand nombre ; et notre prétendu mandarin, en homme important, lui donnait de temps en temps des sourires d'approbation.

Tchang-Siang-Koung, croyant utile de suppléer ici au silence obligé du missionnaire, se montra à son tour conteur habile, il mit sur le tapis des anecdotes de mandarins, matière favorite de Lyeou-Ye, qui excitèrent dans l'assemblée une gaîté si vive que les passagers des autres barques, attirés par les éclats de rire vinrent se mêler à la belle humeur qu'ils produisaient parmi les convives.

Les contes furent longs, et M. Laribe n'eut pas besoin de faire les frais de conversation. Liéou-Ye n'osa lui adresser qu'une question.

— Quel âge avez-vous ?

Et, comme s'il eût été trop hardi envers un homme de si haut rang, il se hâta d'ajouter :

— Vous n'avez pas passé cinquante ans ?

— Non, dit le missionnaire, je ne les ai pas encore atteints.

— Je suis donc votre aîné, reprit le Chinois d'une manière assez peu polie.

Ce dernier avait offert à ses convives une eau-de-vie si forte que quelques gouttes suffisaient pour brûler le palais. M. Laribe pria le *Siang-Koung* de faire chauffer une pinte de leur vin, qui était doux et passablement bon, quoiqu'il ne fût pas de raisin. Comme on lui faisait honneur de bonne grâce, il en fit chauffer une seconde, et elle fut apportée avec trois assiettes de pâtisserie dont lui avaient fait présent des chrétiens du *Hou-Pè*.

Ainsi finit le festin. On prit une tasse de thé, on fuma une pipe ; puis M. Laribe fit ses prières, et tombant de lassitude, s'endormit profondément après avoir répété sa devise :

« Que ce qui est ordonné par la volonté de Dieu dans le ciel s'accomplisse. »

Le lendemain, l'ancre ayant été levée, de grand matin, on continua la route. Le vent fut favorable jusqu'à l'entrée du lac, c'est-à-dire pendant deux jours ; mais là il s'éleva une forte brise du midi, qui se montra contraire. Il fallut amarrer de nouveau contre un bord déjà garni d'autres barques qui attendaient aussi un meilleur temps.

Les voyageurs passaient la plus grande partie de la journée à terre pour respirer plus à l'aise et pour babiller. M. Laribe fit un jour entier de retraite forcée au fond de la barque, de peur d'être reconnu par les gens de *Kian-Kiang Foû*, qui, faisant le commerce à *Kan Kéou*, pourraient l'y avoir vu parmi les chrétiens du village de *Kieou-Tou*. Liéou-Ye s'en formalisa ; toutes les honnêtetés du missionnaire n'avaient pu l'apprivoiser : les chrétiens eurent encore la douleur de l'entendre dire qu'arrivé à *Oû-Tching*, lieu du débarquement, il saurait qui était cet homme, dont il ne pouvait pénétrer le mystère, dût-il, pour cela, le suivre partout où il irait. Le capitaine, auprès duquel on faisait passer M. Laribe pour être du *Kiang-Si*, dit aussi qu'il ne savait pas d'où il pouvait être : Liéou-Ye lui avait sans doute communiqué ses soupçons. Le lendemain, le missionnaire montra qu'il pouvait rompre son banc ; tout en rôdant sur le rivage, il tint conseil avec un de ses guides, et ils crurent pouvoir tenir enfin la conclusion tant désirée :

« Fuyons, fuyons. »

M. Laribe rentre dans la barque, se plaint tout haut d'un vent qui peut encore apporter à ses pressantes affaires plusieurs jours de retard, et, ayant annoncé au capitaine qu'il va débarquer, il le prie de le faire conduire jusqu'à *TaKouTang*, où il doit prendre la route de terre. Mais il a beau l'assurer que *Tchang-Siang-Koung* doit demeurer avec leurs effets sur la barque, dont le naulage ne sera pas diminué, notre homme fait la mine, ne bouge pas et laisse à *Tn-Sien-Cheng* tout l'embarras du petit débarquement. M. Laribe dit adieu à ses deux compagnons, qui lui promirent très gracieusement de lui rendre leur visite à *Ou-Thing*, et s'embarqua pour *Ta-Kou-Tang*, dont on n'était éloigné que de trois lieues.

Le vent était contraire, les chrétiens n'arrivèrent que vers le milieu de la nuit ; mais le danger avait fui loin d'eux ; du moins ils le pensaient ! Le lendemain, ils étaient balancés dans de commodes palanquins, et, trois jours après, ils arrivaient dans la chrétienté la plus voisine, celle d'*Ou-Tching*.

La persécution que l'on craignait dans cette ville lors du départ du missionnaire y avait éclaté depuis huit jours. En y arrivant, sur le soir, M. Laribe descendit, sans se douter de rien, dans la boutique d'un catéchiste qu'on avait mis en prison ; cette présence, aussi inopportune qu'inattendue, jeta les employés du chrétien confesseur dans un extrême embarras, et le missionnaire lui-même dans de nouvelles perplexités. Il demanda où était la chapelle, car il avait promis à *Tchang-Siang-Koung* de l'y attendre. Hélas ! cette chapelle, le mandarin l'avait fait fermer depuis quatre jours.
Les autres catéchistes, instruits de l'arrivée de M. Laribe, ne jugèrent pas la maison de leur confrère assez sûre ; ils furent tous d'avis qu'il fallait lui constituer un gîte plus à l'abri de la persécution, qui fût sur le bord du lac, afin qu'en cas d'alerte, il pût plus facilement se dérober au danger.
Ce fut un galetas qui servit d'asile au missionnaire ; il y passa la première nuit sans accident, mais abîmé dans une multitude de réflexions diverses.
« Je ne sors donc d'un péril, pensait-il, que pour retomber dans un autre. Je fuis comme le lièvre, qui, après avoir parcouru vallons, collines et montagnes, revient de lui-même se placer sous le feu des chasseurs. »

« Cette fois enfin, *vive le Seigneur*, disait-il avec David, *car il n'y a, pour ainsi dire, qu'un point entre ma vie et ma mort*. Je regrettais de mourir à *Ye-Kia-Tchéou*, parce que là le sacrifice de ma vie n'eût été d'aucune utilité pour la religion ; à *Kian-Kiang-Fou*, parce j'étais inconnu ; à *Han-Kéou*, parce que je n'étais pas escorté de mes chrétiens. Ici je n'ai lieu d'éprouver un seul de ces regrets : le pasteur est au milieu de ses ouailles ; je peux les exhorter de la voix et de l'exemple, et, comme M. Perboyre, entrer dans la lice avec les paroles d'Eléazar : « C'est pourquoi, mourant courageusement.... je laisserai un exemple de fermeté en souffrant avec constance et avec joie une mort honorable pour le culte sacré de nos très-saintes lois. » (II. Mach., VI, 27 et 28). »

Dieu se contenta de la bonne volonté du missionnaire : il voulait s'en servir encore pour son œuvre. Nous ne saurions dire avec ce prêtre pieux qu'il ne fut pas trouvé digne du martyre : sa générosité et son courage nous sont un gage suffisant de ses mérites ; une vie de privations et d'angoisses comme la sienne n'est-elle pas celle des véritables serviteurs de Dieu ? Oh sainte humilité du missionnaire, combien vous contrastez avec l'orgueil du siècle, où la moindre action trouve une vaine complaisance Dans le cœur de celui qui l'a faite.

Le jour suivant, M. Laribe s'embarqua pour *Nan-Tchang-Seng*, dont tous les chrétiens s'empressèrent de l'accueillir de leur mieux ; mais, comme on n'était pas sans crainte, à cause du voisinage de *Ou-Tching*, il n'y fit pas long séjour. Peu de temps après, cette chrétienté de *Nan-Tchang-Seng* tombait elle-même sous le feu d'une cruelle persécution.

Laissons maintenant le missionnaire achever lui-même le récit de son aventureux voyage. Après avoir dit comment de *Ou-Tching* il se rendit a *Chout-Tchéou-Fou*, chrétienté éloignée d'environ vingt-deux lieues de celle de *Nan-Tchang-Seng*, il ajoute :

« J'y trouvai Monseigneur Rameaux. Ce digne évêque fut on ne peut plus étonné de mon arrivée ; son cœur paternel compatit, autant qu'il est possible de le faire, à mes longues infortunes ; il n'omit rien pour me faire oublier mes fatigues.
J'avais enfin touché au terme de mon pitoyable voyage : des contretemps, des accidents, des dangers l'avaient sillonné depuis le commencement jusqu'à la fin ; peut-être Dieu voulait-il par-là punir mes péchés, me faire sentir mon indignité, et me donner au moins le mérite des tribulations.
Mon *Tchang-Siang-Koung*, que j'avais laissé sur la barque pour conduire mes effets, eut toutes les peines du monde à se défaire de Liéou-Ye ; il y parvint cependant, et arriva heureusement à *Ou-Tching*.
Monseigneur Rameaux est parti ; dès les premiers jours de

janvier, pour aller faire sa visite pastorale dans la province de *Tche-Kiang* ; il n'est pas encore de retour. Sa grandeur a été retenue plus longtemps qu'elle ne pensait, par la visite qu'elle a dû faire aussi à l'île de *Ting-Hay* ou *Tchou-San,* que les Anglais (en 1843) occuperont jusqu'à ce que les Chinois aient entièrement payé l'amende qui leur a été imposée.

Depuis le départ de Monseigneur, j'ai pu reprendre mes courses sans autres maladies que quelques rhumes, au commencement du printemps. J'ai visité dix-huit chrétientés, et baptisé quinze adultes. C'est à peu près mon contingent de chaque année. Je viens encore de baptiser deux personnes : la première est une femme de soixante ans, retenue dans son lit : elle est de la ville de *Kun-Koung-Hien* ; la seconde est un jeune homme de vingt ans, de *Nien-Tchang-Fou.* Hélas ! que de raison n'ai-je pas de craindre que la persécution ne rende encore les conversions plus rares. »

TRAITS

détachés

TIRÉS DE DIVERS AUTEURS.

LE PRINCE BIENFAISANT.

Un prince qui a été la gloire de son siècle montra quels étaient les sentiments de son cœur, dans une aventure singulière qui lui arriva.

Il aimait à voir les choses par lui-même, et à entendre parler en pleine liberté ses sujets entre eux, pour connaître leurs pensées. Un jour qu'il se promenait vêtu comme simple particulier, il vit une jeune personne plongée dans une grande douleur, fondant en larmes, et portant un paquet dans son tablier. Il l'aborda avec l'air de bonté qui lui était naturel, lui demanda quel était le sujet de son affliction, et s'il pourrait y apporter quelque adoucissement.

— Que portez-vous dans votre tablier ? ajouta-il.
— Hélas ! Monsieur, répond la personne affligée, ce sont quelques hardes de ma mère que je vais vendre ; c'est la dernière ressource qui nous reste pour subsister. Je ne me serais jamais attendue à un pareil sort : je suis fille d'un officier qui avait servi avec distinction dans les troupes du prince, sans avoir reçu la récompense qu'il avait sujet d'espérer.
— Mais, Mademoiselle, il aurait fallu présenter un mémoire au prince. N'avez-vous auprès de lui personne qui puisse recommander votre affaire ?
— J'en ai parlé, dit-elle, à un courtisan qui m'a tout promis, et qui m'a dit n'avoir rien pu obtenir. On parle beaucoup de la bonté et de la générosité de notre prince ; mais je ne sais qu'en dire...
— Vous avez tort d'en douter, Mademoiselle ; il aime la justice.

Faites le mémoire, je le présenterai moi-même : venez demain à telle heure, et, si les choses sont telles que vous dites, j'ose assurer que votre demande sera exaucée. Au reste, il ne faut pas vendre vos hardes. Combien comptiez-vous en retirer ?
— Je comptais les vendre six ducats.
— Eh bien ! en voilà douze, en attendant l'effet de votre requête, qui, comme je l'espère, aura un heureux succès.

Cette jeune personne, également étonnée et consolée de ce qui était arrivé, va avec empressement le raconter à sa mère, qui, sous le rapport et le portrait qu'elle lui fît, s'écria :
— Ah ! ma fille, c'est au prince lui-même que vous avez parlé, je le reconnais au trait que vous rapportez.
La fille, alors épouvantée de la liberté avec laquelle elle avait parlé au prince, n'osait plus aller, le lendemain, se présenter au palais. Ses parents ne peuvent l'y conduire qu'après l'heure marquée ; elle arrive lorsque le prince, qui l'attendait, allait envoyer chez elle : en la voyant, elle ne peut méconnaître son souverain, et se trouve mal.

Pendant l'intervalle, le prince avait pris des informations exactes ; il avait reconnu qu'en effet le père de la jeune personne avait servi, et mérité une récompense. Quand la jeune personne fut revenue à elle-même, le prince la fit entrer dans son cabinet avec ses parents, qui l'avaient accompagnée, et lui remit pour sa mère le brevet d'une pension égale aux appointements dont son père avait joui, dont la moitié serait réversible sur la fille après la mort de la mère.
— Mademoiselle, dit alors le prince avec bonté, vous êtes bien convaincue à présent que le retardement qui vous a mise en peine a été involontaire de ma part, et j'espère que si, dans la suite, vous entendiez mal parler de moi, vous voudrez bien prendre ma défense.

BELLE RÉPONSE ET GRANDS SENTIMENTS DE SAINT LUCIEN, MARTYR.

Saint Lucien, prêtre d'Antioche, durant une cruelle persécution, fut saisi et conduit au tribunal du tyran. Etant interrogé sur différents objets, il ne répondit jamais que par ces paroles : *Je suis chrétien.*
— Qui êtes-vous ?
— Je suis chrétien.
— De quels pays, de quelle profession êtes-vous ?
— Je suis chrétien.
— Quelle est votre famille ? quels sont vos parents ?
— Je vous le dis, je suis chrétien.

À toutes les questions, à toutes les demandes qu'on lui faisait, c'étaient toujours la même réponse et les mêmes paroles : « Je suis chrétien. » C'étaient les seules armes dont il se servait pour combattre et pour vaincre.
Quoiqu'il joignît les sciences à l'éloquence, il ne crut pas devoir s'en servir en cette occasion. Il savait bien que, dans un pareil combat, ce n'est pas l'éloquence qui emporte la victoire, mais la foi, et que le moyen le plus sûr de vaincre, ce n'est pas de savoir bien parler, mais de savoir bien aimer. Aussi disait-il que le mot chrétien suffisait pour mettre en fuite l'enfer et toutes ses puissances.
D'ailleurs, si on examine, si on pénètre bien tous le sens et toute l'étendue de cette réponse : *Je suis chrétien*, on trouvera que le saint martyr, par cette seule parole, répondait à tout. En effet, qui dit : *Je suis chrétien*, dit son pays, sa famille, ses titres, son emploi et tout ce qu'il est : car enfin un chrétien n'est proprement d'aucun pays ; il n'a point de patrie sur la terre ; sa véritable patrie, c'est la cité permanente, la céleste Sion. La vie d'un chrétien ne doit pas se passer seulement dans l'exercice d'une profession temporelle : « Toute notre conversation, dit saint Paul, est dans le ciel, et notre occupation est de le mériter. »
Le chrétien n'a point d'autres parents, d'autre famille, d'autres

alliés que les citoyens mêmes de la céleste Jérusalem. « Vous êtes, dit encore saint Paul, les habitants d'une même cité, et les enfants d'une même maison, qui est la maison de Dieu même. »

Cette parole : *Je suis chrétien*, suffisait donc au saint martyr pour satisfaire à toutes les demandes qu'on lui faisait : ce fut en effet la dernière qu'il prononça, et ce fut en la prononçant qu'il finit sa sainte vie par un glorieux martyre.

L'HOMME QUI S'EN PREND À SON OMBRE.

Les Annales des anciens rapportent qu'un philosophe, homme sage, prudent et modéré, voyant un jour un homme en colère et transporté de fureur, lui demanda quel déplaisir il avait reçu, et contre qui il était dans une si violente colère.

— Contre mon ombre, répondit ce furieux, je cours après elle pour l'arrêter ; mais j'ai beau courir, jurer, menacer, tirer l'épée contre elle, et employer toutes sortes de moyens pour la soumettre à mon obéissance, je n'en puis venir à bout ; elle me désespère.
— Eh ! que voulez-vous d'elle ?
— Je veux, dit-il, qu'elle s'arrête et qu'elle ne branle pas.
— Mais arrêtez-vous vous-même, dit le philosophe : ne branlez point, ne faites aucun geste, et vous verrez qu'elle ne manquera pas de vous obéir à l'instant, et de se tenir en l'état qu'il vous plaira. À quoi pensez-vous ? ajouta-t-il. Vous dites à votre ombre : «Soyez sage», et, en le disant, vous faites le fou, et vous oubliez que cette ombre ne doit et ne peut être gouvernée par vos paroles, mais par vos exemples.

Combien d'hommes dans le monde aussi peu sensés que cet homme en colère ! Ils se fâchent, ils s'inquiètent, ils se plaignent sans cesse des autres, tandis qu'ils ne devraient s'en prendre qu'à eux-mêmes de leurs inquiétudes et de leurs chagrins ; s'ils savaient se modérer, se posséder, ils seraient tranquilles, et ne troubleraient pas la tranquillité et le repos des autres.

L'AVARICE ET LA LÂCHETÉ JUSTEMENT PUNIES

Vers l'année 1450, Mahomet, empereur des Turcs, vint assiéger Constantinople, et la prit d'assaut. Cette grande ville fut livrée pendant trois jours à la fureur et à la brutalité des soldats infidèles, qui y commirent des cruautés inouïes et des crimes abominables. Parmi les habitants de cette ville infortunée se trouvait un nommé Notaras, amiral de l'empire, homme lâche, traître et injuste ; il avait trouvé le moyen d'échapper à la première fureur des soldats en se tenant caché. Les trois jours du pillage et du massacre étant écoulés, il alla se rendre lui-même, avec ses deux fils, au Sultan, et lui présenta un très grand trésor en argent, en or, en pierres précieuses et en perles d'un prix inestimable, qu'il avait caché dans son palais : il espérait par-là gagner les bonnes grâces du vainqueur, et obtenir des emplois considérables pour ses deux fils ; mais Mahomet, le regardant d'un œil foudroyant, lui dit avec dédain et avec mépris :
— Chien que tu es, est-ce donc à toi à me donner ce que je tiens uniquement de Dieu, qui, m'ayant rendu maître de cette ville, m'a mis aussi en possession des personnes et des richesses qu'elle contient ? Que ne m'offrais-tu ce trésor avant qu'il fut à moi, afin que je t'en susse gré ? Mais, traître que tu es, c'était à ton empereur que tu devais le présenter, pour s'en servir durant la guerre, si tu ne voulais pas lui conseiller d'accepter les conditions de paix que je lui offrais. Je prends donc ce trésor qui m'appartient, et je ne veux point de toi ni de tes enfants, parce que ni toi ni les tiens ne me seriez pas plus fidèles que vous me l'avez été à votre maître, qui a eu la gloire de s'ensevelir sous les ruines de sa patrie, en se défendant généreusement.

Après cette parole, Mahomet fit traîner Notaras en prison, et, dès le lendemain, il lui fit trancher la tête et à ses deux fils dans la place publique de Constantinople.

LA FOLIE ET LA PUNITION DES SUPERSTITIONS

Il y a des gens qui ont assez de faiblesse d'esprit pour se faire dire ce que l'on appelle la bonne fortune. Un homme peu sensé donna dans cette superstition, et on lui annonça qu'il périrait par un lion. Il n'ajouta pas grande foi à cette annonce ; cependant il en conservait le souvenir. Un jour, en entrant dans une église, il vit un lion en statue de pierre à gueule béante, et qui soutenait une colonne : à cette vue, il se rappela son prétendu horoscope, qu'il raconta en plaisantant à ses amis qui l'accompagnaient ; en même temps, pour continuer sa plaisanterie, il s'approcha du lion, et enfonçant sa main dans sa gueule :
— Ah ! te voilà, lui dit-il, lion redoutable qui dois me donner la mort ; dévore-moi donc et accomplis la prophétie.

À l'instant même il sentit sa main piquée par un scorpion qui y était caché, et cette blessure envenimée causa en effet sa mort peu de jours après.

LA FOI TERRIBLEMENT ÉPROUVÉE,
ET HEUREUSEMENT CONSOLÊE

Un chrétien, nommé Tite, et son épouse Marie, avaient trois enfants, deux fils et une fille. Matthieu, le plus jeune des garçons, n'avait que neuf ans ; Simon, qui était l'aîné, en avait seize ; et la fille, appelée Lartine, en avait quatorze. Le prince idolâtre ayant appelé Tite, l'attaque par tous les endroits pour le forcer à renoncer à sa religion ; mais n'ayant pu par aucun moyen ébranler son courage, il le renvoie à son logis, et, le lendemain, il ordonne de lui envoyer son fils cadet pour lui faire perdre la vie. On peut mieux penser qu'exprimer la douleur que ressentit ce père affligé, se voyant obligé de sacrifier en quelque manière son propre enfant, en l'abandonnant à la rage d'un tyran dans un âge si tendre. Mais ce qu'il craignait le plus, c'est que la violence des tourments ne lui fît abandonner la foi ; il le livre cependant après l'avoir embrassé tendrement et l'avoir instamment exhorté à mourir constamment pour Jésus-Christ, à qui il l'offrait, le conjurant de le soutenir. L'enfant ne put s'empêcher de verser des larmes, se voyant arraché d'entre les bras de son père et de sa mère ; mais, animé par les discours de l'un et de l'autre, il suivit le soldat envoyé par le prince, et fut conduit au palais.

Deux jours après, le prince fit dire au père qu'il avait fait mourir son fils, parce qu'il n'avait pas voulu obéir à ses ordres et renoncer à sa foi, et que, s'il persistait lui-même dans sa résolution, il lui commandait de lui envoyer sa fille. Ce second coup fut encore plus sensible que le premier, et il serait difficile de dire qu'il fut plus pénétré d'une vive douleur, ou le père et la mère qui perdaient une enfant si aimable, ou la fille qui perdait un tel père et une telle mère. C'eût été une consolation pour eux de mourir avec leurs enfants ; mais le plus cruel de tous les tourments était de leur survivre ; cependant il fallut obéir ; la fille ayant dit le dernier adieu à l'un et à l'autre, fut menée au palais pour être égorgée comme son frère.
Quelques jours après, le roi fit savoir à Tite que sa fille avait subi

le même sort que son frère, pour avoir été rebelle à ses volontés, et lui ordonna de lui envoyer son aîné pour être traité comme les autres, s'il persistait dans ses sentiments. Ce dernier coup pensa accabler ce pauvre père ; il gémit, il soupire et mêle ses larmes avec celles de sa chère épouse, qui voyait toute sa famille éteinte ; toutefois, reprenant courage et se souvenant du sacrifice d'Abraham, il appelle son fils, et lui dit : Mon fils, vous savez ce qui est arrivé à votre frère et à votre sœur ; ils sont morts pour la foi de Jésus-Christ, les voilà au ciel où ils vous appellent ; ne voulez-vous pas les suivre ? Si vous avez du cœur et de la foi, c'est à présent qu'il faut le montrer ; le prince vous appelle à son palais pour vous rendre martyr ou idolâtre, lequel des deux voulez-vous être ? Si vous renoncez à la foi, je vous renonce pour mon fils, et Dieu vous mettra, en ce monde et en l'autre, au nombre de ses ennemis ; si vous mourrez pour la foi, vous régnerez éternellement dans le ciel, où vous irez nous préparer une place à votre mère et à moi, qui vous suivront bientôt. Allez, mon fils, montrez-vous digne enfant de Dieu ; sachez gagner, par une mort temporelle, une vie éternelle : craindrez-vous un tyran dont votre frère et votre sœur ont généreusement triomphé « Quand vous verrez leur sang répandu dans ce palais, souvenez-vous que c'est le chemin qu'il vous ont tracé à la gloire ; allez et mourez en chrétien. Simon, touché jusqu'aux larmes, répondit qu'il enviait le bonheur de son frère et de sa sœur, et que depuis leur mort il était dans l'impatience de les suivre ; qu'il ne désirait rien tant que de verser son sang pour la foi, et que l'unique regret, qu'il avait, c'était de ne pas mourir en leur présence, pour leur donner des marques de son obéissance et de sa fidélité ; qu'il se souviendrait d'eux dans le ciel, espérant que Dieu les réunirait tous dans le paradis. Ayant dit cela, il se met à genoux et leur demande leur bénédiction : le père et la mère la lui donnèrent avec une grande effusion de larmes ; et après l'avoir tendrement embrassé, le mirent entre les mains de l'officier qui devait le mener au palais.
Tite se voyant ainsi privé de ses chers enfants, se consolait avec Marie son épouse, qui était une dame d'une vertu éminente ; car,

au lieu de s'abandonner à la tristesse et au désespoir, comme font tant d'autres mères, elle bénissait Dieu de ce qu'il avait bien voulu recevoir ses enfants en sacrifice, et se préparait elle-même à la mort. Tite en faisait autant de son côté ; et comme il n'avait plus de consolation sur la terre que celle de sa chère épouse, il ne craignait rien tant que de la perdre ou de la quitter ; et c'est le dernier et le terrible assaut que le tyran livra à sa constance ; car, après quelques jours, il lui fait dire que son fils Simon n'est plus en vie, que, s'il persistait encore dans sa désobéissance, il ordonnerait qu'on lui amenât sa femme, pour subir le même châtiment que ses enfants. À cette nouvelle, Tite, ferme comme un rocher, demeura immobile, et ne fit d'autre réponse, sinon qu'il ne manquait plus qu'une chose à son bonheur, c'est que le prince mêlât le sang du père avec celui de la mère et des enfants.

Il n'y a que Dieu qui sache la douleur que ressentirent ces deux saintes personnes, quand il fallut se séparer ; l'un et l'autre donnèrent quelque chose à la nature, après quoi, fortifiés par l'espérance de se voir bientôt dans le ciel, ils se dirent le dernier adieu. Tous les domestiques fondaient en larmes, et jetaient des cris lamentables, en voyant partir leur digne maîtresse ; il n'y avait qu'elle qui avait un visage serein, et qui consolait tout le monde par la satisfaction qu'elle avait de mourir, martyre.

Enfin, pour dernier acte de cette tragédie, le prince envoya à Tite un nouvel officier pour lui faire savoir que sa femme avait eu la tête coupée, et qu'il demandait la sienne, s'il n'obéissait pas à ses volontés. Tite répond avec fermeté qu'on ne pouvait lui apporter de nouvelle plus agréable ; qu'étant déjà mort quatre fois en la personne de sa femme et de ses enfants, il mourrait bien volontiers une cinquième pour aller se réunir à jamais à eux. Il s'en va au palais, triomphant de joie, et, se prosternant devant le prince, lui demanda la même grâce qu'il avait accordée à toute sa famille.

Le tyran, étonné de sa résolution, fit encore de nouveaux efforts pour le vaincre ; il employa les remontrances, les prières, les menaces : il lui reprocha son obstination, il mit tout l'appareil des tourments devant ses yeux ; mais voyant que rien au monde ne pouvait ébranler sa constance, il changea tout-à-coup de visage, et ayant donné ses ordres, il fait venir la femme et les enfants, qu'il présenta à Tite pleins de vie ; puis, louant leur constance, il les renvoie à leur maison, avec toute liberté de vivre dans leur religion, qu'ils avaient si généreusement défendue. S'il y a sujet de s'étonner que Tite ne fut pas mort de douleur lorsqu'on lui arrachait ce qu'il avait de plus cher au monde, il y en a encore davantage qu'il ne soit pas mort de joie, les voyant inopinément rendus à la vie et à sa tendresse.

Ces glorieux martyrs d'esprit et de cœur s'en retournèrent ainsi triomphants du tyran et de la mort, bénissant de concert le Dieu des miséricordes. Cet heureux père pouvait bien dire, comme David, qu'autant que la douleur avait affligé son cœur en la perte de sa famille, autant recevrait-il de consolations et de joie en la recouvrant.

[Est-ce avec de telles "fables" que furent élevés les enfants Perboyre dans le Lot ? « *la satisfaction qu'elle avait de mourir, martyre* » renvoie à la mère du Saint Lotois satisfaite à l'annonce de la mort en martyr de son fils, mort comme il l'avait espéré...]

EXEMPLE MÉMORABLE DE LA PIETÉ DE TROIS ENFANTS ENVERS LEUR MÈRE.

On ne saurait assez célébrer la piété admirable de trois frères japonais à l'égard de leur mère : le trait suivant est si grand et si touchant, qu'il mérite d'avoir place dans ce recueil. Ces trois frères, qui étaient dans l'indigence, travaillaient jour et nuit pour subvenir aux besoins et à la subsistance de leur pauvre mère ; mais comme, malgré leur travail assidu, ils ne gagnaient pas assez pour subvenir à tout, ils prirent entre eux une résolution bien étrange.
On avait publié dans le Japon, de la part de l'empereur, que celui qui pourrait saisir un voleur, et le mettrait entre les mains de la justice, toucherait une grosse somme d'argent pour récompense. Ils s'accordèrent entre eux qu'un d'eux passerait pour voleur, et que les autres le mèneraient liés au magistrat pour retirer la somme promise. Ils tirèrent au sort qui serait la victime de la charité maternelle ; le sort tomba sur le plus jeune, qui se laissa lier et mener au juge, devant lequel il avoua qu'il était voleur. Aussitôt il fut mis en prison, et les deux frères touchèrent la somme qu'on avait promise.
Avant de partir, ils voulurent encore voir le voleur ; c'était pour prendre en secret congé de leur frère : ils s'embrassèrent tendrement par trois fois, et versèrent beaucoup de larmes en se séparant. Le juge, qui par hasard était en un lieu d'où il pouvait voir ce qui se passait, ne pouvant comprendre comment un criminel témoignait tant d'amitié à ceux qui l'avaient mis entre les mains de la justice, fit surseoir à l'exécution ; et ordonna à un de ses gens de suivre ces jeunes hommes et de remarquer le lieu où ils se retiraient. Lorsqu'ils furent arrivés à la maison, ils racontèrent à leur mère ce qui s'était passé. La pauvre femme entendant dire que son fils était prisonnier, se mit à pleurer et jeta des cris lamentables, disant qu'elle était résolue de mourir de faim plutôt que de vivre aux dépens de la vie de leur frère. Allez, leur dit-elle, enfants trop charitables, mais frères dénaturés, reportez l'argent que vous avez reçu, et ramenez-moi mon fils, s'il est

encore en vie ; s'il est mort, ne songez plus à me nourrir, mais à me préparer un cercueil, car je ne veux plus vivre après lui.

L'homme du juge qui les avait suivis, entendant ce discours, courut aussitôt à son maître et lui fit le récit de ce qu'il avait entendu. Le juge fait venir le prisonnier, il l'interroge, le menace, et l'oblige de lui dire ce qui s'était passé. L'enfant ayant tout déclaré, le juge, étonné, va en faire le rapport à l'empereur, qui fut si touché d'une action si héroïque, qu'il voulut voir les trois frères. Lorsqu'ils furent en sa présence, il les loua de leur piété, et assigna au plus jeune, qui s'était offert à la mort, quinze cents écus de rente, et cinq cents à chacun des deux autres frères.

C'est ainsi que la Providence divine veille toujours sur la conduite des hommes, et que la piété des enfants est souvent comblée, dès cette vie, de grâces et de bénédictions.

RÉCONCILIATION ÉCLATANTE,
ET COMME MIRACULEUSE.

Dans une des plus considérables villes d'Espagne, il s'était formé entre les deux principaux citoyens une inimitié irréconciliable, et une haine mortelle qui avait divisé la ville entière. Tous les habitants avaient fait deux partis qui en venaient tous les jours aux mains ; ce n'était de toutes parts que meurtres et qu'assassinats : toutes les rues étaient sans cesse inondées de sang et remplies d'horreur. Le prélat avait inutilement employé tous les moyens pour calmer les esprits ; le roi même, malgré tous ses ordres, n'avait pu arrêter les meurtres et le carnage. Les deux puissances ayant mis en vain tout en œuvre, crurent qu'il n'y avait plus d'autre ressource que de faire donner une mission générale à toute la ville : on appela de tous côtés des hommes apostoliques pour cette grande œuvre, ils convinrent sagement entre eux que, vu la disposition des esprits si envenimés, il n'était pas à propos de parler de réconciliation dès les premiers discours. Le missionnaire qui fit l'ouverture, commença ainsi.
Mes chers auditeurs ! nous venons, envoyés de Dieu, uniquement pour le salut de vos âmes ; je ne vous parle point du pardon des ennemis ; au point où les choses en sont venues, ce n'est pas la voix des hommes qui peut se faire entendre, il n'y a que celle de Dieu qui puisse opérer ce prodige, et nous l'espérons de son infinie bonté. Mais, avant que de commencer, nous avons une grâce à vous demander ; il n'y a encore dans cette ville aucun autel édifié à l'honneur de saint Étienne, premier martyr, nous sommes dans l'intention de lui en ériger un : tout sera bientôt prêt ; mais il faut un tableau, et nous ne savons où nous pourrons le trouver ; nous vous en conjurons, chers auditeurs, si quelqu'un de vous peut nous en procurer un, il aura grande part à toutes les grâces que Dieu prépare à cette ville. Après cet exorde, le prédicateur parla avec la plus grande force sur l'importance du salut.
En sortant du sermon, un des chefs du parti, qui avait été extrêmement touché du discours, aborda le prédicateur, et lui dit :

— Mon père, je sais où se trouve un très beau tableau de saint Étienne, il est chez mon ennemi ; faites-lui parler par quelqu'un, peut-être se prêtera-t-il à vos désirs. Monsieur, dit le prédicateur, j'y vais dès ce pas moi-même, et j'espère que vous voudrez bien m'y accompagner. Ah ! mon père, je n'oserais, répondit-il ; aux termes où nous en sommes, je m'exposerais, et vous avec moi.
— Ne craignez rien, monsieur, dit le prédicateur ; venez, et soyez assuré que nous serons bien reçus : c'est ici l'œuvre de Dieu.
Ils vont donc ensemble, et étant admis : Monsieur, dit le prédicateur, en s'adressant au maître du tableau, on nous a dit que vous aviez un magnifique tableau de saint Étienne ; peut-être avez-vous appris que nous désirons dresser un autel à son honneur, et nous espérons que vous voudrez bien nous prêter ce tableau pour le temps de la mission. Le prêter, dit-il ! Non seulement cela, mais je le porterai moi-même, et monsieur que voilà me fera la grâce de le porter avec moi. À l'instant même, il va le détacher, le descend, et les deux ennemis, chefs de parti, le prenant, l'un d'un côté, l'autre de l'autre, le portèrent, comme en triomphe, dans l'église assignée, et renversèrent ainsi toute la ville. Les habitants accourus de toutes parts, et témoins d'un spectacle ou plutôt d'un prodige si étonnant, ne pouvaient en croire à leurs yeux ; les deux partis de concert accompagnent ce tableau, et s'empressent à l'envi de dresser l'autel à l'honneur du saint. Cet événement fit une telle impression sur eux, que, le troisième jour de la mission, tous les esprits furent calmés, les cœurs réconciliés, les haines apaisées, sans qu'il restât la moindre trace de divisions et de dissensions dans la ville. On peut bien penser qu'après un si heureux commencement, et un changement si merveilleux, la mission produisit les plus grands effets ; tous les habitants réunis levaient les mains au ciel, et ne pouvaient se lasser d'adorer et de bénir les miséricordes de Dieu, qui avait opéré un prodige de grâce si subit et si extraordinaire et si consolant, dans le temps même que le feu de la discorde était le plus allumé et menaçait la ville entière de sa destruction.

LE CHANGEMENT DE FORTUNE PRODUIT SOUVENT UN CHANGEMENT DANS LES MOEURS

Du temps de l'empereur Justin, environ l'an 528 de Jésus-Christ, vivait en Égypte un nommé Eulogius, tailleur de pierres, pauvre de biens, mais riche en vertus, sans autre richesse que le travail de ses mains. Il ne cessait de mettre des trésors de bonnes œuvres en dépôt pour le ciel. Nonobstant son travail assez rude, il jeûnait ordinairement jusqu'au soleil couchant, et du peu qu'il gagnait à la sueur de son front, il nourrissait les pauvres, il soulageait les affligés, il retirait les abandonnés : comme un autre Abraham, il allait au-devant des pèlerins, les recevait dans sa maison, leur lavait les pieds, les traitait honorablement. À voir ce que faisait ce pauvre artisan, on eût dit que c'était quelque grand seigneur, tant il trouvait d'abondance dans une si grande pauvreté.

Il avait pour ami un saint religieux nommé Daniel, qui venait le voir de temps en temps, et qui, édifié de tant de charité et de vertus dans un homme de cette profession, eût souhaité qu'il eût eu de grandes richesses, vu le saint usage qu'il en faisait. Par malheur pour cet saint artisan, ce souhait fut accompli, et les richesses lui vinrent d'une manière inespérée. En fouillant la terre, il trouva un trésor très considérable : la vue et la possession de ce trésor semblèrent ensevelir sa vertu. Le voilà bientôt changé en un autre homme ; lui qui méditait assidûment, qui chantait continuellement les louanges du Seigneur, ne fut plus occupé que de ses richesses. Il devint morne, pensif, chagrin, ombrageux ; il oublie la piété, la charité et les pauvres, il s'oublie enfin lui-même et ne pense plus à Dieu. Dégoûté de cette vie laborieuse et retirée, il conçoit de nouveaux desseins ; ses richesses le mettent en état de paraître dans le monde ; et comme il ne manquait pas d'esprit, il fut bientôt assez formé aux manières du siècle. Il entre dans les compagnies, il fréquente les personnes d'un certain rang, il fait même connaissance avec des hommes de guerre ; par son opulence et ses bonnes manières, il gagne leur cœur : en un mot, il sut tellement s'attirer l'affection du monde, que, dans peu d'années, montant de degré en degré, il devint capitaine des gardes de l'empereur. Alors, se voyant élevé à ce poste éminent, il ne se connut plus. Les festins, les partis de plaisirs, le jeu, les spectacles, tous les amusements du monde devinrent son élément : le faste, l'orgueil, la profusion prirent la place de ses anciennes vertus.

Sur ces entrefaites, Daniel, religieux, son ancien ami, ayant appris tout ce qui était arrivé, et affligé de ce triste changement, vint à Constantinople pour ramener cette pauvre brebis égarée. Il Se présente au palais d'Eulogius ; car c'était un palais qu'il habitait : il resta longtemps sans pouvoir avoir audience. Enfin pénétrant comme de force, et malgré les gardes, il eut le moyen de se glisser dans son cabinet, en priant le monde de se retirer un moment, ayant des choses de conséquence à communiquer. Il se fit connaître, il rappela à Eulogius son premier état, et le reprit généreusement des excès où il s'était livré, en abandonnant le service de Dieu et le salut de son âme. Eulogius, qui n'avait de plaisir qu'au milieu de l'éclat de l'or et de la soie dont il était environné, s'emporte contre celui qui vient rappeler le souvenir de ses vieux haillons et le chasse honteusement de sa présence, le traitant de fou et d'insensé ; en sorte que les gardes le chargèrent de coups et d'injures. Daniel, arrosé de ses larmes et de son sang, se retira comme il put, en conjurant le Seigneur d'avoir pitié de cette âme égarée, et de lui enlever ses trésors, source de ses égarements.

La chose arriva bientôt. Une sédition s'étant formée contre l'empereur Justinien, qui avait succédé à Justin, fut sur le point de causer une révolution à Constantinople. Eulogius, entraîné par le torrent, avait eu l'aveuglement et le malheur d'entrer dans la conjuration : elle fut enfin dissipée par la prudence et la valeur de Justinien. Tous les conjurés furent, ou mis à mort., ou obligés de prendre la fuite. Eulogius fut encore assez heureux pour se sauver et pour éviter la mort ; mais sa charge, ses biens, son palais, tout fut confisqué ; et lui-même, dépouillé de tout, fut obligé de revenir à sa première profession, où il se cacha autant qu'il put dans l'obscurité.

L'adversité ouvre les yeux que la prospérité avait aveuglés. Arraché aux prestiges du monde et aux occasions dangereuses, déchiré des remords de sa conscience, et plus encore touché de la grâce, il commença à rentrer en lui-même et à penser à Dieu ; il connut le néant des choses humaines, le danger des richesses ; il déplora ses égarements, il en conçut un sincère regret, il en demanda humblement pardon au Seigneur, bien résolu, dans la suite, de se tenir éloigné d'un monde pervers dont il avait éprouvé la séduction ; enfin, rendu à son premier état, il reprit ses premiers sentiments, et se rendit à ses saintes occupations. Son ami religieux vint le voir avec consolation ; ils bénirent ensemble le Seigneur, dont ils ne pouvaient se lasser d'adorer les desseins et de louer les miséricordes.

Eulogius passa ainsi saintement le reste de ses jours : heureux, après un si grand égarement, d'être rentré dans les voies du salut ! Plus heureux s'il ne s'en fût jamais écarté.

GRANDES RÉVOLUTIONS
DANS LES CHOSES HUMAINES

Il y a souvent de terribles révolutions dans le cours des choses humaines : celle qui arriva à Constantinople, dans le temps des croisades, fut des plus étonnantes. Isaac Comnène était empereur d'Orient : averti d'une conspiration qu'on tramait contre lui, il méprisa l'avis, et, dans peu de jours, il fut privé de l'empire et de la lumière par une horrible trahison d'Alexis, son plus proche parent, qui lui fit crever les yeux, et en cet état le condamna à une triste prison le reste de ses jours. Le fils de cet empereur infortuné, aussi nommé Alexis, s'étant échappé des mains homicides de son oncle devenu tyran, va se rendre au camp des croisés, et leur fait le triste narré de ses malheurs et de ceux de son père ; il les prie, il les conjure, par tout ce qu'il y a de plus sacré, de le secourir, d'avoir pitié de ce père enseveli dans une prison, et de le venger de la plus exécrable des perfidies, exercée par un parent, le plus traître et le plus scélérats des hommes.

Les croisés, touchés du récit de ces malheurs, et jugeant qu'il était glorieux pour eux de secourir les affligés, de punir les usurpateurs, et de remettre un empereur sur son trône, se disposent à assiéger Constantinople ; ce qu'ils firent par des prodiges de valeur extraordinaires, et jusqu'alors sans exemple. On aurait de la peine à croire que deux mille hommes de pied, détachés de l'armée, soutenus de cinq cents chevaux, se rendirent maîtres d'une ville immense, où il y avait quatre cent mille âmes capables de porter les armes. Les croisés répandirent partout une telle frayeur, que le tyran, aussi lâche qu'il avait été perfide, quitta la ville et l'empire sans faire la moindre résistance, et prit honteusement la fuite, en s'embarquant sur un vaisseau.
Il sortait par une porte, et Alexis, fils de l'empereur détrôné, entrait triomphant par l'autre, faisant filer ses troupes en bel ordre, précédé et accompagné des applaudissements et des cris de joie de tout le peuple. Il va droit à la prison où était son père enchaîné, qui ne s'attend à rien moins qu'à sa délivrance. C'est alors qu'on

vit un changement admirable, quand on alla tirer ce pauvre empereur du fond d'un cachot pour le porter sur son trône en triomphe : il ne pouvait comprendre par quel événement tout avait ainsi si subitement changé de face, et regardait ce qui lui arrivait comme un songe. Il apprend de son fils tout le succès de sa négociation, et les exploits des généreux croisés ses libérateurs, il ne sait presque ce qu'il en doit croire ; une foule de merveilles semble accabler son esprit, et il regrette la perte de ses yeux, qui l'empêche de voir ces hommes incomparables, qui étaient comme descendus du ciel pour le délivrer.

Au reste, il déclare qu'étant dégoûté des empires et des grandeurs de la terre, il remet ses états entre les mains de son fils. Ce digne fils embrasse son père avec des transports de tendresse qu'on ne saurait exprimer, l'appelant son seigneur et son père ; et il proteste que, tant que son père vivra, il ne veut rien avoir de l'empire que les peines et les travaux, laissant toute la dignité à celui de qui il tenait la naissance et la vie. C'était une espèce de contestation entre eux, bien touchante pour les spectateurs. Les croisés jugèrent qu'il convenait que le fils régnât sous les auspices du père, et qu'avec ses conseils il prît en main le gouvernement de l'état ; ce qui fut exécuté, à la grande satisfaction de tout le monde, qui ne pouvait se lasser d'admirer tant de prodiges arrivés les uns sur les autres.

Dans les commencements de ce nouveau règne, tout riait à Alexis, tout allait selon ses désirs et au gré de ses vœux ; mais, après la retraite des croisés, qui, par la licence ordinaire des armées, avaient fait assez de dégât dans Constantinople, il s'éleva des rebelles qui mirent le trouble et la confusion dans cette grande ville, disant que le jeune empereur, sous prétexte du bien public, avait appelé des étrangers au saccagement de sa patrie, et qu'il était indigne de l'empire et de la vie. La conspiration fut si violente et si prompte, qu'Alexis n'ayant pas eu le temps de se reconnaître, fut trahi par un de ses courtisans, nommé Mursuffle, qui le fit enfermer dans une basse-fosse, où, ayant tenté inutilement deux fois de l'empoisonner, il le fit enfin étrangler dans sa prison, et s'empara des rênes de l'empire.

Le père infortuné, apprenant la mort de son fils et le subit changement des affaires : Hélas ! s'écria-t-il en gémissant ! n'ai-je donc vécu si longtemps que pour éprouver le comble de tous les malheurs ? Mon fils ! ah, mon fils ! as-tu tristement fini ta course ? Je devais te précéder ; mais je te suivrai bientôt dans le tombeau : ma vie n'est-elle pas plus triste que toutes les morts ? Il mourut au milieu des larmes et des soupirs, en succombant sous le poids des années, et plus encore de la douleur.

Le scélérat Mursuffle ne jouit pas longtemps du fruit de ses crimes. Les croisés ayant appris tous ces funestes événements, revinrent assiéger la ville de Constantinople. Les Grecs étaient alors si lâches et si effrayés, qu'ils tremblaient et s'enfuyaient sans résistance devant les assiégeants. Mursuffle, le premier, se mit sur mer, pour s'enfuir dans la Morée ; mais il fut arrêté et mis à mort dans sa fuite. L'infâme usurpateur était monté sur le trône par une cruauté détestable ; il en fut ainsi précipité par un effet des vengeances de Dieu, qui tient toujours la main armée sur les rebelles et les ambitieux.

Toutes ces révolutions annonçaient la décadence du règne des Grecs. En effet, la ville et l'empire de Constantinople se soumirent aux croisés, et le fameux Beaudoin, comte de Flandres, fut élu empereur d'Orient, par le consentement et l'acclamation unanime de toute l'armée. Il eut à essuyer à son tour bien des événements et bien des revers : c'est le sort des choses de ce monde. Tout commence et tout finit. Dieu seul est éternel et immuable.

FIN.

LIMOGES. — IMPRIMERIE DE BARBOU FRERES.

Statue devant l'église de Montgesty, inaugurée le 24 juin 1897.

Les Deux nouveaux Martyrs :
Jean-Gabriel Perboyre,
de la congrégation de la Mission, dite des Lazaristes,
et Pierre-Louis-Marie Chanel,
de la Société de Marie,
béatifiés par Léon XIII les 10 et 17 novembre 1889...

Édité par H. Castermann (Tournai) en 1890

Le Boulvé : dans la sacristie.

Les Deux nouveaux Martyrs :
Jean-Gabriel Perboyre,
de la congrégation de la Mission, dite des Lazaristes,
et Pierre-Louis-Marie Chanel,
de la Société de Marie,
béatifiés par Léon XIII les 10 et 17 novembre 1889...

Prière du Bienheureux Jean-Gabriel Perboyre

« O mon divin Sauveur, faites par votre toute-puissance et votre infinie miséricorde, que je sois changé et tout transformé en vous. Que mes mains soient les mains de Jésus ; que ma langue soit la langue de Jésus ; que tous mes sens et mon corps ne servent qu'à vous glorifier. Mais surtout transformez mon âme et toutes ses puissances ; que ma mémoire, mon intelligence, mon cœur soient la mémoire, l'intelligence et le cœur de Jésus. »

Dans la notice ci-jointe sur le P. Perboyre, une chose peut surprendre : tandis que dans le Ho-Nan, il n'avait, que 1,500 chrétiens sur un espace de 300 lieues, dans le Hou-Pé, il en avait 2,000 sur un espace de deux à trois lieues seulement ; et il dit de plus dans une lettre qu'au milieu d'eux *étaient très peu de païens.* Ce fait est d'autant plus frappant que parmi les 300 millions d'habitants que possède la Chine, on ne compte que 544,000 chrétiens en tout. Nous trouvons l'explication dans *le Message du cœur de Jésus,* (janvier 1890, pages 75-78) ; lui-même l'emprunte à un opuscule publié à propos de la béatification du P. Perboyre : *La colonie du Sacré-cœur dans les Cévennes de la Chine au XVIIIe siècle.*

On voit par cet ouvrage que les Jésuites avaient fondé au XVIIIe siècle dans cette partie des montagnes du Hou-Pé, inhabitée naguère, une petite république chrétienne, dans le genre des *Réductions* du Paraguay. « Chaque famille avait l'image des

Sacrés cœurs de Jésus et de Marie. Le soir, au retour des travaux si pénibles de la journée, un cierge était allumé et des parfums brûlaient devant elles... À cette heure, on entendait partout dans la colonie le chant de la prière et des cantiques... Tous savaient le catéchisme par cœur et le chantaient souvent durant le travail... Placés sur ces lieux élevés, au cœur du grand empire infidèle, comme sur un autel expiatoire, (ces fervents chrétiens) *s'offraient en holocauste au vrai Dieu pour le. salut de leur patrie*, et le ciel leur accorda de voir leur communauté s'accroître sans rien perdre de sa ferveur. »

Par la suite, d'horribles persécutions et la suppression de la Compagnie de Jésus avaient comme anéanti cette admirable chrétienté. Deux fois, M. Clet et le P. Perboyre l'ont ressuscitée et ne l'ont quittée que pour aller au martyre. « C'est donc du sein de la colonie du Sacré-cœur... que le premier Bienheureux de l'Eglise de Chine a été élevé aux honneurs suprêmes, car le P. Perboyre est le premier Bienheureux de l'Eglise de Chine, comme le P. Chanel de celle de l'Océanie.

Approbation du R. A. Fiat, supérieur général des Lazaristes.

Paris, 30 novembre. 1889. :
Je souhaite à votre opuscule *Le nouveau martyr Jean Gabriel Perboyre* (fidèle abrégé de la grande *Vie*), le plus grand succès. : Puisse-t-il par sa prompte diffusion, répandre partout la connaissance de notre Bienheureux martyr et inspirer aux fidèles le désir d'imiter les vertus dont il a donné de si admirables exemples !
A. FIAT, sup. gén.

Approbation du R. P. Martin, supérieur général de la Société de Marie.

Ste-Foy-lès-Lyon, 5- décembre 1889.

Je ne puis que m'associer aux vœux exprimés par M. le Supérieur général des Prêtres de la Mission, puisque la fraternité du martyre -unit si glorieusement nos deux Bienheureux, dont vous avez désiré propager la biographie.

A. MARTIN, sup. gén. S. M.

Déclaration de l'auteur

Nous déclarons avoir l'intention, dans la présente notice, de nous conformer entièrement aux décrets du 13 mars 1625 et du 5 juin 1631, portés par Urbain VIII, et nous soumettons à tous égards cet opuscule au jugement du Saint-Siège,
Le 3 décembre 1889, fête de saint François-Xavier, modèle et patron des missionnaires

La présente notice a paru d'abord dans les *Annales Catholiques*, Revue justement estimée (Bureaux, rue Blomet, 1144, à Paris) mais on y a ajouté ici, avec un assez grand nombre d'autres détails, ce qui concerne la solennité et le Bref de béatification. — A notre connaissance, aucune notice sur les deux martyrs ensemble n'avait été publiée encore.

Jean-Babriel Perboyre

DE LA CONGRÉGATION DE LA MISSION DITE DES LAZARISTES

Léon XIII qui devait, le 10 et le 17 novembre 1889, béatifier les deux serviteurs de Dieu Perboyre et Chanel, promulguait, le 25 novembre 1888, 1e Décret qui constate leur martyre et leurs miracles, et il s'exprimait ainsi :
« Remercions Dieu qui par un dessein spécial de sa Providence, a permis si opportunément qu'à l'heure présente fussent proposés aux fidèles et *aux ministres du sanctuaire*, des modèles de si grandes vertus.
Dans les difficiles épreuves auxquelles est aujourd'hui exposée la profession catholique, ces exemples seront un stimulant à soutenir pour la foi toutes sortes de pénibles labeurs et de sacrifices ; ils serviront à secouer la torpeur des pusillanimes, et à inculquer dans leurs cœurs cet invincible courage que nos martyrs ont montré. »

Un mois après, le Pontife nous rappelait par un nouvel acte, — la mémorable Encyclique *Exeunte jam anno*, — la nécessité de nous retremper dans cet esprit de virilité et de sacrifice, qu'il glorifiait dans les deux martyrs.
On ne peut donc mieux entrer dans les vues du Pasteur suprême qu'en considérant les exemples de ces hommes apostoliques. C'est avec une telle pensée que nous donnons une notice sur leur vie. Nous commençons par le P. Perboyre, qui a devancé le P. Chanel dans sa naissance comme dans sa mort, et qui est le premier membre de sa Congrégation placé sur les autels, depuis le fondateur, saint Vincent de Paul.

LE NOUVEAU MARTYR

I

Enfance et jeunesse du Bienheureux Perboyre.
Son entrée dans le Congrégation de la Mission.
(1802-1823)

En 1802, le jour de l'Epiphanie, bien choisi pour être le jour natal d'un apôtre de la foi, naquit, dans une modeste maison qu'on devait visiter avec vénération quarante ans plus tard, un enfant, qui reçut, au baptême, les noms de Jean-Gabriel (Pour cette notice, nous puisons dans les deux Vies publiées chez Gaume, par la Congrégation de la Mission, l'une in-12, l'autre in-8°. Cette dernière, qui a été préparée de longue main pour paraitre aussitôt après la béatification et qui a près de 500 pages, nous laisse le regret d'omettre une foule de choses très intéressantes et édifiantes. Nous y renvoyons le lecteur. La Vie in-12, qui date de 1885, a 115 pages seulement). C'était au Puech, hameau de la paroisse de Mongesty, situé sur un riant coteau, à trois ou quatre heures de Çahors.

Les parents, d'une piété antique, cultivaient leur patrimoine, modeste comme leur demeure. Sur leurs huit enfants, deux filles devinrent sœurs de charité, une autre ne fut empêchée d'entrer en religion que par la mort, et trois fils se sont faits lazaristes : Jean-Gabriel notre martyr, Louis, qui mourut en route pour la Chine, et un autre, Jacques, qui vit encore, de même que les deux sœurs de charité (Les deux sœurs religieuses se trouvent, l'une à Naples, et l'autre en Chine ; elle a été l'une des premières à partir pour ce pays, en 1847. Elle réside à Ning-Pô, dans le Tché-Kiang). Il réside à la Maison-Mère, qu'il n'a jamais quittée ; et âgé d'environ quatre-vingts ans, dont cinquante-cinq passés en religion, il semble n'attendre que d'avoir pu célébrer la messe de son frère, pour aller le rejoindre dans un monde meilleur.

Jean-Gabriel était le deuxième des huit enfants et l'aîné des quatre garçons.

Dès son plus bas âge, il se fit remarquer par une tendre piété, une gravité précoce, une horreur instinctive de ce qui peut ternir la pureté, et un grand amour pour les pauvres..

Quand il eut six ans, on lui confia la garde d'un petit troupeau. A l'école, où on l'envoya deux ans après, il inspirait du respect à ses camarades, et le pasteur de sa paroisse fut si frappé de ses qualités qu'il l'admit à la première communion avant l'âge ordinaire. Le pieux enfant faisait ses délices de la *Vie des saints*, spécialement de celle de saint Vincent de Paul, et il exerçait, par ses paroles et son exemple, un apostolat près de ses frères et sœurs, comme auprès des ouvriers qu'il avait parfois à surveiller dans les champs.

Son jeune frère Louis, qui lui ressemblait, désirait entrer dans l'état ecclésiastique, et on l'envoya au petit séminaire de Montauban, dont leur oncle paternel était Supérieur. Comme il était timide et faible de santé, Jean-Gabriel demanda à l'accompagner et à rester avec lui deux mois, pour l'habituer à la vie du séminaire.

Il profita de ces deux mois pour acquérir par l'étude quelques connaissances. Quand son père vint le chercher, les professeurs l'engagèrent à permettre au jeune homme de commencer le latin, car ils étaient ravis de ses heureuses dispositions. Le père consulta Jean-Gabriel lui-même. Celui-ci demanda du temps pour réfléchir devant le Seigneur sur cette décision, dont il sentait toute la gravité. Le 16 juin 1817, il écrivait à son père, qui était reparti : « Après bien des prières, j'ai cru que le Seigneur voulait que j'entrasse dans l'état ecclésiastique... ; mon seul regret sera de ne pouvoir vous soulager dans vos grandes occupations. » (Bien que nous désirions, dans le présent abrégé, réunir le plus grand nombre possible de faits et de citations, notre dessein est d'être très courts ; c'est pourquoi, dans les paroles que nous reproduisons, comme celles qu'où vient de lire, nous nous bornons à ce qui est le plus saillant. Nous indiquons par des points les suppressions, lorsqu'elles sont considérables. Si, par le même motif de brièveté ou pour relier les phrases, il nous arrive de substituer un mot à d'autres, nous le mettons *entre parenthèse*. — Pour voir ces citations dans leur intégrité, consulter les ouvrages mentionnés ci-dessus, surtout la Vie in-8° ; elle contient un grand nombre de documents émanant du Bienheureux ou d'autres personnes qui rapportent ses paroles, ses conseils, ce que l'on remarquait en lui.)

Le pieux jeune homme, qui avait alors quinze ans, fit de tels progrès dans ses études qu'au bout de six mois, on le fit passer dans la classe de cinquième, bientôt après en quatrième, puis l'année suivante, en seconde et en rhétorique. Par ses succès comme par ses vertus, il acquit l'estime de ses condisciples et celle de ses maîtres ; et pourtant il ne cherchait qu'à pratiquer la parole de l'*Imitation : Aimez à vous effacer et à être réputé pour rien.*

Dans la classe de philosophie, où il entra après sa rhétorique, on put constater en lui un esprit apte à la métaphysique ; et quoiqu'il n'eût point terminé ses études, son oncle n'hésita pas à le charger de remplacer un professeur qui était parti.

Dès son enfance Jean-Gabriel avait montré, nous l'avons dit, un grand amour pour les pauvres, et un attrait pour la *Vie* de saint Vincent de Paul. En 1817, à la suite d'un sermon, il s'était écrié : « Je veux être missionnaire. » Dans une composition qu'il lut publiquement à la fin de sa rhétorique, une phrase trahissait encore ses désirs : « Ah ! qu'elle est belle, cette croix placée au milieu des terres infidèles et souvent arrosée du sang des apôtres de Jésus-Christ ! ».

Ces divers attraits l'inclinaient vers la Congrégation de la Mission, dite des Lazaristes, fondée par saint Vincent de Paul, et dont son oncle était membre. Il mûrit dans la prière son désir d'y entrer et d'aller prêcher la foi aux infidèles de la Chine ; ayant fait une neuvaine à saint François Xavier, il sentit que c'étaient là les vues de Dieu sur lui. Admis, sur la demande de son oncle, il revêtit, vers la fin de 1818, les pauvres livrées du missionnaire.

Comme le noviciat de la Congrégation n'avait pu être rétabli encore à Paris, il continua à rester près de son oncle durant les deux années qui précèdent les vœux. Bien qu'il dût en même temps terminer sa philosophie et remplacer un professeur, il fut dans ce noviciat le digne émule des Jean Berchmans et des Louis de Gonzague. Un confrère, qui était novice avec lui, put faire cette déclaration : « Il a été constamment l'objet de mon étonnement et de mon admiration. J'avais beau l'épier..., même le mettre à l'épreuve.,., je ne pouvais parvenir à trouver en lui quelque chose de répréhensible. J'étais en quelque sorte dépité de le voir si parfait... » Bien d'autres devaient rendre à la vertu du serviteur de Dieu un hommage semblable.

Il était donc prêt pour ce sacrifice total que sanctionnent les vœux. Quoique, suivant le désir de leur saint fondateur, les Lazaristes ne prennent point le titre de religieux, ils prononcent cependant les trois vœux de pauvreté, de charité et d'obéissance, et y ajoutent même celui de consacrer leur vie au salut des pauvres, Ce fut le 28 décembre 1820, jour des SS. Innocents, auxquels il ressembla par la pureté et le martyre, qu'il s'offrit ainsi en holocauste dans la sainte profession ; et c'est cette même année, comme le remarque le Bref de béatification, que M. Clet, dont nous reparlerons, subissait précisément le martyre.

Il fut appelé à Paris pour ses études théologiques, et il devait passer à Cahors. Ses parents s'y rendirent afin de le voir ; ils le pressèrent de venir pour quelques jours dans son hameau natal : « Ce n'est pas le chemin du ciel, répondit-il ; pour aller au ciel, il faut des sacrifices. »

Autant il fut regretté à Montauban, autant il fut apprécié à Paris, pour ses vertus et son application à l'étude. Il approfondissait tout et rendait compte de tout avec une précision étonnante. Saint Thomas était son auteur favori ; et de même que le saint, il avait la vaine gloire en horreur et cherchait la lumière aux pieds du crucifix. Aussi les études ne diminuèrent-elles point sa ferveur, comme il arrive trop souvent. « On pourra dire sur son compte tout le bien que l'on voudra, disait un de ses compagnons, je ne crois pas qu'il soit possible d'exagérer. Il n'y avait en lui rien d'extraordinaire..., mais je n'ai jamais remarqué en lui la moindre faute ; *on le trouvait parfait en tout et partout.* »

II

Premiers emplois à Montdidier et à Saint-Flour.
Fonction de sous-directeur du séminaire interne à Paris.
Départ pour les missions de la Chine.
(1823-1833)

Il terminait ses études théologiques en 1825, et il n'y avait que six ans qu'l avait commencé le latin. Il fut envoyé au collège de Montdidier, dans la Somme ; là, il fit d'abord la classe aux plus jeunes enfants et fut chargé ensuite de la philosophie. Dans ces fonctions si différentes, il réussit également bien. Il sut porter ses élèves à la piété, et il en menait tous les jours quelques-uns visiter les pauvres ou les prisonniers, dont il, s'occupait aussi au dehors.
Après deux ans, il dut revenir à Paris pour recevoir la prêtrise. Il fut ordonné en 1825, le 23 septembre, jour ou son illustre Père saint Vincent de Paul, auquel l'Eglise l'a maintenant associé dans ses hommages, l'avait été en 1600 ; et l'on put répéter de lui le mot qui fut prononcé au sujet du saint : « Oh ! que voilà un prêtre qui dit bien la messe ! » C'était un ange à l'autel.
Dès lors il s'appliqua avec plus d'ardeur encore à la perfection. Nommé professeur de dogme au grand séminaire de Saint-Flour, il fit ses efforts pour communiquer aux élèves qu'il dirigeait cette perfection sacerdotale. Il excellait à répandre dans son enseignement la lumière pour l'intelligence et à en faire un aliment pour la ferveur de l'âme. Un de ses confrères, témoin journalier de ses vertus, s'écriait un jour : « Voyez-vous, M. Perboyre, c'est un saint !... »
A la fin de 1827, il dut cependant quitter cette maison où il était affectionné de tous, pour exercer dans une, autre de la même ville des fonctions bien délicates. C'était une pension ecclésiastique, qui avait été créée depuis peu à Saint-Flour, et qui devint plus tard le petit séminaire, maïs qui alors, était aux prises avec des difficultés de tout genre. Pour faire face à ces difficultés, on songea à M. Perboyre, et bien qu'il n'eût pas vingt-six ans encore, on le mit à la tête de cet établissement, tant il inspirait de

confiance. Quant à lui, il ne se confiait qu'en Dieu, mais fort de cet appui, et ayant l'œil et la main à tout ce qui passait dans la maison, il l'eut bientôt transformée.

Il étudiait le caractère et le tempérament de chacun de ses élèves, ce qu'on ne pratique peut-être point assez dans nos écoles, et il faisait vibrer dans chaque cœur la fibre qu'il fallait toucher. Il est vrai qu'il recourait à ces moyens que seuls les saints savent employer. Un jour il mande un élève coupable, et comme ses paroles ne produisent point d'effet, tout à coup il lui dit d'une voix émue, en montrant son crucifix : « Que de tristes moments, mon ami, vous me faites passer aux pieds de Jésus en croix ! » C'en fut assez ; le rebelle était vaincu. D'autres fois il tombait à genoux devant ce même crucifix, sous les yeux du coupable, demandant pardon pour lui, et son accent pénétré l'amenait au repentir.

Le bien de ces chères âmes était le grand objet de ses prières. « Dans mon oraison, dit-il un jour avec simplicité, je réfléchis sur mes propres besoins, sur ceux des maîtres, des élèves ; ensuite je supplie Notre-Seigneur d'accorder à chacun ce qu'il lui faut. »

Après cinq années écoulées dans cette maison, il fut rappelé à Paris ; son départ excita des regrets universels et notamment ceux de Mgr l'évêque de Saint-Flour, qui aimait à prendre ses conseils. On était alors aux vacances de 1832, et il venait de passer quelques jours dans sa famille ; c'est, croyons-nous, la seule fois qu'il s'y soit rendu. Il avait à la consoler d'un coup bien cruel : son jeune frère Louis, entré comme lui dans la Congrégation, avait succombé en se rendant en Chine. Lui-même exprimait dans des lettres touchantes l'étendue de sa douleur et son désir d'aller en Chine prendre la place de ce frère tant aimé.

On le mandait à Paris pour lui confier, comme suppléant du directeur trop âgé et infirme, le soin du noviciat, qu'on appelle, dans la Congrégation, *Séminaire interne*. S'acquittant avec son humilité ordinaire de ces fonctions si honorables et qui exigent tant de qualités, le nouveau sous-directeur fit régner une ferveur exemplaire parmi les novices. L'un d'eux, M, Joseph Girard, qui devint plus tard supérieur du grand séminaire d'Alger et qui est mort en 1879, a rendu de lui ce témoignage, qu'il était d'ailleurs bien digne de lui rendre : « J'avais, depuis bien des années, le désir de voir un saint ;... en lisant la *vie des saints*, je pensais qu'on s'était évertué à cacher leurs défauts... À tous les hommes que j'avais rencontré, il manquait quelque chose. Enfin je fis la connaissance de M. Perboyre... La première fois que je le vis, il était près de M. Étienne (Qui devint, bientôt après, Supérieur général), avec une soutane si pauvre, un air si humble que je le pris pour le dernier de la maison. Quand il fut sorti, je demandai ce que c'était que ce prêtre ; j'eus de la peine à croire que c'était le directeur des novices... Je l'étudiai et bientôt je rendis grâce à Dieu de ce que j'avais vu un saint... ; je le disais à mes amis : Maintenant je saisi ce que c'est qu'un saint vivant... Il avait à peu près toujours les habits les plus pauvres du séminaire... C'était un homme de Dieu en tout : il se cachait par le sentiment de son incapacité. Il parlait peu, rarement du prochain et toujours en bien, jamais de lui-même. Ce qu'il y avait de bien remarquable, c'est qu'il *était sans défaut*... ; on peut interroger tous ceux qui l'ont connu ; ils (le proclameront) d'un commun accord. Aussi, j'avais dit plusieurs fois, avant qu'il soit martyr : *M. Perboyre sera canonisé.* »

Un autre de ses novices, devenu aussi plus tard supérieur dans une autre maison, le vit, un jour qu'il lui servait la messe, élevé au-dessus de terre et ravi en extase. M. Perboyre lui fit promettre là-dessus un secret inviolable ; mais, après sa mort, l'obligation du secret cessant, cet heureux témoin put révéler le fait.

Un tel directeur était bien capable de former des hommes apostoliques pour tous les ministères de la Congrégation, et. notamment pour les missions lointaines. Toutefois ce n'était point assez pour lui ; il voulait féconder lui-même ces missions de ses sueurs et de son sang.

Ce désir avait été le motif dominant de son entrée dans la Congrégation ; la pensée du martyre surtout faisait battre son cœur. Il enviait le sort de cet autre prêtre de la Mission, M. Clet, qui fut martyrisé en Chine : « Quelle belle fin que celle de M. Clet ! disait-il ; priez Dieu que je finisse comme lui. » Il réunit un jour les novices pour leur montrer la corde qui avait étranglé ce vaillant confesseur, et il s'écria : « Quel bonheur pour nous, si nous avions un jour le même sort ! » Puis, il dit à l'un d'eux : « Priez bien que ma santé se fortifie et que je puisse aller en Chine,... mourir pour Jésus-Christ. »

Sa santé chancelante faisait craindre, en effet, que, s'il partait, il succomberait comme Louis son frère, avant même le terme du voyage. Et pourtant, depuis six ans, *il implorait chaque jour, en célébrant la messe, la grâce de répandre son sang pour son Sauveur.* En 1835, de nouveaux missionnaires furent désignés pour la Chine ; il n'était point du nombre : un nuage passa sur son front, si serein d'ordinaire. Enfin, il va se jeter aux pieds du supérieur général et le supplie de le laisser partir. Le médecin, consulté, donne un avis contraire ; mais c'était la veille de la Purification. M. Perboyre remit sa cause à Marie ; de la nuit, le médecin ne put dormir par le regret de sa décision. Il allait la retirer dès le matin ; et M. Perboyre reçut l'autorisation après laquelle il soupirait..

Le jour du départ, les novices voulurent l'entendre une lois encore ; mais le sentiment profond de son néant et l'émotion étouffèrent sa voix. Il descendit de chaire, puis, agenouillé devant eux, il leur demanda pardon des mauvais exemples qu'il leur avait donnés. Ils répondirent par des larmes, et tombant pareillement à genoux, sollicitèrent sa bénédiction.

Les autres membres de la maison, y compris le supérieur général, se réunirent dans la cour d'honneur pour recevoir, eux aussi sa bénédiction et le serrer une dernière fois entre leurs bras, Tous pleuraient et se recommandaient à ses prières. On se sépara enfin, et il se rendit au Havre avec deux jeunes missionnaires qui allaient comme lui en Chine.

III

Voyage du Havre à Macao, et de Macao à la mission du Ho-Nan
(1835-1836)

Ce fut le samedi 21 mars 1855, qu'il s'embarqua avec ses deux collègues et cinq prêtres des Missions étrangères. La pensée de son frère Louis, qui était parti du même port, remplit tout à coup son esprit, « Je me sentis invité à mettre notre traversée sous sa protection, écrivait-il, et mes yeux furent inondés de larmes,... de larmes délicieuses. » Les premiers jours un vent violent soufflait ; mais le calme se fit et les missionnaires purent, à tour de rôle, dire la messe les dimanches. « Oh ! écrivait encore M. Perboyre, qu'on se sent heureux sur ce vaste désert de l'Océan, de se retrouver en compagnie de Notre-Seigneur !... Il nous faisait oublier les peines passées. »

Le dernier jour du mois de Marie se déchaîna une horrible tempête : « Les hautes montagnes formées de vagues écumantes qui à chaque instant s'élevaient presque à pic devant et derrière nous, en nous enfermant dans de profonds abîmes, étaient à la fois effrayantes et admirables : *mirabiles elationes maris.* » Sur le soir tous les missionnaires invoquèrent en commun la sainte Vierge. « À peine eurent-ils levé les mains vers l'*Étoile de la mer*, que la tempête s'apaisa peu' à peu. — Depuis que je me suis embarqué, disait-il dans une autre lettre, ni l'immensité, ni la profondeur, ni l'agitation des flots ne m'ont causé le moindre effroi. »

En somme, sa santé gagna dans le voyage. Il souffrit pourtant du mal de mer durant plusieurs semaines ; mais il eut, malgré cela, l'énergie de ne se coucher jamais pendant le jour et de n'interrompre, ni ses études ni ses exercices de piété. Fidèle à employer ainsi son temps d'une manière utile, il ne se permettait point les conversations oiseuses.

Arrivés à Java, les missionnaires durent prendre un autre navire, et ils abordèrent sur la terre de Chine, à Macao, le 29 août, fête du martyre de saint Jean, patron de M. Perboyre. « *M'y voilà !* écrivait-il, *sur cette terre après, laquelle nous soupirions depuis si longtemps ;... béni soit le Seigneur.* » Pour apprendre la langue et les usages chinois, il dut rester quelques mois à Macao, et il fit de ce temps une longue retraite spirituelle. Malgré son recueillement, il disait : « Nous n'avons pu méconnaître que *rarement se sanctifient ceux qui voyagent beaucoup.* Nous avions besoin, avant notre grande campagne, de nous recueillir... Ici, dans notre séminaire chinois, comme à Paris, l'humilité et la charité ont créé un paradis terrestre, qu'il faut habiter pour s'en former une idée. »

Ses confrères furent tellement embaumés de ses vertus qu'ils n'en parlaient ensuite qu'avec larmes.

En dépit de maux de tête presque continuels, il réussit si bien dans l'étude de la langue qu'au bout de peu de temps il put prêcher et confesser, et que plus tard ses juges furent tout surpris de ce qu'il la connaissait à ce point.

Il attendait avec un saint abandon qu'on lui confiât un poste. Enfin, au mois de décembre, il fut désigné pour le Ho-Nan, province reculée de l'intérieur, où il fallait un missionnaire d'une vertu éprouvée. Pour s'y rendre, il dut d'abord longer les côtes par mer, durant deux mois ; puis après quinze jours passés dans la belle chrétienté du Fo-Kien, il s'enfonça dans les terres, et traversa la province du Kiang-Si, au milieu de tous les dangers. « Parcourant un pays dont (nous ne possédions) bien ni la langue ni les habitudes et dont l'entrée est interdite sous peine de mort à tout Européen, nous allions d'abord avec incertitude... Mais à mesure que notre petite expérience s'augmentait, notre assurance s'augmentait aussi ;... nous mettions notre confiance en Dieu.

Le 15 avril, il arrivait à la chrétienté de Han-Kéou, à côté, de Ou-Tchang-Fou, capitale du Hou-Pé. Le premier Office qu'il y récita fut celui de saint Clet, martyr ; or, c'est précisément là que M. Clet, dont il enviait tant le sort, avait donné sa vie pour la foi. Il aurait vivement-désiré pouvoir se rendre à son tombeau, distant de deux lieues ; mais on lui conseilla de différer ce pèlerinage. C'est après sa mort qu'il devait le faire ; car, l'ayant ramené dans ce lieu pour y subir, comme M. Clet, le martyre, la Providence voulut qu'il fût enseveli dans le même tombeau que lui.

Il rejoignit dans les montagnes deux de ses confrères, et après quelque temps, continua sa route, en barque d'abord, sur un fleuve, puis à pied, parmi des montagnes abruptes et au prix de toutes les fatigues. « Parvenu au bas de la dernière montagne, dit-il, je me rappelai que je portais une petite croix qui avait l'indulgence du Chemin de la Croix ; c'était bien le cas de tâcher de la gagner... La pluie tombait à verse. Je m'asseyais sur toutes les pierres que je rencontrais, puis je me remettais à grimper, parfois avec les mains. J'aurais grimpé avec les dents, pour suivre la voie que la Providence m'avait tracée. »
Les chrétiens, prévenus, vinrent au devant de lui et le ranimèrent en lui apprenant que, là et dans les environs, il n'y avait que des chrétiens comme eux. Il parvint à la maison des missionnaires, cachée dans un bosquet de bambous ; il dut encore en repartir pour arriver cinq jours après, vers minuit, à la résidence qui lui avait été assignée et qui était celle même où fut opérée l'arrestation de M. Clet. On était en juillet 1836 ; il y avait seize mois qu'il avait quitté la France, et il avait parcouru huit mille lieues.

IV

Travaux apostoliques dans Ho-Nan et le Hou-Pé
(1838-1839)

Une grave et longue maladie laissa craindre que Dieu ne voulût déjà lui donner la couronne. Il se remit pourtant et entreprit avec un confrère chinois sa première mission. Elle eut un plein succès pour les âmes, qu'il réussit à faire sortir de l'habitude du péché. Il se lança alors tout à fait dans la carrière et continua à obtenir de grands fruits, mais non sans des fatigues extrêmes. — « Pour visiter quinze cents chrétiens, distribués en une vingtaine de (groupes), il nous a fallu faire plus de trois cents lieues, écrivait-il (La Vie complète reproduit des lettres étendues et d'un grand intérêt sur tous les voyages et sur le ministère de l'apôtre)... Cette tournée a duré six mois. Supposons notre point de départ à Cahors ; ensuite allons faire d'autres missions à Alby, à Orléans, à Amiens ; c'est à peu près le tableau des distances.... Nous voyagions à pied ou sur des chars non suspendus, par des chemins qui ne sont entretenus (par personne) ; partant de nuit et arrivant de nuit, la barbe blanchie par le givre d'hiver, le visage hâlé par les chaleurs d'été. Pour les auberges,... si l'on est avide de mortifications, il y a là de quoi faire une sainte fortune. Le meilleur lit qu'on y trouve est une natte étendue par terre ou sur un tréteau.

Dans ces auberges, nous avons été parfois importunés par la police, pu par des gens de tribunal, qui nous forçaient à leur céder notre logement. Soutenir le personnage de concitoyen n'est pas la plus petite incommodité pour le missionnaire ; il laisse parler et agir les chrétiens qui l'accompagnent... ; mais il sent au dedans de lui une liberté de cœur qui l'élève au-dessus de tout.

J'ai plusieurs fois suivi les routes que M. Clet avait parcourues chargé de chaînes, et ce n'est pas sans émotion que j'en entendais rappeler le souvenir. Je me félicite de travailler dans cette portion de ta vigne du Seigneur qu'il a cultivée ; son souvenir, qu'on conserve si précieusement, ne sert pas peu à m'animer à marcher sur ses traces... Les peines ne manquent pas au missionnaire, mais elles méritent bien qu'on aille les chercher au bout du monde ! »

Comme lé dit un témoin cité dans le procès apostolique, si grand que fût le danger de la persécution, il ne ralentissait point le zèle de M. Perboyre.

Deux années s'étaient écoulées dans le Ho-Nan quand il dut le quitter pour le Hou-Pé, province qu'il avait traversée en venant, et dont les missionnaires l'appelaient pour leur prêter renfort. Là son ministère était tout différent ; il n'avait à s'occuper que d'un district de deux à trois lieues où se trouvaient deux mille chrétiens, mais tous dispersés ;

il était donc comme un curé au milieu d'une vaste paroisse de montagnes. Le travail, du reste, n'était guère moindre ; les dimanches, surtout, il était extrême. « Les occupations, écrivait-il, ne me laissent le temps de regarder ni devant, ni derrière.... Je ne puis dire que j'aie joui d'un seul moment de vacances, parce que nos chrétiens aiment à se confesser souvent. Si, à une fête, on pouvait en confesser mille et plus, ils seraient disposés. »

« D'un cœur joyeux, dit encore un témoin, il recevait tous ceux qui venaient le visiter..., sans jamais les faire attendre, alors même que c'était l'heure des repas, qu'il ; interrompait aussitôt. »

Aux fatigues se joignait une vie mortifiée et pauvre : pour 'demeure, des maisons obscures et malsaines, presque sans fenêtres, où l'on ne pouvait faire du feu sans être asphyxié par la fumée ; pour nourriture un peu de riz avec des herbes cuites sans assaisonnement, et encore n'en avait-on pas toujours ; pour couche la terre nue ou une planche couverte d'une natte. Les chaleurs excessives s'ajoutaient à tout cela pour faire souffrir M. Perboyre, faible de tempérament et sujet à plusieurs infirmités. Et pourtant, il s'imposait encore de sévères pénitences, se déchirait par des disciplines, portait un rude cilice et une. chaîne de fer comme ceinture : ceux qui lavaient ses vêtements les trouvaient baignés de sang. Enfin son contact avec les pauvres chrétiens lui communiquait de la vermine ; et, à l'exemple de plusieurs saints, il ne faisait rien pour se délivrer de ce supplice.

Aussi, ces souffrances fécondaient-elles son ministère ; il ramenait les pécheurs et trempait les âmes pour les luttes de la foi. Lui-même semblait se préparer à ces luttes par la lecture des *Actes des Martyrs*. Mais avant de le conduire au Calvaire, le Seigneur voulut le faire participer à son Agonie. Pendant plusieurs mois, il fut agité d'une violente tentation de désespoir : rien de ce qui le consolait et le fortifiait d'ordinaire ne lui procurait alors de soulagement. Il ne pouvait plus ni manger ni dormir ; et il eût succombé à cette épreuve ; mais Notre-Seigneur lui apparut avec un regard plein de bonté et lui dit : « Que crains-tu ? Ne suis-je pas mort pour toi ? Mets ta main dans mon côté et ne redoute plus. » La paix lui fut rendue à ce moment ; rien ne la troubla désormais ; et, chose étonnante, l'extrême maigreur que lui avait causée cette épreuve disparut presque aussitôt. C'est lui-même, plus tard, qui a raconté le fait, ayant l'air de parler d'un tiers. Cette apparition fut comme celle de l'ange à Notre-Seigneur au Jardin des Olives : le Bref de béatification qui la rapporte, — de même que les mortifications volontaires de l'apôtre, — en fait la remarque.

V

Arrestation de M. Perboyre
Interrogatoires qu'il subit en divers lieux
On le conduit à Ou-Tchang-Fou, capitale du Hou-Pé
(1839)

Un édit de 1794 proscrivait le christianisme en Chine et prononçait contre les chrétiens la mort, s'ils étaient Européens, l'exil, s'ils étaient Chinois. Cette loi avait suscité plusieurs persécutions, notamment celle de 1805 et celle de 1820 qui avait frappé M. Clet. Depuis longtemps néanmoins, on laissait les chrétiens en repos, quand tout à coup recommença la tempête. Quelques fidèles furent arrêtés dans une ville, et l'un d'eux fit connaître le lieu où se trouvaient les missionnaires. C'était alors un village, près du marché de Kouang-In-Tam ; M. Perboyre, réuni à trois prêtres, entre autres le P. Rizzolati dont nous reparlerons, y célébrait la fête du saint Nom de Marie : c'était le dimanche 15 septembre 1839.
Des soldats furent envoyés pour les saisir. La dernière messe venait de finir quand les missionnaires furent avertis du danger. Deux d'entre eux, par prudence, quittèrent ce lieu aussitôt ; M. Perboyre ne pouvait se résoudre à les imiter ; enfin, au dernier moment, emportant les objets sacrés qu'il peut recueillir, il se cache dans un bois voisin. Le lendemain il gagne un autre abri qui paraissait sûr ; mais pour qu'il soit plus conforme à son Maître, il est trahi par un des siens, un néophyte qui, pour trente pièces d'argent, fait connaître sa retraite. Les soldats entourent la forêt et s'avancent vers le serviteur de Dieu qui était avec trois chrétiens. L'un d'eux propose de résister par la force ; mais, comme Jésus quand il était à Gethsémani avec ses trois disciples, M. Perboyre le lui défend, et sauf un des trois qui put s'enfuir, ils sont arrêtés avec une vingtaine d'autres chrétiens, cachés aussi dans la forêt.
Les soldats traînent avec fureur le missionnaire par sa chevelure, réunie en forme de queue, à la manière chinoise. Ils le dépouillent, ne lui laissent qu'un caleçon et une chemise en lambeaux ; puis le

conduisent, les mains liées derrière le dos et une chaîne au cou, vers le marché voisin, où un mandarin l'attendait. Là, ils le font mettre à genoux et lui tirent les oreilles et les cheveux pour l'obliger à regarder le mandarin. Celui-ci le fait traîner, chargé de nouvelles chaînes, chez un homme connu par sa cruauté. Le lendemain matin il ordonne qu'on le mène à la ville de Kou-Tching-Hien. La distance était grande et M. Perboyre, brisé par les violences, la fatigue et la faim, ne pouvait presque marcher. La foule l'accable d'outrages, quand, nouveau Cyrénéen, un païen touché de compassion, obtient de le faire transporter en litière, à ses frais, et l'accompagne. Le Serviteur de Dieu le remercia avec effusion et, comme nous le dirons plus loin, il lui apparut après son martyre, pour lui obtenir le baptême.

À Kou-Tching-Hien, il subit deux interrogatoires ; dès le premier, il fut souffleté et frappé d'une centaine de coups de bambou. Dans le second, le mandarin fit apporter les objets du culte qu'on avait enlevés dans sa résidence, et lui montrant la boîte des saintes huiles, lui demanda si elle ne contenait point l'eau des yeux arrachés aux malades : c'est l'une des calomnies qui ont cours en Chine contre les chrétiens. « Jamais je n'ai commis un pareil crime », répondit M.. Perboyre. Le mandarin l'accusa aussi d'une manière grossière au sujet d'une vierge chrétienne, Anna Kao, saisie dans la même persécution, et qui, après avoir intrépidement confessé la foi, devait être envoyée en exil au Su-Tchuen.

M. Perboyre répondit que les vierges n'étaient point employées au service des missionnaires, qu'ils étaient servis et accompagnés par des hommes. « Si tu n'abjures, dit le mandarin, je te mettrai à mort. — Je serai heureux de mourir pour ma foi. » Pour celte réponse, il fut frappé au visage de quarante coups d'une forte lanière qui le meurtrit horriblement.

Dans l'intervalle dé ces interrogatoires, il était reconduit en prison, où il était livré sans défense à la barbarie des satellites. Pourtant il a écrit lui-même qu'à Kou-Tching-Hien, il fut traité avec assez d'humanité, tout en ajoutant que dans l'un des interrogatoires, il resta une demi-journée les genoux nus sur des chaînes de fer et suspendu par les pouces et les cheveux. Depuis son arrestation, il n'avait pas laissé échapper une plainte ; il devait garder jusqu'à la fin ce silence héroïque.

De Kou-Tching-Hien, il fut conduit à Siang-Yang-Fou, ville de premier ordre, distante de quatorze lieues. Le trajet se fit sur le fleuve Han-Kiang. M. Perboyre fut jeté dans une barque, pieds et mains liés, séparé des autres chrétiens et sans recevoir la nourriture qu'on donnait à ceux :ci.

À Siang-Yang-Fou, il comparut devant deux mandarins, puis devant le tribunal fiscal. Là se reproduisirent les scènes de Kou-Tching-Hien ; mais en outre, il eut à y souffrir dans son âme et dans sa dignité d'homme plus encore que dans ses membres : les accusations au sujet des vierges chrétiennes ayant été renouvelées, on le soumit à une épreuve qui fut un nouveau triomphe, mais qui lui fit subir cette torture morale, bien plus cruelle pour lui que les autres.

Après un mois passé dans ces divers interrogatoires, on décida de l'envoyer à Ou-Tchang-Fou, capitale du Hou-Pé, distante de cinquante lieues, pour y subir son arrêt.

VI

Autres interrogatoires, tortures et horrible prison qu'il subit à Ou-Tchang-Fou (1839-1840)

Le voyage, qui se fit encore sur le fleuve, fut long et pénible pour M. Perboyre et pour ses compagnons, la vierge Anna Kao et une dizaine d'autres chrétiens. Ils furent de nouveau jetés dans une barque, ayant, tous, les fers au cou, aux mains et aux pieds, et en outre les bras attachés à une barre de fer fixée à un collier. Au terme, bien d'autres souffrances attendaient l'apôtre. Il fut conduit, avec ses compagnons, dans la prison des plus grands criminels. Ce lieu était le type de ces affreuses prisons de la Chine, dont l'horreur dépasse tout ce que l'on peut dire. Les geôliers torturaient les captifs, pour tâcher d'obtenir d'eux ou de leurs amis quelque argent. La nourriture était insuffisante ; de plus, comme les détenus ne pouvaient sortir de leur place sous aucun prétexte, la prison devenait un véritable fumier, dont il fallait constamment respirer la puanteur et d'où naissaient des légions d'insectes immondes qui dévoraient ces malheureux captifs.

Pour surcroît, afin de rendre toute évasion impossible, on fermait durant la nuit un de leurs pieds dans un étau en bois, scellé à la muraille. Les suites de ce traitement furent telles pour M._Perboyre, qu'une partie de son pied tomba en pourriture et qu'un de ses orteils se desshécha. Sa patience héroïque, qui jamais ne se démentit, toucha les gardiens eux-mêmes, qui voulurent le dispenser de ce supplice. Mais comme les scélérats enfermés avec lui murmuraient de cette préférence, il demanda à reprendre ses entraves et il les supporta joyeusement pendant les longs mois qu'il passa encore dans ce lieu.

Ce dont il souffrait bien plus et ce qui achevait de faire de la prison une sorte d'enfer, c'était la compagnie de ces scélérats, familiarisés avec tous les crimes, et qui ne gardaient de mesure, ni dans leurs paroles impies ou obscènes, ni dans leurs actes. Il ne sortait de ce séjour que pour paraître devant les juges, et dans cette ville, ces séances eurent lieu plus de vingt fois. Dès la première, il dut rester à genoux plusieurs heures, les jambes nues sur des cailloux et des chaînes. Tandis qu'il était là, un des chrétiens qui étaient traduits devant le même tribunal, lui demanda l'absolution ; M. Perboyre la lui donna devant toute l'assemblée, et trois jours après, ce chrétien, qui fut héroïque, succombait dans sa prison. M. Perboyre eut à donner une autre fois encore l'absolution à un chrétien en plein tribunal.

Dans une de ces séances, on le fit mettre à genoux de la même manière, mais ayant de plus les mains élevées et chargées d'une pièce de bois ; il dut la soutenir depuis le matin jusqu'au soir, et on le frappait rudement quand il fléchissait.

Ce que les mandarins cherchaient principalement à lui arracher par leurs questions, c'était le nom et la demeure des autres chrétiens et des prêtres ; mais le vaillant soldat du Christ se refusa toujours à cette dénonciation qui, comme il l'écrivit plus tard, eût allumé la persécution dans tout l'Empire. Le Bref de béatification dit expressément qu'il imita Jésus par son silence devant ses juges.

Pendant l'un de ces interrogatoires, le mandarin lui reprocha d'être cause du triste sort des chrétiens qui étaient captifs avec lui, puis il leur ordonna de châtier celui qui les avait ainsi trompés, de lui arracher les cheveux et de lui cracher au visage. Plusieurs, six ou sept peut-être, se refusèrent à cette infamie, mais cinq furent assez lâches pour obéir et pour apostasier. Ce fut là comme le reniement de saint Pierre ; l'homme de Dieu supporta cette épreuve, sensible entre toutes, avec la même patience que les autres, et ne fit entendre ni plainte ni reproche.

Revenu dans sa prison, il ne manquait point de remercier Dieu avec effusion des grâces qui venaient de lui être faites ; il le suppliait de pardonner à ses persécuteurs, de soutenir jusqu'à la fin son courage, et dans celte prière il puisait la force pour de nouveaux combats.

Cette force, il allait en avoir besoin plus que jamais, pour comparaître devant le vice-roi, homme d'une férocité proverbiale. Quand on lui amenait des criminels, il s'élançait parfois de son siège, et de ses mains leur arrachait les yeux. Contre les chrétiens surtout sa fureur était sans bornes et il avait juré d'anéantir leur religion.

Ce tyran fit apporter une image de la sainte Vierge, prise dans la maison des missionnaires ; renouvelant une calomnie dont nous avons parlé plus haut, il accusa M. Perboyre d'avoir arraché lui-même les yeux à des malades et d'avoir extrait de là les couleurs qui composaient ce tableau, et il le fit suspendre par les cheveux pour plusieurs heures. On ne peut dire toutes les cruautés qu'il lui infligea. Dans une de ces horribles séances, l'homme de Dieu dut rester, lié par les mains à une espèce de croix, durant tout un jour. Tantôt on l'élevait en l'air par une poulie, et on le laissait ensuite retomber violemment ; tantôt, pendant qu'il était à genoux sur les chaînes de fer, on plaçait sur ses jambes une pièce de bois aux extrémités de laquelle deux hommes se balançaient. D'autres fois on l'attachait par des cordes sur un siège élevé et on lui suspendait aux pieds d'énormes pierres, et un jour, on grava avec un fer rouge sur son front, ces quatre mots en chinois : *Propagateur d'une secte abominable.*

Après chacun de ces interrogatoires, on était obligé de le reporter sur une civière à la prison ; pourtant, dans ces tortures, à peine lui échappait-il quelques soupirs, et une joie surnaturelle brillait sur son visage.

Le vice-roi lui accorda une trêve d'un mois, afin qu'il reprît des forces pour supporter de nouveaux supplices ; puis les interrogatoires recommencèrent. Le tyran lui demanda par quel breuvage il avait rendu insensibles ses compagnons chrétiens, qui étaient inébranlables, comme lui, dans les tourments. Un mandarin fit apporter un crucifix, et lui dit, comme on l'avait fait plusieurs fois déjà : « Si tu veux fouler aux pieds ce Dieu, je te rendrai la liberté. — Eh ! comment pourrais-je faire cette injure à mon Créateur et mon Sauveur ! » s'écrie le missionnaire les yeux remplis de larmes ; et se baissant péniblement, il prend la sainte image, la couvre de ses larmes et de baisers.

Un soldat la lui arrache et, par une inspiration satanique, la souille indignement. À cette horrible profanation, le missionnaire pousse un profond cri de douleur, le seul qu'il ait fait entendre ; et, pour son acte de piété, il reçoit cent dix coups de pant-sé, gros bâton de bambou, avec lequel on frappe le patient étendu la face contre terre.

On fit de plus apporter les ornements sacerdotaux, qu'on avait saisis aussi dans la maison des missionnaires, et M. Perboyre reçut ordre de s'en revêtir. Il réfléchit un instant et obéit : déjà la même chose avait eu lieu à SiangYang-Fou ; sans doute, il pensait aux dérisions auxquelles Jésus s'était prêté chez Hérode et au prétoire de Pilate. Dès qu'il eût pris ces ornements, tous s'écrièrent : « Il est le Dieu vivant. » On lui donna encore quarante coups de pant-sé ; et comme, les yeux éteints, il n'avait plus la force de se lever, on le saisit plusieurs fois par les cheveux, pour lé laisser retomber par terre, puis on lui ouvrit les yeux par force pour qu'il regardât le vice-roi.

Celui-ci, ne pouvant concevoir qu'il supportât tant de tortures avec une telle sérénité, se figura qu'il' avait un secret pour ne point sentir la douleur, et l'ayant fait frapper sans que le serviteur de Dieu parût plus ému, il ordonna de le dépouiller, pour voir s'il n'aurait pas quelque talisman.

Par suite d'une infirmité, M. Perboyre portait, depuis plusieurs années, un bandage ; le tyran crut que c'était là le talisman, et malgré l'évidence de l'infirmité, il le fit arracher brutalement. Puis, pour détruire ce prétendu charme, il recourut à un spécifique accrédité en Chine ; il força le confesseur à boire le sang d'un chien qu'on égorgea, et enfin il fit imprimer sur ses jambes son sceau.de mandarin.

Le serviteur de Dieu n'avait plus qu'un souffle de vie. Le lendemain pourtant, le barbare vice-roi voulut qu'on le frappât de nouveau et lui dit qu'il serait torturé longtemps encore chaque jour, qu'il n'aurait la mort qu'après avoir essuyé tous les tourments. Il le fait suspendre au chevalet durant une heure et accabler de coups. A la vue de son inébranlable constance, il ne se contient plus, et pensant que les bourreaux ne frappent point assez fort, il s'élance de son siège et décharge sur le patient de tels coups que les païens eux-mêmes qui étaient là en furent indignés et qu'on crût la mort infaillible.

Quand on reporta dans sa prison le confesseur, les gardiens touchés de compassion voulurent laver ses habits tout sanglants, pour qu'ils ne se collassent pas à son corps meurtri. Un catéchiste, André Fong, qui le vit, a dit que sa figure était enflée prodigieusement ; que des lambeaux de sa chair pendaient çà et là et que d'énormes morceaux avaient été enlevés ; que tout son corps ne formait qu'une plaie et que comme le Sauveur dans sa Passion, il n'avait plus l'apparence d'un homme. Mais dans ce corps ainsi broyé, son âme demeurait toujours sereine, son regard rayonnant à travers les meurtrissures témoignait son bonheur ; et quand ce catéchiste, qui était très dévoué, rentra dans sa prison, il le trouva a genoux, absorbé dans la prière.

VII

Condamnation à là peine capitale.
On attend la ratification de l'Empereur.
Mort glorieuse du martyr
(janvier-septembre 1840)

On était en janvier 1840, et les juges se déterminèrent à cesser une lutte où ils ne pouvaient vaincre. Avant de prononcer la sentence, le vice-roi ordonna une dernière fois à M. Perboyre et aux autres chrétiens d'apostasier : « Plutôt mourir que de renier la foi, » telle fut la réponse. « Eh bien, signez votre condamnation ! » s'écria le vice-roi ; et le missionnaire, ainsi que ses compagnons, tracèrent avec un pinceau une croix sur le .papier.
Mais toute condamnation à mort devait être ratifiée par l'Empereur et M. Perboyre dut attendre huit mois cette sanction. On se demande comment il. put vivre aussi longtemps, le corps tout déchiré, dans cette immonde prison où, incapable de se tenir assis ou debout, il était forcé de rester couché habituellement.
Jusqu'à ce moment aucune communication avec le dehors n'avait été permise ; mais alors Fong et d'autres chrétiens purent pénétrer près de lui. Il les pria d'amener un prêtre pour avoir la consolation de se confesser. Ce fut un prêtre chinois. Quand il arriva, à la vue du vaillant confesseur étendu sur le sol, demi-mort et le corps couvert de plaies, il ne put retenir ses larmes et il dut se faire violence pour parler.
M. Perboyre se confessa et écrivit en latin à ses confrères une courte lettre, tachée du sang qui coulait de ses mains ; nous avons relaté plus haut les principaux renseignements qu'elle contient. « Les circonstances ne me permettent pas de vous donner de longs détails, disait-il ;... plus tard vous en apprendrez d'autres. De vingt chrétiens environ qui furent pris avec moi, les deux tiers ont apostasie. » C'est donc six ou sept qui demeurèrent fidèles.
Il reçut. dès lors assez souvent la visite des chrétiens du dehors. Il fut même soigné avec dévouement par un médecin païen, touché de sa douceur ; on put lui porter des habits, un matelas et une

couverture. Mais, hélas ! ce qu'on ne put lui porter, ce fut la divine Eucharistie dont il était privé depuis plusieurs mois. Il dut y renoncer, parce que les gardiens devaient goûter à tout ce qu'on lui offrait, de peur qu'on ne l'empoisonnât pour le dérober au supplice public.

Les scélérats enfermés avec lui subirent eux-mêmes le charme de sa douceur, et dans un sentiment de respect, qui pour la première fois peut-être trouvait place dans leur cœur, ils le plaignaient tout haut. Pour lui, bien loin de se croire digne de compassion, il ne pouvait assez se féliciter, et ses souffrances du jour et de la nuit lui étaient une source de joie.

Cependant le moment du triomphe approchait. Le vendredi 11 septembre 1840, la décision de l'Empereur arriva. L'usage est qu'elle soit exécutée immédiatement, et que l'on conduise les condamnés au pas de course vers le supplice. Deux hommes les entraînent, au son des cymbales. C'est ainsi que M. Perboyre fut mené au gibet ; et de même que son divin Maître, ce fut en compagnie de plusieurs malfaiteurs. Ses mains, attachées derrière le dos, tenaient une longue perche qui portait écrit son arrêt de mort, comme pour rappeler l'inscription de la Croix. Chose surprenante : il avait repris ses forces, ses plaies ne paraissaient plus, et son visage brillait d'un éclat céleste, pendant qu'il récitait des prières à demi-voix.

Arrivé au lieu de l'exécution, il se mit à genoux ; les spectateurs, attirés par le bruit des cymbales, furent émus de voir cette attitude recueillie ; déjà, connaissant sa patience, ils murmuraient de ce qu'on allait tuer cet homme égal aux dieux. Un chrétien qui était là et qui cachait ses larmes, les entendit s'écrier : « Voilà l'Européen qui se met à genoux et qui prie !»

Quand on eut décapité les autres prisonniers, on dépouilla le confesseur de la robe rouge des condamnés, dont il était revêtu, et on ne lui laissa qu'un caleçon ; puis on le lia au gibet où.il devait être étranglé. Ce gibet avait la forme d'une croix, et il y fut attaché les jambes repliées : on eût dit un homme à genoux au-dessus de terre. Pour lui faire sentir les horreurs de la mort, le bourreau tordit deux fois la fatale corde, avant de donner le coup décisif. Il semblait conserver un reste de vie ; un satellite, pour l'achever, le frappa violemment dans le bas ventre, lui imprimait ainsi un dernier trait de similitude avec le Sauveur percé d'une lance.

On ne peut s'empêcher de remarquer tous ces traits de conformité entre la Passion du Maître et celle du disciple. Comme son Maître, M. Perboyre ayant eu une sorte d'agonie avec une apparition céleste, fut vendu par un des siens, traîné de tribunal en tribunal, revêtu d'habits de dérision, condamné injustement à mort, amené au supplice avec des malfaiteurs, attaché à une croix un vendredi, et le Bref de béatification dit que ce fut à peu près vers l'heure où le Sauveur mourut ; enfin, frappé encore par un dernier coup.

Comme lui aussi il fut glorifié dans sa mort ; son corps, loin de présenter l'aspect horrible d'un homme étranglé, avait une beauté supérieure à celle qu'il avait vivant. Sa figure n'était point livide ; ses yeux, au lieu de sortir de leur orbite, étaient modestement baissés. Sa langue n'avançait point hors de la bouche, qui semblait sourire, et dans ses membres on ne voyait plus les traces des cruels traitements qu'il avait subis. Enfin autour de sa tête paraissait une auréole lumineuse, que virent un grand nombre de témoins, et d'autant mieux que le corps resta jusqu'au lendemain sur le gibet.

Le spectacle de ces prodiges détermina un païen à se convertir. Les vêtements du martyr et surtout son corps furent achetés par Fong et quelques chrétiens aux satellites, qui échangèrent son cercueil contre un autre rempli de terre. Ces chrétiens lavèrent avec vénération le saint corps qui avait tant souffert, et le revêtirent de riches habits ; puis ils l'ensevelirent à côté de ce même M. Clet, avec lequel M. Perboyre avait eu, dans sa vie et dans sa mort, tant d'analogies, et dont il avait voulu visiter le tombeau : *Amabiles in vita sua, in morte quoque non sunt divisi* (II Reg., I, 23).

L'héroïque confesseur n'avait pas trente-neuf ans ; quand on songe qu'à quinze ans il n'avait pas commencé ses études, on admire comment, dans un temps relativement si court, il a pu, après les avoir faites, exercer les fonctions de professeur dans un petit et dans un grand séminaire, de supérieur d'un collège, de directeur du noviciat, et enfin de missionnaire en deux résidences. Sa mère apprit sa captivité et sa mort avec un courage admirable, s'unissant à Marie au pied de la croix, et ne voulant point s'attrister de ce qui avait comblé les désirs de son fils.

VIII

Vénération dont M. Perboyre est l'objet ;
ses vertus et ses lumières.
Faits extraordinaires
Procès de béatification (1840-1889)

« Quand même M. Perboyre n'eût point remporté la palme du martyre, ses vertus héroïques lui auraient mérité de monter sur les autels. » Tel était le témoignage de Mgr Rizzolati, franciscain, qui, étant simple religieux, l'avait connu dans sa mission, et qui, devenu Vicaire apostolique de la province, fit dans sa cause, le premier procès en 1845. Beaucoup d'autres témoignages, — nous en avons cité quelques-uns — corroborent cette assertion ; les termes même du Bref pontifical et des oraisons du Bienheureux semblent l'appuyer.
Partout, dans sa paroisse natale, où, comme le remarque le Bref, on l'appelait déjà le *petit saint*, à Montauban, à Paris, à Montdidier, dans les lieux divers où il a passé en Chine, il a laissé une réputation de sainteté. — « Nommez les Vertus, disait un de ses professeurs de Montauban, il les avait toutes ; nommez les défauts, je n'en ai jamais remarqué. »
Aussi l'avocat de la cause a-t-il pu dire, en groupant ces témoignages : « *Il n'est pas une seule vertu qu'il n'ait pratiquée jusqu'à l'héroïsme.* » Et il les pratiquait, ces vertus, dans une si juste mesure, qu'il était difficile d'indiquer celle qui dominait, avec tant de constance qu'on ne pouvait guère dire s'il avait des moments de plus grande ferveur.
Il faut lire dans sa *Vie* complète, où elle occupe cent vingt grandes pages, la partie qui concerne ces vertus qu'on admirait en lui : sa foi, sa confiance absolue en la Providence, son amour pour Dieu, auquel il était continuellement uni et dont les grandeurs le ravissaient ; son amour spécialement pour Notre-Seigneur, qu'il trouvait dans ces trois manifestations : le *crucifix*, symbole de la Passion, l'*Évangile*, l'*Eucharistie* ; la piété avec laquelle il disait la messe et le bréviaire ; sa douceur et son affabilité pour le

prochain ; son humilité prodigieuse, par laquelle il se regardait comme un indigne pécheur, se recommandant toujours aux prières de chacun ; son amour du silence et sa réserve dans ses paroles ; sa mortification, sa modestie qui lui faisait tenir toujours les yeux baissés, surtout devant les femmes, avec lesquelles il n'admettait que les rapports indispensables ; enfin son égalité parfaite, qui le rendait toujours pareil à lui-même, calme et serein devant le blâme ou l'éloge et au milieu des vicissitudes les plus diverses.

Il semblait avoir deux âmes, l'une toute à Dieu, l'autre à l'action du moment. Il suspendait souvent son travail pour considérer ou baiser son crucifix ; il faisait d'ailleurs chaque action comme si elle eût été la seule à faire ; et c'est un point sur lequel il insistait dans ses conseils.

Quand on entrait dans sa chambre, on le trouvait parfois pleurant devant son crucifix, et si absorbé qu'il n'entendait rien. En célébrant la messe ou en récitant le bréviaire, il était souvent arrêté, comme ravi hors de lui-même. À l'exemple de saint Vincent de Paul, si quelqu'un se plaignait de lui, il faisait des excuses à genoux, sans qu'il eût aucun tort. Il prenait fréquemment pour sujet d'oraison les fautes qu'il croyait avoir commises la veille ; et c'est une pratique qu'il recommandait également aux autres. La seule imperfection pourtant qu'on ait pu saisir en lui, c'est une certaine émotion dans quelques circonstances, et il s'en accusait, comme ayant donné un scandale. Les péchés et les ingratitudes des hommes le pénétraient aussi de douleur. Après sa traversée de Chine, il écrivait : « Plus on parcourt la terre, plus on est frappé de cette vérité : *La terre est pleine de la miséricorde du Seigneur.* (Ps. XXXII) ; mais plus on l'est aussi de celle-ci : *La terre est couverte de désolation* (Jer. XII). De quelque côté qu'on se tourne, on la trouve infestée de vices. Il y a des saints qui sont morts de douleur de voir Dieu si offensé... ; ce qui est (plus étonnant), c'est que ce ne soit pas là la mort de tous les prêtres, établis pour purger la terre du maudit péché. »

La beauté de son âme se reflétait dans son extérieur — il était de petite taille et blond de chevelure ; — et sur son visage, naturellement coloré, régnait un paisible sourire.

Dans M. Perboyre, on n'avait guère moins à admirer les lumières que les vertus. Il possédait à fond la doctrine de saint Thomas, et plus encore la doctrine de saint Paul, dont il savait les Epîtres par cœur, et celle du saint Évangile. Il disait, parlant des livres dont on se sert pour faire l'oraison. : « Le langage humain paraît plus ou moins (dans tous les livres). Servez-vous du saint Évangile, et si vous vous trouvez embarrassé sur quelque passage, adressez-vous au Saint-Esprit ; voilà le meilleur commentateur. ».

Il approfondissait les raisons de chaque maxime ou pratique, dans la spiritualité ; mais c'est surtout dans le commerce avec Dieu qu'il puisait la lumière. Il affectionnait cet endroit de l'*Imitation* (i, 3) : « Celui à qui parle le Verbe est délivré de bien des doutes, tandis que je n'éprouve souvent qu'ennui à lire et à entendre beaucoup de choses... Que les créatures se taisent; parlez-moi vous seul. »

Il trouvait dans le Symbole des Apôtres toute la formule de la vie spirituelle ; en nous l'homme intérieur doit, comme Jésus-Christ, être *conçu par l'opération du Saint-Esprit* et formé par son action, *naître de la Vierge Marie*, Mère de la divine grâce, *souffrir, mourir* au monde et à lui-même, *être enseveli*, puis *ressusciter* et vivre d'une *vie céleste*.

Il avait aussi des vues très profondes sur le sacerdoce, sur la messe et les sentiments où doit entrer le prêtre dans chacune de ses parties. Il disait que, pour bien la célébrer, le prêtre pouvait se figurer être le seul qui fût au monde et entendre toutes les âmes de la terre et du Purgatoire criant vers lui dans leurs besoins ; qu'il devait désirer de s'immoler avec le Sauveur et, en prononçant ces mots : *Ceci est mon corps*, d'être transformé en lui, de même que les espèces sacramentelles. Il disait encore que le bréviaire est comme un second sacrifice et qu'en le récitant, le prêtre doit pareillement se voir chargé des besoins de toutes les âmes. — Pour ces pensées aussi, il faut recourir à la *Vie* complète.

Après le martyre de M. Perboyre, la vénération que provoquaient de son vivant ses vertus et ses lumières, devint une sorte de culte ; des faits extraordinaires semblèrent l'autoriser, et il s'en est produit un grand nombre.

D'abord, lors de son martyre, une croix lumineuse, grande et bien formée, apparut dans le ciel ; elle fut aperçue en même temps par beaucoup de chrétiens et de païens qui habitaient dés districts très éloignés. Et ce fait est constaté par une enquête qu'entreprit un évêque, Mgr Clauzetto, qui baptisa les païens convertis par ce spectacle.

Le serviteur de Dieu se montra lui-même après sa mort à diverses personnes, dont le témoignage paraît indubitable. Il apparut notamment, dans un songe, à ce charitable païen qui l'avait fait porter en litière, au début de sa captivité. Cet homme, qui était gravement malade, fut guéri pour quelque temps ; il se fit instruire, puis baptiser, et trois jours après son baptême, son âme quittait cette terre.

En 1841 à Paris, en 1842 à Constantinople, deux guérisons éclatantes eurent lieu sur deux Filles de la Charité, pendant une neuvaine adressée au martyr. Dans son propre pays, des grâces extraordinaires étaient aussi obtenues, et des pèlerins se rendaient à la maison qui l'avait vu naître, pour l'implorer ou lui rendre grâces.

À ces faits extraordinaires, il faut joindre les coups dont la justice divine se plut à frapper ses persécuteurs. Le premier mandarin qui l'avait fait arrêter, fut destitué et se pendit de désespoir. Le vice-roi de Ou-Tchang-Fou fut banni par l'Empereur. C'est ainsi qu'autrefois Hérode mourut honteusement et Pilate fut exilé dans les Gaules.

En 1858, grâce à un secours visible de la Providence qui écarta de très grandes difficultés, les dépouilles de M. Perboyre furent exhumées, par les soins de Mgr Delaplace, Vicaire du Tché-Kiang, qui se rendit, malgré la longue distance, près du Vicaire du Hou-Pé ; puis, elles furent transférées à la Maison-Mère de Paris par Mgr Danicourt, Vicaire du Kiang-Si, qui termina par la mort sa belle carrière, un mois après avoir remis ce précieux dépôt.

Elles arrivèrent en 1860, le 6 janvier, pour l'anniversaire de la naissance du glorieux confesseur. M. Étienne, supérieur général, décrit, dans une circulaire adressée à sa double famille religieuse, l'émotion qui remplissait les âmes : « A genoux autour de ce cercueil qui respirait la sainteté, comme nous aimions à le couvrir de nos hommages ! Il nous semblait que, du ciel, il souriait à notre bonheur. Quelle joie de voir revenir, entouré de l'auréole de l'apostolat et du martyre, celui que, vingt-cinq ans auparavant, nous avions vu partir !... Ancien directeur du Séminaire interne, après avoir montré aux générations nouvelles ce que doit être le missionnaire, il revenait leur apprendre comment il doit souffrir et mourir. ».

Peu de jours après, avait lieu la reconnaissance canonique du corps ; elle a été renouvelée le 25 avril 1889, et des reliques en ont été extraites alors pour la béatification. Maintenant il repose dans une châsse de cuivre doré, qu'enferme un sarcophage de marbre rouge, sous l'autel dédié au Bienheureux. On conserve aussi dans la salle des reliques, à la Maison-Mère, plusieurs de ses vêtements, les instruments de son supplice et d'autres objets.

Avant même de connaître la mort de M. Perboyre, Grégoire XVI, informé de sa captivité, avait recommandé de recueillir les témoignages qui le concernaient, afin de commencer la procédure, si le martyre était consommé. En 1843, il signait effectivement le Décret qui introduisait la cause du serviteur de Dieu et de plusieurs autres mis à mort dans, les mêmes régions ; — si nous ne nous trompons, M. Clet était du nombre ; M. Perboyre lui fut donc associé en ceci encore, et dès lors, comme lui, il put être qualifié du titre de *Vénérable*, « Plus tard, afin que là cause du Vénérable Gabriel, devenu plus illustre par divers miracles, fût plus promptement terminée, elle fut séparée des autres causes. » Mais la distance, les événements et la sage lenteur de la cour de Rome amenèrent, à plusieurs reprises, une suspension dans les actes du procès.

Les trois Congrégations, anté-préparatoire, préparatoire et générale, requises par le Droit, eurent lieu pour la question du martyre et celle des miracles, en 1862, 1886 et juin 1888. Puis, le 25 novembre, « dernier dimanche après la Pentecôte et jour du triomphe de l'illustre vierge Catherine qui, par la même voie des plus atroces supplices, est parvenue aux noces éternelles de l'Agneau, Sa Sainteté, après l'oblation du sacrifice eucharistique, a solennellement déclaré qu'il n'y a *aucun doute sur le martyre et la cause du martyre* de Gabriel, Perboyre, que Dieu a confirmé et glorifié par plusieurs prodiges ou miracles. » (Décret du 25 novembre 1888.)

Le 12 mars 1889, la Congrégation des Rites prononça qu'on *pouvait procéder en sûreté à la béatification ;* et le 30 mai, jour de l'Ascension, Léon XIII rendit, sur la même question, son Décret, celui qu'on appelle *De tuto*.

Cependant, sous l'impulsion du vaillant apôtre de l'usine, M. Harmel, les phalanges d'ouvriers français allaient accourir nombreuses, à Rome, dans les mois d'octobre et de novembre. Léon XIII, pour donner à ces pèlerins du travail les marques de son affection privilégiée, voulut qu'ils pussent assister à la glorification des héros chrétiens issus, comme eux, de la France et d'une famille modeste, et il fixa au mois de novembre cette solennité, qui semblait réservée pour janvier ou février 1890.

Le 10 novembre fut le jour choisi pour le P. Perboyre. « A cause de la condition des temps, » comme dit lé Bref de béatification, le lieu de ces cérémonies est, présentement, non la basilique même de Saint-Pierre, mais la vaste salle de la *Loggia* située au-dessus de son vestibule. — Elle était magnifiquement illuminée et ornée. Au milieu se trouvaient les deux mille ouvriers français avec les membres de la colonie française de Rome. Dans les tribunes latérales figuraient le corps diplomatique et au premier rang l'ambassade française, puis les députations des ordres religieux et celles surtout des deux Instituts fondés par saint Vincent de Paul ; le Supérieur et la Supérieure générale les présidaient. On y remarquait avec émotion le frère du nouveau Bienheureux et celle de ses soeurs qui est religieuse à Naples ; fort âgés l'un et l'autre, après avoir vu la glorification de leur frère, ils pourront chanter leur *Nunc dimitlis*. Ils jouissaient d'un bonheur bien rare en ces derniers siècles, car depuis Urbain VIII, on ne peut, à moins d'une dérogation, examiner à Rome les vertus d'un serviteur de Dieu que cinquante ans après son trépas. — On remarquait aussi dans l'assistance une députation du diocèse de Cahors.

La cérémonie a commencé à la chapelle Sixtine, où le Saint-Sacrement était exposé. Avec le cortège des Eminentissimes cardinaux et prélats de la Congrégation des Rites, sont venus prendre place à la tête de l'assistance le cardinal Langénieux, Nosseigneurs les évêques d'Agen, de Verdun, de Belley, et plusieurs évêques de la Congrégation de la Mission ; puis lecture solennelle a été faite du Décret ou Bref de béatification.

Le Décret loue d'abord le zèle déployé pour les missions, et spécialement pour celles de la Chine, par les fils de saint Vincent de Paul, entre lesquels « Dieu s'est choisi des hosties qui couronnassent le mérite de toute sorte de vertus par la palme triomphale du martyre. C'est cet honneur que Dieu a attribué à Jean-Gabriel Perboyre. »

Le Décret donne alors le récit abrégé de la vie qu'on a lue plus haut, — sur plusieurs points, les termes sont presque identiques ; — il s'attache à faire ressortir surtout les nombreuses marques de ressemblance qui ont rendu les épreuves de Jean-Gabriel Perboyre conformes à la Passion de son Maître. Puis, après avoir raconté sa mort, il ajoute : « Comme la réputation de sainteté de Jean-Gabriel était déjà grande et qu'alors elle s'accrut, à la suite de son martyre, elle parvint d'Asie en Europe. » Il résume les actes du procès apostolique et conclut par le dispositif suivant :

« Les choses étant ainsi, Nous, accédant aux prières unanimes de la famille de saint Vincent de Paul et de ses missionnaires, par Notre autorité apostolique, nous permettons, en vertu des présentes lettres, que le vénérable serviteur de Dieu, Jean-Gabriel Perboyre, *soit appelé désormais du nom de Bienheureux ;* — que son corps et *ses reliques soient proposés à la vénération publique des fidèles*, sans pouvoir cependant être portés dans les supplications solennelles ; — et que *ses images soient décorées de rayons.* »

Le Bref accorde de plus que l'Office et la messe du Bienheureux soient récités chaque année, selon le commun d'un martyr, avec les oraisons propres, par ceux qui sont tenus à l'Office divin, dans

le diocèse de Cahors et dans les maisons de la Congrégation de Saint-Vincent-de-Paul, — et pour ce qui est de la messe, par tous les prêtres qui se rendront dans les églises où se fait la fête ;
Enfin, qu'au jour désigné par l'Ordinaire, la solennité de la béatification soit célébrée dans les mêmes églises, sous le rit double-majeur pour l'Office et la messe, pendant l'année qui suivra la célébration de cette solennité à Rome. — Le document, qui est de dix pages in-octavo, porte la date du 9 novembre. L'ordre de le rédiger était contenu dans le Décret *Detuto*.

À la suite de cette lecture, le prélat officiant, délégué par le chapitre de saint Pierre, a commencé le *Te Deum*, qui a été alterné par tous les assistants et par le chœur des chantres. En même temps les voiles qui recouvraient le tableau représentant le Bienheureux dans la gloire céleste et aussi sa relique, se sont abaissés, et les cloches de Saint-Pierre ont sonné à toute volée. Après le *Te Deum*, un chantre a entonné le verset *Ora pro nobis, Beale Joannes Gabriel* ; l'officiant a récité l'oraison propre du Bienheureux, et il a encensé la relique et l'image. Puis il a célébré, selon le rit pontifical, la messe du nouveau martyr.
Dans l'après-midi, vers trois heures, Léon XIII, précédé de sa cour, des cardinaux et des évêques, est descendu de ses appartements ; et après avoir adoré le Saint-Sacrement à la chapelle Sixtine, il est venu vénérer, selon la coutume, l'image du Bienheureux. Il a prié longtemps devant elle pour les besoins si pressants de l'Eglise et de la France. Puis il a reçu de la postulation de la cause les offrandes d'usage : le portrait du Bienheureux, sa vie et les actes de son procès, un reliquaire, un bouquet de fleurs et des cierges. L'assistance était très nombreuse ; une foule d'autres fidèles s'étaient joints aux pèlerins français.
En sortant de la salle, le Pontife s'est entretenu quelques instants avec le frère du martyr ; il a répandu sur les pèlerins ses bénédictions, et les a laissés sous l'impression profonde de cette cérémonie, que la messe célébrée par lui-même devait couronner pour eux le lendemain.*

Après le départ du Pape, cette solennité du 10 fut close par les Vêpres de l'Office du Bienheureux, chantées par le Chapitre de Saint-Pierre. Peu de jours après, un *Triduum* était célébré chez les Lazaristes, à Rome ; un autre l'était . à la maison-mère de Paris, avec grand éclat, pour le jour de saint François Xavier ; un mandement du cardinal Richard l'annonçait ; et ces *triduums* ouvraient, pour les autres maisons de la Congrégation, la série de fêtes analogues. **

Le P. Chanel allait être glorifié à son tour le 17 novembre. Avant de passer à sa biographie, donnons, pour terminer ce qui concerne le P. Perboyre, les oraisons approuvées pour son Office par la Congrégation des Rites ; tout le reste est du commun d'un martyr non-pontife (Messe : *In virtute tua.*)

Oraison. — Seigneur Jésus-Christ, vous par qui, au milieu des nations de la Chine, le bienheureux Jean-Gabriel, votre martyr, a été rendu admirable dans l'innocence de sa vie, ses travaux apostoliques et une insigne participation de votre croix ; accordez, nous vous en prions, qu'en suivant les exemples de sa foi, de sa charité et de sa patience, nous méritions d'être associés à sa gloire. Vous qui vivez...

Secrète. — Que cette oblation, Seigneur, qui a préparé le bienheureux Jean-Gabriel à supporter les combats pour la foi, nous confère une perpétuelle constance dans votre service et le salut. Par Notre-Seigneur Jésus-Christ...

Postcommunion — Que la réception de votre sacrement, Seigneur, nous communique la céleste vertu par laquelle le bienheureux Jean Gabriel a pu vivre dans l'innocence et remporter le triomphe du martyre. Par Notre-Seigneur Jésus-Christ...

* Ce fut en effet, comme on sait, le 11, fête de saint Martin, l'un des patrons de la France, que le Pape voulut offrir la messe devant ce nombreux groupe de pèlerins. Cette messe fut dite dans la Basilique même de Saint-Pierre, dont les portes extérieures étaient fermées ; elle fut suivie d'une autre messe d'action de grâces.

C'est alors que par une réciprocité d'une délicatesse admirable, le Pontife voulut visiter tous ces fils du peuple de France qui venaient le visiter lui-même et qu'en conséquence il se fit porter successivement devant les rangs de tous, de manière à ce que tous pussent recevoir sa bénédiction, baiser son anneau, et un grand nombre recueillir de sa bouche des paroles paternelles, durant cette visite de leur auguste Père qui dura trois heures environ.

** Mgr de Cahors a annoncé aussi, par un mandement, la célébration d'un *triduum* dans sa cathédrale, du 11 au 13 février 1890. L'œuvre de la *Propagation de la Foi* a obtenu qu'une cérémonie du même genre, très solennelle, ait lieu à la primatiale de Lyon du 2 au 4 mai, en l'honneur des deux martyrs ensemble.

Médailles en vente dans l'église de Montgesty.

Vitrail dans l'église de Montgesty, maître-verrier non identifié.

Autel et statue en l'église de Montgesty.

Oeuvre récente en l'église de Montgesty.

Oeuvre récente en l'église de Prayssac.

Vitrail en l'église de Caminel (Lebreil) Peut-être de Gesta...

Stéphane Ternoise

Stéphane Ternoise est né en 1968. Il publie depuis 1991. Il est depuis son premier livre éditeur indépendant.

Dès 2004, il a proposé des livres numériques, en PDF. Mais c'est en 2011 seulement que les ventes dématérialisées ont démarré. Son catalogue numérique (depuis mi 2011 distribué par Immateriel) a ainsi rapidement dépassé celui du papier, grâce à des essais, des livres de photos... tout en continuant la lente écriture dans les domaines du théâtre et du roman. Depuis octobre 2013, et son « identifiant fiscal aux États-Unis », son catalogue papier tend à rattraper celui en pixels.
http://www.livrepapier.com ou
http://www.livrepixels.com

Il convient donc de nouveau d'aborder l'auteur sous le biais de l'œuvre. Ainsi, pour vous y retrouver, http://www.ecrivain.pro essaye de fournir une vue globale. Et chaque domaine bénéficie de sites au nom approprié :
http://www.romancier.net
http://www.dramaturge.net
http://www.essayiste.net

http://www.lotois.fr

Vous pouvez légitimement vous demander pourquoi un auteur avec un tel catalogue ne bénéficie d'aucune visibilité dans les médias traditionnels. L'écriture est une chose, se faire des amis utiles une autre !
Quant à la situation dans le sud-ouest, le Lot, elle est marquée par le monopole d'une famille, les Baylet, et leur Dépêche. Un écrivain indépendant et intègre (les plus possible !) peut éprouver des réticences à accepter de frayer avec de tels notables très connus pour conjuguer le verbe clientélisme. Si clientélisme n'est pas un verbe, ma phrase tombe donc sous le coup de l'erreur grotesque !

Catalogue (le plus souvent en papier et numérique, parfois uniquement les pixels, le travail de mise en page papier demandant plus de temps que d'heures disponibles)

Romans : (http://www.romancier.net)
Ils ne sont pas intervenus (le livre des conséquences) également en version numérique sous le titre Peut-être un roman autobiographique
La Faute à Souchon ? *également en version numérique sous le titre Le roman du show-biz et de la sagesse (Même les dolmens se brisent)*
Liberté, j'ignorais tant de Toi également en version numérique sous le titre Libertés d'avant l'an 2000)
Viré, viré, viré, même viré du Rmi
Quand les familles sans toit sont entrées dans les maisons fermées

Théâtre : (http://www.theatre.wf)
Théâtre peut-être complet
La baguette magique et les philosophes
Quatre ou cinq femmes attendent la star
Avant les élections présidentielles
Les secrets de maître Pierre, notaire de campagne
Deux sœurs et un contrôle fiscal
Ça magouille aux assurances
Pourquoi est-il venu ?
Amour, sud et chansons
Blaise Pascal serait webmaster
Aventures d'écrivains régionaux
Trois femmes et un amour
La fille aux 200 doudous et autres pièces de théâtre pour enfants
« Révélations » sur « les apparitions d'Astaffort » Jacques Brel / Francis Cabrel (les secrets de la grotte Mariette)
Théâtre 7 femmes 7 comédiennes - Deux pièces contemporaines
Théâtre pour femmes
Pièces de théâtre pour 8 femmes
Onze femmes et la star

Photos : (http://www.france.wf)
Montcuq, le village lotois
Cahors, des pierres et des hommes. Photos et commentaires
Limogne-en-Quercy Calvignac la route des dolmens et gariottes

Saint-Cirq-Lapopie, le plus beau village de France ?
Saillac village du Lot
Limogne-en-Quercy cinq monuments historiques cinq dolmens
Beauregard, Dolmens Gariottes Château de Marsa et autres merveilles lotoises
Villeneuve-sur-Lot, des monuments historiques, un salon du livre... - Photos, histoires et opinions
Henri Martin du musée Henri-Martin de Cahors - Avec visite de Labastide-du-Vert et Saint-Cirq-Lapopie sur les traces du peintre
L'église romane de Rouillac à Montcuq et sa voisine oubliée, à découvrir - Les fresques de Rouillac, Touffailles et Saint-Félix

Livres d'artiste (http://www.quercy.pro)
Quercy : l'harmonie du hasard - Livre d'artiste 100% numérique

Essais : (http://www.essayiste.net)
Le manifeste de l'auto-édition - Manifeste politico-littéraire pour la reconnaissance des écrivains indépendants et une saine concurrence entre les différentes formes d'édition
Écrivains, réveillez-vous ? - La loi 2012-287 du 1er mars 2012 et autres somnifères
Le livre numérique, fils de l'auto-édition
Aurélie Filippetti, Antoine Gallimard et les subventions contre l'auto-édition - Les coulisses de l'édition française révélées aux lectrices, lecteurs et jeunes écrivains
Le guide de l'auto-édition numérique en France
(Publier et vendre des ebooks en autopublication)
Réponses à monsieur Frédéric Beigbeder au sujet du Livre Numérique (Écrivains= moutons tondus ?)
Comment devenir écrivain ? Être écrivain ?
(Écrire est-ce un vrai métier ? Une vocation ? Quelle formation ?...)
Amour - état du sentiment et perspectives
Ebook de l'Amour
Copie privée, droit de prêt en bibliothèque : vous payez, nous ne touchons pas un centime - Quand la France organise la marginalisation des écrivains indépendants

Chansons : (http://www.parolier.info)
Chansons trop éloignées des normes industrielles
Chansons vertes et autres textes engagés
Chansons d'avant l'an 2000
Parodies de chansons
 De Renaud à Cabrel En passant par Cloclo et Jacques Brel

En chti : (http://www.chti.es)
Canchons et cafougnettes (Ternoise chti)
Elle tiote aux deux chints doudous (théâtre)

Politique : (http://www.commentaire.info)
Ce François Hollande qui peut encore gagner le 6 mai 2012 ne le mérite pas (Un Parti Socialiste non réformé au pays du quinquennat déplorable de Nicolas Sarkozy)
Nicolas Sarkozy : sketchs et Parodies de chansons
Bernadette et Jacques Chirac vus du Lot - Chansons théâtre textes lotois
Affaire Ségolène Royal - Olivier Falorni Ce qu'il faut en retenir pour l'Histoire - Un écrivain engagé, un observateur indépendant
François Fillon, persuadé qu'il aurait battu François Hollande en 2012, qu'il le battra en 2017 (?)

Notre vie (http://www.morts.info)
La trahison des morts : les concessions à perpétuité discrètement récupérées - Cahors, à l'ombre des remparts médiévaux, les vieux morts doivent laisser la place aux jeunes...
Cahors : Adèle et Marie Borie contre Jean-Marc Vayssouze-Faure - Appel à une mobilisation locale et nationale pour sauver les soeurs Borie...

Jeux de société
http://www.lejeudespistescyclables.com
La France des pistes cyclables - Fabriquer un jeu de société pour enfants de 8 à 108 ans
Autres :
La disparition du père Noël et autres contes
J'écris aussi des sketchs
Vive les poules municipales... et les poulets municipaux - Réduire le volume des déchets alimentaires et manger des oeufs de qualité

Œuvres traduites :

La fille aux 200 doudous :
- *The Teddy (Bear) Whisperer* (Kate-Marie Glover) - Das Mädchen mit den 200 Schmusetieren (Jeanne Meurtin)
- Le lion l'autruche et le renard :
- How the fox got his cunning (Kate-Marie Glover)

- Mertilou prépare l'été :
- The Blackbird's Secret (Kate-Marie Glover)

- La fille aux 200 doudous et autres pièces de théâtre pour enfants (les 6 pièces)
- La niña de los 200 peluches y otras obras de teatro para niños (María del Carmen Pulido Cortijo)

Table

Textes :

7	Présentation
9	1802...
13	Sa famille
17	Un enfant du Quercy...
19	11 septembre...
21	De Daniel Maury à Jean-Gabriel Perboyre
25	Un fils de propriétaire...
27	La pensée de Jean-Gabriel Perboyre
29	Instinct de Mort...
31	L'église St Urcisse de Cahors
33	Comprendre l'homme « derrière » le religieux
37	La mort du frère
40	Confucius, Lao Tseu, Bouddha...
41	Finalement...
42	Les trois livres...
47	Des lettres de Jean-Gabriel Perboyre
147	Vie abrégée du Vénérable J.-Gabriel Perboyre - 1886
257	Gabriel Perboyre, ou l'aventureux pèlerinage - 1853
331	Les Deux nouveaux Martyrs : Jean-Gabriel Perboyre, et Pierre-Louis-Marie Chanel... - 1890

Photos :

L'ensemble des photos sont de Stéphane Ternoise, même quand elles sont insérées dans les livres anciens.

2	Vitrail de Sainte Croix par G-P Dagrant (1890).
23	Statue de Carnac
24	Statue de Varaire
26	Statue d'Albas
28	Fonts baptismaux de Montgesty
32	Vitrail portrait en l'église St-Urcisse de Cahors
38	Le jeune séminariste à sa table de travail, Fauroux
39	Autre vitrail de Fauroux, en crucifié
45	Tableau dans le choeur de l'église de Castelfranc
46	Tableau de l'église de Sérignac (le plus réussi ?)
141	L'Hospitalet, fresque dans une chapelle de l'église.
142	Laramière statue église
143	Deux statues stockées en l'église Saint-Urcisse de Cahors
145	Un vitrail dédié à JGP à Albas, avec deux représentations.
148	Portrait récent en l'église de Montgesty
152	Fanion en l'église de Montgesty
241	Montauban... les photos du lieu de la formation
260	Statue à Mercuès
330	Statue devant l'église de Montgesty
332	Le Boulvé : dans la sacristie
374	Médailles en vente dans l'église de Montgesty
375	Vitrail dans l'église de Montgesty
376	Autel et statue en l'église de Montgesty
377	Oeuvre récente en l'église de Montgesty
378	Oeuvre récente en l'église de Prayssac.
379	Vitrail en l'église de Caminel (Lebreil)

Vos notes...

Mentions légales

Tous droits de traduction, de reproduction, d'utilisation, d'interprétation et d'adaptation réservés pour tous pays, pour toutes planètes, pour tous univers.

Site officiel : http://www.ecrivain.pro

Présentation des livres essentiels :
http://www.utopie.pro

Le Martyr et Saint du 11 septembre : Jean-Gabriel Perboyre de Stéphane Ternoise

Dépôt légal à la publication au format ebook du 9 janvier 2012

Imprimé par CreateSpace, An Amazon.com Company pour le compte de l'auteur-éditeur indépendant.
livrepapier.com

ISBN 978-2-36541-483-8
EAN 9782365414838

www.ingramcontent.com/pod-product-compliance
Lightning Source LLC
Chambersburg PA
CBHW060550230426
43670CB00011B/1760